颠倒的批判

马克思市民社会批判及其理论效应

The Critique of Inversion:

Marx's Critique of Civil Society
and Its Theoretical Effects

卢文忠 / 著

社会科学文献出版社
SOCIAL SCIENCES ACADEMIC PRESS (CHINA)

前　言

　　颠倒是马克思解释和改变世界的一种重要理论视角和哲学批判方式。马克思市民社会批判，既是在法哲学批判时期对黑格尔颠倒的市民社会观的批判，更是在法哲学批判之后对现存的颠倒的市民社会的批判。

　　法哲学批判时期马克思市民社会批判的核心问题之一是将黑格尔"国家决定市民社会"颠倒为"市民社会决定国家"。欧洲思想解放运动、资产阶级政治革命以及批判现实生活问题的颠倒逻辑构成了马克思颠倒的前奏。马克思在与黑格尔唯心主义历史观相反的唯物主义历史观不断形成的意义上，借助黑格尔、费尔巴哈等人的哲学因素，对国家与市民社会的关系问题展现出"分离—对立—颠倒"的内在逻辑并由此提出和论述"市民社会决定国家"的观点。

　　马克思在法哲学批判时期颠倒的基础上达到了对颠倒的推进，把颠倒的批判推进到对颠倒的意识形态的批判、对颠倒的异化劳动的批判、对颠倒的资本运动的批判，从而展现出对观念意义上的颠倒的世界及其现实基础——物质生活关系意义上的市民社会的批判。

　　马克思之后，卢卡奇在市民社会批判的问题上既揭示出资本主义生产关系的颠倒特征，也展现出经济革命转向意识革命的颠倒逻辑。葛兰西则把马克思从哲学范畴转向政治经济学批判所解释的"市民社会"再次颠倒，把从物质关系意义上理解的市民社会又颠倒回一种具有思想文化内涵的市民社会。阿尔都塞通过一种"认识论断裂"的解读方式研究和展现马克思早期批判黑格尔哲学的颠倒方式及其对马克思早期思想发展的独特意义。拉雷恩以意识形态理论为切入点和立足点对马克思的颠倒观进行了多维阐释。

　　马克思市民社会批判中的颠倒对其思想发展产生了重要的理论效应，在对国家与市民社会关系的颠倒中"倒出了"政治经济学批判，"倒出了"现实个人的自由，"倒出了"唯物史观的发展，"倒出了"改变世界的革命。

目　录

绪　论

一　研究的问题意识

市民社会批判是马克思批判黑格尔法哲学的重要内容，其核心问题在于颠倒国家与市民社会的关系，即颠倒黑格尔《法哲学原理》中关于"国家决定市民社会"的观点，提出并论述与之相反的"市民社会决定国家"的观点。国家与市民社会的关系是马克思市民社会批判的重要内容，也是马克思主义哲学研究中的一个传统和经典的哲学课题。马克思在《黑格尔法哲学批判》中对国家与市民社会关系的理解，是一种哲学批判的理论发挥，其直接意义在于颠倒黑格尔《法哲学原理》中的"国家决定市民社会"的观点，提出和论述与之相反的"市民社会决定国家"①的观点。在关于市民社会决定国家的论述中，马克思展现出一种颠倒的批判逻辑。在此，"颠倒"成为马克思哲学批判的一种重要方式，马克思通过这种颠倒的批判方式揭露旧哲学是一种颠倒的意识形态，更是在法哲学批判后的唯物史观形成过程中找到了意识形态之颠倒的现实基础，从而找到了对颠倒的意识形态进行革命性颠倒，即消灭意识形态的现实条件。对国家与市民

---

① 在黑格尔法哲学中，国家是市民社会的真实基础，市民社会归根结底产生于国家，实质上就是"国家决定市民社会"，然而黑格尔并没有直接用"国家决定市民社会"这一说法来表述。马克思通过批判黑格尔提出相反的观点，即市民社会决定国家，但他也同样没有直接用"市民社会决定国家"这一说法来表述。对此，鉴于学界向来在这一问题上的表述习惯以及为了便于对黑格尔和马克思的观点进行集中表达，本书用"国家决定市民社会"来凝练和表述黑格尔的观点，同时用"市民社会决定国家"来凝练和表述马克思的观点。

社会关系的颠倒从哲学层面上展现了马克思"在批判旧世界中发现新世界"的革命立场，是马克思唯物史观形成的一个重要节点。

从哲学研究的角度看，对于马克思将黑格尔的"国家决定市民社会"颠倒为"市民社会决定国家"的观点，如果不是停留在对这一观点的梳理、认同或运用上，而是进一步对马克思的这一颠倒进行深入分析和思考，揭示出马克思批判"国家决定市民社会"中的颠倒逻辑，并提出深层次的问题，那就是：马克思何以颠倒黑格尔所论述的国家与市民社会的关系？也就是说，马克思对"国家决定市民社会"进行颠倒，是如何实现的？对这一问题的思考，不仅需要对马克思《黑格尔法哲学批判》进行深入解读，还需要从内在维度上对马克思批判黑格尔市民社会理论的颠倒逻辑进行分析，把握马克思市民社会批判的内在逻辑（而不仅仅是市民社会批判的基本观点）。更重要的是，马克思在《黑格尔法哲学批判》中提出这一颠倒后，在唯物史观的形成发展中是否继续使用这种"颠倒"的批判方式？倘若是，那么这种颠倒的批判逻辑是如何体现在唯物史观的基本观点当中的？对黑格尔"国家决定市民社会"的颠倒以及这种颠倒的批判方式对马克思唯物史观的形成发展具有怎样的理论效应？如果按照阿尔都塞的理解，马克思的"颠倒"更是一个复杂的问题："如果问题的确仅仅是把颠倒了的东西颠倒过来，那么事物的颠倒显然并不会因简单的位置移动而改变本质和内容！用头着地的人，转过来用脚走路，总是同一个人。"①或者说，马克思对黑格尔国家与市民社会关系的颠倒到底颠倒了什么？马克思是否在法哲学批判之后推进了这种颠倒？对这些问题的思考和解答，首先要研究马克思对黑格尔《法哲学原理》中颠倒国家与市民社会关系的批判逻辑。在法哲学批判这一意义上，不仅要了解马克思在市民社会批判中把"国家决定市民社会"颠倒为"市民社会决定国家"的外在理论资源和基本理论观点，更要深入地研究马克思在这一颠倒中所贯穿和使用的根本立场、思维方式、批判方法。最后，在这一基础上进一步研究这种"颠倒"的批判逻辑和批判方式在马克思法哲学批判后续思想发展进路中的理论表现，进一步探究"颠倒"在马克思唯物史观形成发展中的哲学意义。

---

① 〔法〕路易·阿尔都塞：《保卫马克思》，顾良译，商务印书馆，2006，第61页。

以"颠倒"作为一种视角，尝试探究和展现马克思市民社会批判的理论观点以及马克思唯物史观的发展理路。

据此，本书立足颠倒的理论视角、按照马克思思想的发展进程对马克思市民社会批判的基本观点进行思考和分析，本书所指的马克思市民社会批判，一是在法哲学批判时期马克思对黑格尔市民社会观的批判，即对黑格尔"国家决定市民社会"的颠倒，把市民社会置于具有决定性意义的定位；二是在法哲学批判时期之后马克思对现存的市民社会的批判，即对资产阶级社会的生产关系的解剖，从中揭示和批判颠倒的意识形态、颠倒的异化劳动、颠倒的资本运动，坚持以无产阶级革命的方式对颠倒的现存世界进行彻底颠倒，从而消除一切颠倒现象和实现人类解放。

二　国内外研究综述

（一）国内研究状况

马克思市民社会批判向来是马克思主义哲学研究中的重要内容和经典课题，而马克思对黑格尔"国家决定市民社会"的颠倒则是其中的关键问题之一。近年来，关于马克思市民社会批判的研究主要集中在三个方面。

第一，基于马克思思想发展史的研究。这方面研究主要是在马克思思想发展历程的理论架构和理论视域中对市民社会批判的问题进行思考和论述，即在对马克思的思想发展尤其是在对马克思唯物史观形成发展的研究中对马克思关于市民社会的观点进行解读和梳理，把马克思的市民社会理论作为展示马克思思想发展史一个重要阶段的内容。

陈先达、靳辉明所著的《马克思早期思想研究》展示了马克思早期思想的发展始于黑格尔、经过费尔巴哈从而最后"成为马克思"的历程，在研究马克思早期思想发展中对马克思法哲学批判的问题进行了分析，指出："贯穿马克思对黑格尔法哲学批判的根本思想，是关于市民社会决定国家的观念。"[①] 在这一观念中，马克思揭示了黑格尔在国家与市民社会关系上头足倒置的泛神论的神秘主义实质，市民社会才是国家得以产生的基

---

① 陈先达、靳辉明：《马克思早期思想研究》，中国人民大学出版社，2016，第67页。

础，马克思由此深入对黑格尔唯心主义国家观的批判，并进一步作出关于政治解放和人类解放的思考，这些思考成为马克思早期思想发展的重要基础和重要内容。冯景源所著的《唯物史观的形成和发展史纲要》立足马克思唯物史观形成发展的视角，把马克思对黑格尔《法哲学原理》的批判视为唯物史观形成的第一时期，指出马克思出于激进民主主义的立场而对黑格尔《法哲学原理》发起了批判，介绍了马克思批判黑格尔《法哲学原理》的基本思路和观点，从中提到了马克思在《黑格尔法哲学批判》中对国家与市民社会关系问题所作的批判性理解："它的成果主要表现在对黑格尔在国家和市民社会关系上的唯心主义进行了批判性的颠倒。"① 这意味着，马克思是从与唯心主义相反的立场，即唯物主义的立场对国家与市民社会的关系进行颠倒，在市民社会决定国家的意义上为唯物史观的形成奠定了重要基础。施德福所著的《马克思主义哲学史论稿》展现了马克思思想发展的基本脉络，从马克思思想发展史的角度对马克思市民社会批判的思想观点进行了解读和介绍，指出马克思揭示了黑格尔在国家与市民社会关系问题上的唯心主义实质；通过对黑格尔《法哲学原理》的批判，马克思思想的发展向唯物史观的方向不断深化。王海锋所著的《历史唯物主义世界观的当代阐释》从思想史与现实的双重维度研究马克思历史唯物主义世界观的发展历程，把马克思的法哲学批判和市民社会批判视为历史唯物主义世界观的初步探索，由此介绍了马克思对黑格尔思辨哲学意义上的市民社会观所作的批判，指出马克思借助费尔巴哈"主宾颠倒"的原则确立了市民社会决定国家的基本立场，揭露了黑格尔哲学具有神秘主义的思辨本性。

基于马克思思想发展史的市民社会批判研究，能够从唯物史观形成发展的整体视域中考察马克思对黑格尔"国家决定市民社会"的颠倒，充分肯定和论述这一颠倒在马克思思想发展中的重要意义，为本书关于马克思何以颠倒、颠倒的理论效应等关键问题提供了思想史层面上的整体视域和理论基础。

第二，对马克思市民社会思想的研究。这方面的研究专门从市民社会的角度出发研究马克思哲学，紧紧围绕马克思的市民社会思想进行深入分

---

① 冯景源：《唯物史观的形成和发展史纲要》，中央编译出版社，2014，第129页。

析和探讨，比较完整地阐述黑格尔关于国家与市民社会关系的基本观点以及马克思关于国家与市民社会关系的基本观点，或者以马克思的某一文本、某一思想发展时期为研究的内容和立足点，尤其是立足马克思《黑格尔法哲学批判》及其前后的相关文本，对马克思在国家与市民社会关系问题上的观点和论述进行详尽的解读和梳理，从而展示出马克思市民社会批判的基本理论。

　　长期以来，这方面的研究已经比较成熟，成果颇丰。蒋红所著的《马克思市民社会理论研究》比较深入地探讨了马克思从《博士论文》到《共产党宣言》对市民社会的理论阐发，展示了马克思市民社会理论的演变逻辑、基本内容及其对马克思创建唯物史观的重要意义，其中提到了马克思重新颠倒回来黑格尔的颠倒并由此确立了市民社会理论的哲学原则，表达了对市民社会的政治社会批判，为此后"解剖"市民社会建立了重要的理论前提。卢德友所著的《拉开历史"舞台"的帷幕：马克思的市民社会理论及其当代效应》深入探究马克思市民社会理论形成发展的基本逻辑，特别是对马克思在不同时期、不同语境中的市民社会概念作出了一种轮廓性的厘定。"随着对资本主义社会批判的不断深入，马克思市民社会理论的图景逐渐展现出来，'资产阶级社会'、'交往形式'，以及'社会的物质生活关系总和'，构成马克思市民社会理论的大致轮廓。"① 根据此处所展开的市民社会的三重理论图景，必须坚持从马克思思想发展的维度、从马克思市民社会概念不断变化的过程来理解马克思的颠倒逻辑，唯有如此，才能更为准确地把握马克思的这一颠倒以及推进这一颠倒的实质内涵。于永成所著的《市民社会批判与人的自由：从黑格尔到马克思》从市民社会批判的视角探究马克思的自由观，指出市民社会批判有助于马克思揭示人的自由在市民社会异化的社会关系中的处境，"马克思由此挖掘出造成异化的人际关系的社会根源——私有制，进而指出要实现人的真正自由全面"②。这一观点为本书分析马克思颠倒"国家决定市民社会"的理论效应

---

① 卢德友：《拉开历史"舞台"的帷幕：马克思的市民社会理论及其当代效应》，江苏人民出版社，2019，第 104 页。
② 于永成：《市民社会批判与人的自由：从黑格尔到马克思》，中国社会科学出版社，2017，第 3 页。

提供了重要的思路。李永杰所著的《马克思市民社会思想的源流及其当代影响》对马克思市民社会思想的理论渊源、形成发展和基本观点进行介绍和解读，并进一步探讨马克思市民社会思想的流变和影响，不仅对马克思的市民社会思想进行研究，还根据马克思的观点对市民社会的特征进行分析，在国家与市民社会关系的问题上指出马克思对黑格尔"国家决定市民社会"的颠倒促进了马克思从哲学批判不断走向对市民社会进行"解剖"的政治经济学批判。王代月所著的《回归历史：基于马克思市民社会批判视角》提出："市民社会批判，在一定意义上能够为我们提供马克思历史理论研究的一种新视角。"[①] 这一研究梳理了马克思关于市民社会的基本观点，展现了马克思对市民社会的批判立场，以此回溯马克思历史理论的形成发展历程，尽管尚未深入分析马克思的"颠倒"问题，但体现了一种以"市民社会批判"之小见"马克思思想"之大的研究思路，这对于本书具有重要的启发意义。此外，还有李彬彬的论文《从政治国家批判到市民社会批判——〈论犹太人问题〉与马克思早期的思想转变》、陈浩的论文《从国家向市民社会的复归——黑格尔哲学视野下的〈论犹太人问题〉》、王代月的论文《由政治国家批判向市民社会批判的转折——〈德法年鉴〉时期马克思政治批判思想研究》、龙霞的论文《论"市民社会决定国家"的规范性意蕴》、常明杰的论文《马克思国家与市民社会关系的解构与重构》等，这些研究从多个视角、不同文本对马克思市民社会思想进行了解读和分析。

对马克思市民社会思想的研究，以市民社会作为核心范畴和线索，有助于对马克思批判黑格尔法哲学、解剖市民社会问题的基本立场、观点、思路进行深入细致的解读，从市民社会的理论视域展现马克思实现思想变革、创建唯物史观的发展历程，突出市民社会理论对深化马克思主义哲学研究的重要意义，为本书对马克思市民社会批判的解读提供了重要的理论参考。但这方面的研究总体来说仍然以理论介绍层面上的文本解读为主，更多的是依循从人物背景介绍到理论文本解读，再到思想观点评述的传统研究思路，在国家与市民社会关系的问题上，尚未对马克思何以颠倒的关

---

① 王代月：《回归历史：基于马克思市民社会批判视角》，中国社会科学出版社，2016，第1页。

键问题以及颠倒的理论效应进行深入分析。

第三，以颠倒作为重要切入点的研究。这方面的研究把"颠倒"这一范畴和用语作为研究马克思市民社会批判的理论视域、核心线索、哲学语境，这类研究不只是一种介绍性的理论解读，而且是一种深层次的哲学分析，侧重于从内在逻辑、机制、理路、方法上深入分析马克思颠倒国家与市民社会关系的基本观点，着力于解答马克思如何进行"颠倒"、如何实现"颠倒"的问题，揭示马克思在对黑格尔"国家决定市民社会"进行颠倒的过程中所蕴含的思维方法和批判逻辑，从颠倒的内在逻辑出发更加深入、具体地展示马克思市民社会批判的思想。

张双利的论文《再论马克思对黑格尔法哲学的批判》对马克思颠倒黑格尔观点的内在逻辑进行深入分析，指出马克思对黑格尔"国家决定市民社会"层层递进的三个环节作了有意的截取。"马克思认为，黑格尔之所以能够构建出这种三环节的关系，是因为他借助于神秘主义，即观念的神秘的运动。这种神秘主义主要体现为两个方向的运动：从国家到家庭和市民社会的运动，从市民社会再向国家的过渡。"[1] 马克思从中截取了两个环节——国家和市民社会之间的对立以及这种对立将被克服。孙亮在《重新理解马克思对黑格尔"颠倒"的三重意蕴——以阿尔都塞的勘定及其当代延展为视角》中把"颠倒说"视为马克思与黑格尔的核心问题，从阿尔都塞"多元决定"的视角出发，阐述了马克思的颠倒从"结构的改造"的意义上超越了黑格尔的颠倒，厘清了两种颠倒之间的根本差异。程广云的论文《从国家到市民社会——马克思〈黑格尔法哲学批判〉的思想转向》指出："马克思批判黑格尔法哲学的基本方法——主谓颠倒、中项推理。"[2] 炎冰的论文《国家与市民社会："颠倒逻辑"的再颠倒》指出："正是上述批判的诱导，马克思在紧接着的驳论思绪中借助于'过渡'这一哲学范畴逐层剥离出个中的矛盾关系。"[3] 刘军的论文《"市民社会决定国家"命

①　张双利：《再论马克思对黑格尔法哲学的批判》，《哲学研究》2016年第6期。

②　程广云：《从国家到市民社会——马克思〈黑格尔法哲学批判〉的思想转向》，《哲学研究》2018年第2期。

③　炎冰：《国家与市民社会："颠倒逻辑"的再颠倒》，《江南大学学报》（人文社会科学版）2013年第6期。

题的提出与确立》指出，马克思"继承黑格尔'市民社会与政治国家相分离'的思想，并在二元分离的基础上提出了'国家最终回归市民社会'的一元目标理论"①。可见上述论文的研究不仅仅是介绍性的文本解读，更是在文本解读的基础上揭示马克思颠倒黑格尔哲学观点的内在逻辑。王福生所著的《求解"颠倒"之谜：马克思与黑格尔理论传承关系研究》从颠倒的视角研究马克思思想与黑格尔哲学的关系，对马克思的"颠倒"作出了多维度、过程性的分析。"马克思对黑格尔体系的颠倒是对其整个逻辑的颠倒，其中包括法哲学层面的从国家决定家庭和市民社会到家庭和市民社会决定国家的颠倒，思辨哲学层面的从精神到人的颠倒，政治经济学层面上的从帽子和观念（资本及其理论表现）到人的颠倒，而其根底则是宗教层面的从基督教的爱的和解精神到普罗米修斯主义的创造精神的颠倒。"②根据这一观点，本书的基本思路就是基于马克思思想的发展进程分析马克思所提到的包括"国家决定市民社会"在内的颠倒问题。

上述以颠倒作为重要切入点的研究，把"颠倒"作为研究马克思市民社会批判的立足点，深入揭示马克思何以颠倒的内在理路，提出和论述了"分离""统一""矛盾""中介"等思维方式和批判逻辑在颠倒黑格尔"国家决定市民社会"中的重要意义，甚至提出"视域转换"的发展逻辑，更加深入细致地探讨了马克思如何实现"颠倒"的问题，凸显出马克思哲学批判中的辩证法。这些是当前关于"国家与市民社会关系"研究中较为深入和精细的研究，体现出了哲学研究对这一问题的深层思考，为本书提供了重要的启发和参考。本书实际上就是以颠倒作为重要切入点来探究马克思何以颠倒"国家决定市民社会"的内在理路的一种尝试。

这些研究对马克思市民社会思想作出了深入的分析和探讨，能够充分地展现马克思在国家与市民社会关系问题上进行颠倒的根本立场、理论观点和批判精神，对于人们进一步研究马克思市民社会思想以及马克思思想发展具有重要的理论价值，为本书分析马克思在市民社会批判中何以颠倒

① 刘军：《"市民社会决定国家"命题的提出与确立》，《北京大学学报》（哲学社会科学版）2014 年第 2 期。

② 王福生：《求解"颠倒"之谜：马克思与黑格尔理论传承关系研究》，中国社会科学出版社，2010，第 54 页。

的关键问题提供了重要的理论指导和启发。当然，由于研究视角的差异，目前这些研究主要还是通过文本解读对马克思关于市民社会问题的论述进行梳理，从而展示马克思在国家与市民社会关系问题上的基本观点和思路，而对于马克思何以颠倒黑格尔所论述的国家与市民社会的关系、马克思如何实现这一颠倒、马克思在《黑格尔法哲学批判》之后的新世界观创建和发展过程中如何继续使用这种颠倒的批判逻辑等问题的研究则相对较少，还有待增强研究的问题意识，对马克思颠倒黑格尔"国家决定市民社会"的内在逻辑进行深入细致的分析，探究马克思在这一颠倒中所贯穿和使用的根本立场、思维方式、批判方法，在这一基础上进一步考察这种"颠倒"的批判逻辑在马克思法哲学批判的后续思想发展进路中的理论效应。本书的目的是在马克思何以颠倒的问题导向下，以上述研究作为理论参考，以颠倒作为切入点和线索，对马克思市民社会批判及其理论效应进行思考和探究。

（二）国外研究状况

在国外，国家与市民社会关系的问题是哲学、政治学、社会学等多学科关注的热点问题，而且较多地出现在关于黑格尔哲学、马克思思想的研究中，成为诸多学者探讨马克思思想与黑格尔哲学之间关系的重要内容。

Z. A. 佩尔钦斯基（Z. A. Pelczynski）所著的《国家与市民社会：黑格尔政治哲学研究》（*The State & Civil Society: Studies in Hegel's Political Philosophy*）对黑格尔关于国家与市民社会关系问题的思想理论进行解读和分析，指出国家与市民社会的区分源自黑格尔《法哲学原理》，马克思从三个方面对黑格尔法哲学发起了彻底的批判和改造。第一，马克思质疑黑格尔辩证法，在黑格尔那里，现实的人、社会、历史进程都只是形而上学的实体，都只是精神领域的表现。第二，马克思否定政治国家对于社会和历史生活的优先地位。"马克思颠倒了黑格尔的国家与市民社会关系以及把市民社会视为政治生活的基础和政治革命的源泉。"① 第三，马克思把黑格尔哲学中的市民社会解构成了劳动、生产和交换的经济领域。佩尔钦斯基指

① Z. A. Pelczynski, *The State & Civil Society: Studies in Hegel's Political Philosophy* （Cambridge：Cambridge University Press, 1984）, p. 2.

出，马克思之后的马克思主义也在解构马克思对市民社会的经济学理解方式。"一些马克思主义者或新马克思主义者不仅把马克思的市民社会概念重新用作分析问题的重要工具，而且以回归的方式将这一概念大大地扩展为黑格尔主义的内涵——一种文化的、社会的甚至半政治的范畴，这与马克思和传统马克思主义者狭隘的经济学解释相反。"① 在市民社会的问题上，这一研究特别强调马克思在颠倒国家与市民社会关系中对黑格尔哲学的批判性继承，这意味着研究马克思何以颠倒的问题必须充分考察马克思思想与黑格尔哲学之间的关系，这一研究也为我们探究马克思之后的理论家如何以各自的方式延续马克思对市民社会的批判性研究、如何对市民社会作出独特的理解和阐释，以及如何发挥马克思的颠倒方法提供了重要的理论思路。

J. 埃伦贝格（John Ehrenberg）所著的《市民社会：思想的批判史》（*Civil Society: The Critical History of an Idea*）对市民社会和古典遗产、现代性、当代生活之间的关系进行了深入分析，其中也专门对马克思和黑格尔在市民社会问题上的分歧进行了论述，由此展现了马克思对黑格尔市民社会观的批判、对黑格尔哲学的批判。埃伦贝格指出，在市民社会问题上对黑格尔的批判对马克思早期思想向唯物史观的发展具有重要意义。"正是在对黑格尔市民社会和国家的理论的批判中，马克思进入了 1848 年的《共产党宣言》。"② 在埃伦贝格看来，马克思通过对黑格尔和市民社会的批判促进无产阶级革命立场的形成，马克思认为国家无法脱离经济活动而成为独立的观念，这一结论促使马克思提出了把无产阶级置于社会主义政治革命之中心地位的理论，以及寻求一种通过转型后的国家来引领市民社会民主化进程的方式。这一研究对于我们把握黑格尔市民社会观和马克思市民社会观之间的异同、探析马克思市民社会批判的理论效应具有积极的启发意义。

苏迪普塔·卡维拉伊（Sudipta Kaviraj）主编的《市民社会：历史与可

---

① Z. A. Pelczynski, *The State & Civil Society: Studies in Hegel's Political Philosophy* (Cambridge：Cambridge University Press, 1984), pp. 2–3.

② John Ehrenberg, *Civil Society: The Critical History of an Idea* (New York：New York University Press, 1999), p. 132.

能性》(*Civil Society: History and Possibilities*) 专门对市民社会的理论传统进行了梳理和分析，特别注重对黑格尔市民社会思想与马克思市民社会思想的比较分析，突出马克思对黑格尔市民社会的批判性发展，也对马克思所理解的市民社会作出反思，认为在市民社会问题上的马克思主义传统造成了理解市民社会的混乱，从而提出了市民社会的实质："从原始意义上说，市民社会不等于独立于国家的社会经济形式和实践；相反，市民社会是政治社会的同义词，应理解为自由的个人的创造物。"① 有鉴于此，本书要对马克思在不同文本中尤其是唯物史观形成前后使用的"市民社会"进行厘定。植村邦彦所著的《何谓"市民"社会：基本概念的变迁史》对马克思关于市民社会与国家关系的观点进行了解读。望月清司所著的《马克思历史理论的研究》对马克思的市民社会理论进行了深入解读，指出马克思从内部突破黑格尔市民社会理论，从而走向了对市民社会的政治经济学批判，其中提到马克思使用的"颠倒"的方法："马克思的方法并不是将眼前的现象事实仅仅当作虚伪的表象予以抛弃，而是要在其中发现被颠倒和翻转以及被历史所规定的真实。"② 这一理解为本书分析马克思对"国家决定市民社会"的颠倒的推进提供了重要思路，也就是说，如果马克思在《黑格尔法哲学批判》中解决的核心问题是对黑格尔"国家决定市民社会"的颠倒，建立了"市民社会决定国家"的新思路，那么马克思正是由此深入地发现被黑格尔颠倒的真实的市民社会，把哲学批判的核心问题转向物质生产和现实生活过程，从而突破了国家与市民社会关系的黑格尔式哲学话语和问题视域。颠倒可以说是促进马克思创建新世界观的一种批判方式，也是马克思从唯心主义世界观转向唯物主义世界观的一种重要表现。

　　在颠倒的问题上，特别是约翰·托兰斯（John Torrance）所著的《马克思的意识形态理论》(*Karl Marx's Theory of Ideas*)，不是从市民社会的角度而是从意识形态的角度对"颠倒"这一范畴进行充分发挥，由此建立了一种"颠倒"的研究视域和思路，对颠倒（inversion）这一范畴进行深入

① Sudipta Kaviraj, *Civil Society: History and Possibilities* (Cambridge：Cambridge University Press, 2001)，p. 131.
② 〔日〕望月清司：《马克思历史理论的研究》，韩立新译，北京师范大学出版社，2009，第505 页。

的分析和论述。"马克思所用的'颠倒'意味着，意识形态的理论假定：观念和意识决定存在，而不是相反。"① 托兰斯在这一意义上把马克思眼中的意识形态界定为一种具有颠倒特征的意识，即颠倒了观念和现实之间的关系，把现实当作观念的产物。因此，托兰斯把颠倒视为马克思意识形态批判的逻辑，以颠倒作为马克思意识形态理论的核心问题，把马克思的意识形态批判理解为一种颠倒的批判逻辑。托兰斯指出："由于马克思把颠倒视为意识形态的内在特征，我把对这种颠倒的解读具体化为对意识形态的界定。"② 托兰斯用这种颠倒的逻辑来反思马克思的理论，从而把马克思的理论界定为意识形态而不是科学，因此，托兰斯提出的颠倒的视域和思路既发挥又误解了马克思意识形态批判中关于颠倒的思想进路，当然这一视域和思路也拓宽了本书研究"颠倒"问题的思路，也就是说，"市民社会决定国家"只是马克思表达出颠倒的批判逻辑的一个方面，此外还有意识形态的问题、资本的问题等，也是马克思进行"颠倒"的重要领域，要研究马克思何以颠倒的问题，应在分析"国家决定市民社会"问题基础上进一步延伸到意识形态、资本等问题，从而更加清晰、完整地展现马克思进行颠倒的哲学理路。同时，乔治·拉雷恩所著的《马克思主义与意识形态：马克思主义意识形态论研究》与托兰斯具有非常相似的研究视域和理论思路，他也把颠倒视为马克思意识形态批判的逻辑，通过将黑格尔式的颠倒与马克思式的颠倒进行对比，展示了马克思对颠倒的意识形态进行颠倒的批判逻辑："马克思不断地用'颠倒'和'矛盾'来指代意识形态概念的内涵。"③ 可见，国外学者的这些研究在颠倒的问题上具有强烈的问题意识和宽广的理论视野，既能够深入解读马克思的市民社会思想，也尝试从"颠倒"这一范畴探究马克思的市民社会批判、意识形态批判、资本批判等，充分展现出"颠倒"这一批判方式对于马克思批判旧世界以及创建新世界观的重要意义，展现出颠倒是研究马克思思想发展的一个重要

① John Torrance, *Karl Marx's Theory of Ideas* (Cambridge：Cambridge University Press, 2008), p. 201.
② John Torrance, *Karl Marx's Theory of Ideas* (Cambridge：Cambridge University Press, 2008), p. 207.
③ 〔英〕乔治·拉雷恩：《马克思主义与意识形态：马克思主义意识形态论研究》，张秀琴译，北京师范大学出版社，2013，第 134 页。

视角。

国外的这些研究视野宽广、立意新颖,不仅对马克思的市民社会批判进行了深入分析和解读,还能够对马克思所使用的颠倒方法进行深入思考和探究,从颠倒的视角展现出马克思的哲学立场和批判精神。然而,这些研究在研究颠倒问题的过程中并没有把马克思的颠倒逻辑与马克思的唯物史观紧密联系起来,没有充分展现颠倒对于马克思唯物史观形成发展的理论效应,没有把颠倒的线索与唯物史观的发展轨迹进行对接,尚未真正理解和展现马克思新世界观的革命意义,甚至还出现了歪曲马克思新世界观的思想倾向。这些问题恰恰说明研究马克思市民社会批判的颠倒逻辑必须是一种基于马克思唯物史观形成发展的总体视域的思考和探究,而不能孤立地谈论马克思在某一问题上所使用的颠倒方法,必须把马克思批判旧世界的颠倒线索与唯物史观的发展轨迹进行紧密对接,以唯物史观之"大"研颠倒之"小",同时又以颠倒之"小"见唯物史观之"大"。

三 本书研究要义

本书的主要任务不在于按照传统的、惯常的方式对马克思的市民社会思想及其批判立场进行解读和梳理,而是要把传统的理论解读和惯常的梳理方式推进到对马克思市民社会批判的颠倒逻辑进行挖掘和分析的层面。这不仅仅是文本解读意义上的马克思市民社会批判研究,而且是在文本解读的基础上以"颠倒"为基本线索引出和展示马克思的市民社会批判思想,以"颠倒"为研究视角引出和展示马克思市民批判的核心问题——对黑格尔"国家决定市民社会"进行批判和颠倒。本书尝试具体深入地探究马克思如何实现这一颠倒,并进一步探究马克思这一颠倒在法哲学批判之后的延续和发展,探究马克思在此后的唯物史观形成过程中如何继续对颠倒进行运用和发展,从颠倒的视角考察马克思创建新世界观和批判现存社会的历程。

第一,建立颠倒的研究视角。本书不是一般性地解读马克思颠倒黑格尔"国家决定市民社会"的观点,焦点不在于探究马克思进行颠倒后提出的"市民社会决定国家"这一观点,而在于以这一观点为理论依据,深入思考这一观点中的"颠倒",即探究马克思批判黑格尔"国家决定市民社会"的颠倒逻辑和颠倒方式，并由此进一步考察在马克思唯物史观形成发展中蕴含的颠倒逻辑。

第二，建立颠倒的基本思路。本书的基本思路是按照马克思思想的发展进程对马克思市民社会批判的基本观点进行思考和分析，对马克思市民社会批判进行两个层面的探究，一是探究在法哲学批判时期马克思对黑格尔市民社会观的批判，即对黑格尔"国家决定市民社会"的颠倒，把市民社会置于具有决定性意义的定位；二是探究在法哲学批判时期之后马克思对现存的市民社会的批判，即对资产阶级社会的生产关系的解剖——揭示和批判颠倒的意识形态、颠倒的异化劳动、颠倒的资本运动，坚持以无产阶级革命的方式对颠倒的现存世界进行彻底颠倒，从而消除一切颠倒现象，实现人类解放。这种思路能够更加全面展示马克思市民社会批判的发展理路。

第三，挖掘颠倒的批判逻辑。本书建立颠倒的视角是为了从马克思思想中挖掘出马克思在批判旧世界和发现新世界过程中所具有的颠倒的批判逻辑，是为了展现出颠倒既是马克思在《黑格尔法哲学批判》中充分使用的一种哲学批判方式，实质上也是马克思唯物史观形成发展中的一种批判逻辑。颠倒表达了马克思批判旧世界的一种哲学视域和哲学话语，是马克思批判和研究资产阶级社会的一个重要哲学视角。本书还进一步挖掘了在马克思之后的一些理论家对马克思颠倒逻辑的延续和发挥。

第四，探究颠倒的理论效应。本书分析马克思批判黑格尔"国家决定市民社会"的颠倒逻辑和颠倒方式，并进一步考察马克思唯物史观形成发展中蕴含的颠倒逻辑，有助于从颠倒的视角展现马克思批判旧世界、发现新世界的科学精神和革命立场，由此展现出这一颠倒及其推进对马克思思想发展具有重要的理论效应，这些颠倒促进了马克思走向政治经济学批判、关注现实个人的自由、推动唯物史观的发展、坚持改变世界的革命。

第一章

颠倒的视角：解释和改变世界的哲学批判方式

对马克思来说，哲学批判的根本立场就是改变现存世界。改变世界的立场贯穿马克思唯物史观的发展历程，展现了马克思区别于德国哲学家的革命精神。"哲学家们只是用不同的方式解释世界，问题在于改变世界。"[1]从马克思与德国哲学家的根本区别来看，马克思改变世界的立场，蕴含了马克思哲学批判中的一个独特视角，那就是颠倒。颠倒的视角体现了解释和改变世界的哲学批判方式。从思想史的层面上看，颠倒既是马克思在《黑格尔法哲学批判》中充分使用的一种哲学批判方式，实质上也是马克思唯物史观形成发展中的一种批判逻辑，表达了马克思批判旧世界的一种哲学视域和哲学话语，是马克思批判和研究资产阶级社会的一个重要哲学视角。

从理论逻辑上看，马克思对旧哲学、旧世界采取了多种方式进行批判，较为常用的批判方式如否定、揭露、质疑以及颠倒。其一，否定的批判方式，就是拒绝和抛弃旧哲学，反对用旧哲学来解释世界，要革除陈腐的传统观念对人的精神统治，用马克思在《共产党宣言》中的话来说就是"同传统的观念实行最彻底的决裂"[2]；其二，揭露的批判方式，就是正视和揭穿旧社会，揭示旧社会中的制度腐朽和阶级对立，用马克思在《〈黑格尔法哲学批判〉导言》中的话来说就是："批判已经不再是目的本身，

---

① 《马克思恩格斯选集》第 1 卷，人民出版社，1995，第 57 页。
② 《马克思恩格斯选集》第 1 卷，人民出版社，1995，第 293 页。

而只是一种手段。它的主要情感是愤怒，它的主要工作是揭露。"① 其三，质疑的批判方式，就是质问和讽刺旧哲学，指出旧哲学中的歪曲反映和错误立场，用马克思在《哲学的贫困》中的话来说就是："纯粹的、永恒的、无人身的理性怎样产生这些思想呢？"② 其四，颠倒的批判方式，这种批判方式是要认清现存事物之间或理论观点之间的相反关系，并通过认清这种相反关系进一步揭示其中的对立关系，用马克思在《博士论文》中的话来说就是："在这些对立面中似乎存在着某种颠倒的情况。"③ 在马克思的视野中，"颠倒"是一个贬义之词，反映了一种亟待改变的、难以成立且充满矛盾的消极状况。这里所指的改变，其直接意义就是颠倒，即对颠倒的状况进行颠倒，是对颠倒的状况所展现的一种批判视角和批判方式。也就是说，从批判的过程来看，马克思所用的"颠倒"具有两个方面的含义，一是指颠倒的状况，二是指对颠倒的颠倒。就前者而言，马克思用颠倒一词来揭示"头足倒置""本末倒置"的状况，描述人们对某一问题作出相反的理解，或描述现存世界在某一方面出现相反的问题，即贬义之描述；就后者而言，马克思用颠倒一词来表达对颠倒的理解，将颠倒的问题重新颠倒过来。因此，马克思针对颠倒的状况所提出的颠倒，不是贬义之词，而是一种具有革命意义的批判立场，是其批判精神的一种积极表达，是在新世界观不断形成发展中批判旧哲学和旧世界的一种独特视角和重要方式。

颠倒的批判方式就是要从批判的立场揭示出颠倒的关系及其内在矛盾，揭示出这种颠倒对现存世界的虚幻反映以及对人类解放的严重阻碍，并由此对颠倒的关系进行颠倒，提出相反的新观点，形成对颠倒的关系进行颠倒的革命立场。运用这种批判方式能够促进新世界观的形成，并借此反映事物之间的真实关系。马克思在颠倒的批判方式中表达的根本立场就是改变现存世界和实现人类解放的革命。根据这一理解，颠倒的批判方式在具体思路上就是揭示旧哲学的错误立场，并针对性地提出与之相反的哲学立场，呈现出两种相互对立的哲学立场和哲学观点，提出用新哲学的立

---

① 《马克思恩格斯选集》第 1 卷，人民出版社，1995，第 4 页。

② 《马克思恩格斯选集》第 1 卷，人民出版社，1995，第 138 页。

③ 《马克思恩格斯全集》第 40 卷，人民出版社，1982，第 207 页。

场和观点取代旧哲学的立场和观点。颠倒的批判方式在根本内容上是以创立新哲学的方式使新旧两种哲学之间的对立转变为新的统一，从理论逻辑上展现出"正—反—合"的辩证法，从而实现新哲学对旧哲学的扬弃和变革。在这一意义上，颠倒的批判方式可以理解为在批判旧哲学中建构新哲学。从实践逻辑上看，颠倒的批判方式，是反思解释世界的问题意识并针对性地强调与之相反的改变世界的问题意识，提出与传统的哲学家们解释世界相反的改变世界的问题，揭示现存世界的对立冲突及其物质根源，并主张通过运用与"批判的武器"相反的"武器的批判"的方式来改变世界，展现了在批判旧世界中发现与旧世界相反的新世界的革命立场。在这一意义上，颠倒的批判方式可以理解为在批判旧世界中建立新世界。总之，颠倒的哲学意义在于批判传统哲学和建立新世界观，而颠倒的根本意义在于推翻旧世界和建立新世界。马克思以唯物史观为根本立场的颠倒，是一种反思性的话语方式，也是一种批判性的理论逻辑，最根本的是一种实践性的革命取向，从话语表达、批判逻辑和革命实践的意义上展现出改变世界的问题意识和现实关注。因此，从这种颠倒的视角来看，马克思颠倒了德国哲学家批判旧世界的方式，也就是说，马克思对旧世界的批判方式，不再是德国哲学家们那种纯粹观念意义上的批判，而是与之相反的革命实践意义上的批判。那么，马克思表述的"问题在于改变世界"的观点，实际上是要表达："以青年黑格尔派为主的德国哲学家们尽管采取了各种反对旧世界的批判方式，但仍局限于从纯粹的观念、范畴来解释现存世界，他们的各种批判都不是改变世界的方式，而我则要从现实的革命、实践来改变现存世界，也只有革命性、实践性的批判方式才能彻底反对旧世界。"① 而且，在马克思看来，包括黑格尔以及青年黑格尔派在内的德国哲

---

① 从物质生产方式和人的生存状况上看，资产阶级社会与共产主义社会是截然相反的、相互对立的两个社会，共产主义社会从资产阶级社会中脱胎而出并最终取代资产阶级社会，在新的充分发展的物质生产基础上实现人的自由全面发展。对马克思而言，"问题在于改变世界"实质上就是要以实践的方式对现存的资产阶级社会进行变革，并通过这一变革把资产阶级统治的旧世界改变成自由人联合体的新世界，即把阶级对立、奴役无产阶级的资产阶级社会颠倒为消灭阶级、实现人类解放的共产主义社会。从革命的立场上看，共产主义社会与资产阶级社会正好是一种截然相反、相互对立的颠倒关系，革命建立起来的共产主义社会将把资产阶级社会的物质生产方式和人的生存状况彻底颠倒过来。对马克思来说，要实现这种革命性的颠倒，就必须运用与哲学家们的批判方式（转下页注）

学家们，从纯粹的观念、范畴来解释世界，从抽象的意识形态出发去解释世界，也就会编造出一个颠倒的世界，在这个颠倒的世界中，意识形态统治着整个现存世界，现实的人与意识形态之间的关系"就像在照相机中一样是倒立呈像的"①，人成为颠倒的世界的产物，颠倒的世界成为统治人的精神力量，颠倒的世界由此从精神层面上禁锢了人的思想，压制了人对现存世界的变革，妨害了人的自由发展的实现。在这一意义上，马克思要实践地改变世界，还需要科学地解释世界，对颠倒的世界进行批判性的颠倒，揭示纯粹的观念、范畴和抽象的意识形态得以产生的物质生活基础，把现实的人与意识形态之间"倒立呈像""头足倒置"的关系重新颠倒过来，这种颠倒成为一种科学地解释世界的哲学批判方式，也成为一种实践地改变世界的哲学批判方式。通过这种颠倒的批判，马克思能够从现实的人及其物质生活基础出发进一步揭示社会历史的发展趋势，在革命立场上用武器的批判替代批判的武器，找出改变旧世界的革命主体和建立新世界的历史进路。

第一节　颠倒的世界意识与颠倒的世界

马克思在解释和改变世界的过程中展现出一种颠倒的哲学批判方式，这种批判方式鲜明地体现在对颠倒的世界意识与颠倒的世界的批判上。马克思从颠倒的视角观察和剖析现存世界的矛盾，借用黑格尔的颠倒概念对现存世界及其意识形态发起了哲学批判，揭示出宗教的本质是一种颠倒的世界意识，呈现出一种颠倒的世界，人与宗教之间是一种颠倒的关系。"宗教不过是现存社会关系的唯心主义的表现和观念的反映，如果说这种关系构成了把现实变成幻想的、虚幻的现实的颠倒了的世界，或者说这种关系使人的本质仅仅归结为虚妄的存在，使人的需要只得到想象的满足，那末

（接上页注①）截然相反的、相互对立的批判方式才能实现，即用实践性的"武器的批判"来改变世界，而不是用理论性的"批判的武器"来解释世界。马克思在改变世界的问题上展现出一种具有颠倒的视角、颠倒的逻辑、颠倒的思路的批判立场，从颠倒的视角对现存世界的诸多问题进行了颠倒的思考和批判，这种思考和批判实质上是在新世界观的形成发展中表达了"在批判旧世界中发现新世界"的革命立场。

① 《马克思恩格斯选集》第1卷，人民出版社，1995，第72页。

就有理由得出结论说，这种社会关系本身就是一个颠倒了的世界。"① 在此，马克思的批判任务就是对这种颠倒的世界意识进行颠倒，把人与宗教之间的颠倒关系重新颠倒过来，通过对人与宗教关系的重新颠倒，指明人是宗教的创造者，彰显人的主体地位，用人的世俗世界来解释宗教的世界，在宗教颠倒的世界中开辟人的价值领地，从而把全人类的解放作为哲学批判的主题。马克思对颠倒的世界意识的颠倒，使宗教批判的核心问题从颠倒抽象的意识形态转向关注现实的无产阶级，以无产阶级为哲学的物质武器发起对颠倒的世界的革命，实质上是对颠倒的世界意识以颠倒的方式所反映的现存世界进行革命。

一　揭开宗教本质：一种颠倒的世界意识

马克思从颠倒的视角批判旧世界的重要体现，就是对宗教的批判。"对宗教的批判是其他一切批判的前提。"② 在马克思看来，宗教是旧世界的一种意识形态，对整个世界作出了一种颠倒的解释，宗教批判的重要任务就是要揭开宗教的本质：一种颠倒的世界意识。由这种颠倒的世界意识所反映的世界，是一个颠倒的世界，颠倒的世界意识与颠倒的世界是根本上一致的意识形态，都是宗教本质的表现。马克思指出："人不是抽象的蛰居于世界之外的存在物。人就是人的世界，就是国家，社会。这个国家、这个社会产生了宗教，一种颠倒的世界意识，因为它们就是颠倒的世界。"③ 在马克思看来，宗教是一种颠倒的世界意识，反映在这种意识中的世界，是一种颠倒的世界。

这个颠倒的世界，颠倒了两种关系：一是人与宗教的关系，二是社会与宗教的关系。一方面，从人与宗教的关系上看，在颠倒的世界中，宗教创造了人，人是宗教的产物，人是蛰居于现实世界之外的抽象存在物，也就是说，在颠倒的世界中，人不是在"真正现实性的地方"寻找自己，而是在"幻想的现实性中"寻找非人的映象。更重要的问题在于，在颠倒的

① 〔法〕奥古斯特·科尔纽：《马克思的思想起源》，王瑾译，中国人民大学出版社，1987，第68页。
② 《马克思恩格斯选集》第1卷，人民出版社，1995，第1页。
③ 《马克思恩格斯选集》第1卷，人民出版社，1995，第1页。

世界中，人不仅是一种被创造的、抽象的存在物，而且正是因为人作为一种被创造的、抽象的存在物，颠倒的世界意识才得以成为对人进行精神统治的意识形态，使人沉浸于虚幻的幸福、"处境的幻觉"，使人蛰居于世界之外以获得虚幻的精神抚慰。作为一种颠倒的世界意识，宗教对人的精神统治实质上是以颠倒的方式反映人的现实处境，并以这种方式使人安于现实处境，使人在颠倒的意识形态中逃避现实的苦难，以虚幻的精神抚慰使人安于虚幻的幸福世界，而不是以现实的方式使人面对现实处境、改变现实处境。在颠倒的世界中，人是以颠倒即以虚幻的方式摆脱苦难、追求自由。可想而知，颠倒的世界意识颠倒了人与宗教的关系。对人而言，颠倒的世界是一种在精神上统治人的"处境的幻觉"，颠倒的世界在颠倒人与宗教关系的过程中对人的思想进行禁锢。这样一来，"处境的幻觉"就会压制和消弭人面对现实处境、改变现实处境的斗争意识，也就是说，无产阶级会在颠倒的世界意识所创造的"处境的幻觉"中丧失反对旧世界、改变旧世界的革命意识，无产阶级的革命意识、斗争意识会被宗教的精神抚慰、虚幻幸福所代替，宗教会变为妨碍无产阶级改变世界和实现解放的"精神鸦片"。

另一方面，从社会与宗教的关系上看，颠倒的世界就是抽象的存在物蛰居的社会，颠倒的世界给人以虚幻幸福。宗教把真正现实性的社会变成幻想现实性的天国，国家、社会变成了宗教产物，就像宗教创造了人那样，宗教创造了国家、社会，颠倒的世界本身就成了国家、社会。在马克思看来，颠倒的世界意识颠倒了社会与宗教的关系，从《〈黑格尔法哲学批判〉导言》的具体语境来看，这里的"社会"意指现实的政治社会、市民社会，是与宗教的"处境的幻觉"完全相反的"幻觉的处境"，在此马克思实质上发挥了"市民社会决定国家"的观点，甚至进一步表达"市民社会决定意识形态"的观点，萌生着唯物史观的基本立场和政治经济学批判的理论思路。

二　对颠倒的颠倒：宗教批判的重要方式

宗教是一种颠倒的世界意识，颠倒了人与宗教、社会与宗教的关系，更是在这种颠倒的世界中对人实施精神统治、压制人的革命意识，使人在颠倒的世界的"神圣光环"中安于苦难的尘世，颠倒的世界构成了无产阶级改变现实处境和实现自身解放的思想禁锢。马克思宗教批判的重要任务就是要对颠倒的世界意识进行颠倒，把人与宗教、社会与宗教的颠倒关系重新颠倒过来。对颠倒进行颠倒是马克思宗教批判的重要方式。

在人与宗教关系的问题上，马克思指出："反宗教的批判的根据是：人创造了宗教，而不是宗教创造人。"① 由此看来，马克思的宗教批判蕴含着一种颠倒的批判逻辑，从颠倒的视角理解和批判旧世界的意识形态。这意味着，宗教并没有创造人，反而是由人所创造，宗教只是一种颠倒的意识形态，以颠倒的方式反映了人的世界，颠倒了真实的创造者与抽象的存在物之间的关系，人不是蛰居于颠倒的世界的抽象的存在物，而是人编造了颠倒的世界从而出现了蛰居于颠倒的世界的抽象的存在物，宗教才是真正抽象的存在物，宗教是人的世界中的虚幻的意识形态。那么，来自颠倒的世界的那种虚幻幸福、精神抚慰，并非真正的幸福和抚慰，而只是在精神上统治人的"处境的幻觉"，使人安于"处境的幻觉"，而不是改变"幻觉的处境"，即面对和反抗宗教以颠倒的方式所反映的现实处境。在这一意义上看，宗教虽然企图通过颠倒的方式调和甚至掩盖人的现实处境，但实际上制造了两个世界的分裂和对立，从人的世界中分裂出一个虚幻的、对人进行精神统治的世界，从而造成了虚幻的世界与人的世界之间的对立。因此，宗教批判的直接目的就是让无产阶级认清宗教是一种颠倒的意识形态，是一种统治人的精神力量，使无产阶级从颠倒的世界的思想禁锢中解放出来。无产阶级不能安于"处境的幻觉"，而是要改变"幻觉的处境"，无产阶级自身不要被宗教统治，而是要反对宗教以及反对宗教所反映的那个苦难的尘世。"废除作为人民的虚幻幸福的宗教，就是要求人民的现实幸福。要求抛弃关于人民处境的幻觉，就是要求抛弃那需要幻觉的处境。"② 对颠倒的世界意识的颠倒有助于促进无产阶级的思想解放，使之从宗教的精神统治中解放出来，激发无产阶级批判旧世界、反对旧世界的革命意识。

---

① 《马克思恩格斯选集》第 1 卷，人民出版社，1995，第 1 页。
② 《马克思恩格斯选集》第 1 卷，人民出版社，1995，第 2 页。

在社会与宗教关系的问题上，由于把宗教创造人的虚幻观念重新颠倒过来，人能够摆脱颠倒的世界意识，从"处境的幻觉"回到"幻觉的处境"，从颠倒的世界回到人的世界。那么，宗教批判就需要进一步对颠倒了的社会与宗教关系进行颠倒。在马克思看来，就像人创造了宗教那样，国家、社会不是宗教产物，不是宗教产生了国家、社会，而是国家、社会产生了宗教。倘若用《黑格尔法哲学批判》中"市民社会决定国家"的话语逻辑来表达，那就是"市民社会决定意识形态"，幻想现实性的天国实际上是真正现实性的社会的表现，国家、社会是宗教的基础，宗教是国家、社会的反映，而且是一种颠倒的反映，宗教编造了一个颠倒的世界。对宗教进行批判，就必须对颠倒的世界进行颠倒，要认清"处境的幻觉"源自"幻觉的处境"。"他们一旦消除了世俗限制，就能消除他们的宗教局限性。我们不把世俗问题化为神学问题。我们要把神学问题化为世俗问题。相当长的时期以来，人们一直用迷信来说明历史，而我们现在是用历史来说明迷信。"① 可见，无论是对于人与宗教的关系还是社会与宗教的关系，马克思都从颠倒的视角表达了宗教批判的观点，把颠倒作为理解和批判意识形态的一种重要方式，以颠倒的批判方式展现了反对现存世界、实现人类解放的批判精神。

三 实现人类解放：对颠倒的世界的革命

马克思在对颠倒的世界意识与颠倒的世界的批判中，通过对宗教颠倒关系的揭露、对颠倒的意识形态的颠倒，表明了人创造了宗教而不是相反，社会产生了宗教而不是相反，是"幻觉的处境"决定"处境的幻觉"。对马克思而言，不仅看到了"幻觉的处境"对于"处境的幻觉"的决定关系，更是在这一基础上看到了"幻觉的处境"与"处境的幻觉"之间的对立关系。换句话说，马克思不仅看到了人的世界对于颠倒的世界的决定关系、市民社会决定意识形态的关系，还看到了人的世界与颠倒的世界之间的对立、市民社会与意识形态之间的对立。这种对立集中体现在颠倒的世界对人的精神统治上，即颠倒的世界使人在虚幻幸福、精神抚慰中安于苦

① 《马克思恩格斯全集》第3卷，人民出版社，2002，第169页。

难的尘世。而事实上，苦难的尘世并没有就此消失，人依然无法摆脱现实处境，况且宗教的精神统治压制了革命意识，颠倒了人对自身现实处境的认识，从而误导了人寻求自身解放的出路，人更无法摆脱现实处境。即便就宗教内部的矛盾和冲突而言，也只有消除苦难的现实基础、消灭市民社会才能使人们摆脱这些矛盾和冲突。"对马克思而言，解决宗教对立和不宽容问题的方式在于消灭作为宗教之物质根源的市民社会。"① 因此，宗教批判的根本任务，不在于揭露宗教的颠倒本质，不在于对宗教的颠倒关系进行批判性的颠倒，而在于废除颠倒的世界意识，对颠倒的世界进行革命。马克思市民社会批判的根本目的是要改变颠倒的世界意识赖以存在的、使人遭受苦难的市民社会。

从社会与宗教的现实关系来看，不是宗教产生了社会，而是社会产生了宗教，颠倒的世界意识实质上是一种源自"幻觉的处境"的"处境的幻觉"。那么，要从根本上废除颠倒的世界意识、对颠倒的世界进行革命，就要对颠倒的世界所反映的那个现实的世界进行革命。"宗教是人的本质在幻想中的实现，因为人的本质不具有真正的现实性。因此，反宗教的斗争间接地就是反对以宗教为精神抚慰的那个世界的斗争。"② 在马克思看来，颠倒的世界意识的根源在于被其颠倒的现存世界。在宗教批判中，对颠倒的颠倒就要从对颠倒的世界的批判回归到对现存世界的批判，而且这种批判不是意识形态意义上的批判，而是革命实践意义上的批判。在宗教批判的立场上，马克思不断发挥颠倒的批判逻辑，不仅在宗教的颠倒关系上进行颠倒，还在宗教的批判方式上进行颠倒，把意识形态批判推向无产阶级革命。毕竟意识形态层面上的宗教批判充其量可以揭开宗教的颠倒本质，却未能够废除宗教，远不足以解除颠倒的世界意识对人的精神统治。因此，要真正地对颠倒的世界进行颠倒，就要在揭开宗教的颠倒本质的前提下，从颠倒的视角把揭示颠倒的世界转向解释现实的世界，揭示纯粹的观念、范畴和抽象的意识形态得以产生的物质生活基础，更要从颠倒的视角把解释颠倒的世界转向改变颠倒的世界，把反对宗教的批判转向反对现

---

① Z. A. Pelczynski, *The State & Civil Society: Studies in Hegel's Political Philosophy* (Cambridge: Cambridge University Press, 1984), p. 270.
② 《马克思恩格斯选集》第 1 卷，人民出版社，1995，第 1~2 页。

存世界的批判。"真理的彼岸世界消逝以后，历史的任务就是确立此岸世界的真理。人的自我异化的神圣形象被揭穿以后，揭露具有非神圣形象的自我异化，就成了为历史服务的哲学的迫切任务。于是，对天国的批判变成对尘世的批判，对宗教的批判变成对法的批判，对神学的批判变成对政治的批判。"① 这意味着，从意识形态层面上颠倒了颠倒的世界之后，要使人从颠倒的世界的思想禁锢中解放出来，就必须从社会现实层面上改变现存的世界。对宗教的批判能够发现此岸世界的真理，即颠倒的世界意识归根结底是对颠倒的现存世界的反映，因此要真正颠倒意识形态层面上的颠倒的彼岸世界，就必须颠倒尘世生活层面上的颠倒的此岸世界。

可见，马克思对颠倒的世界的革命立场，从颠倒的视角展现了一种解释和改变世界的哲学批判方式，在对颠倒的世界意识的批判中表达了从批判"处境的幻觉"转向改变"幻觉的处境"的颠倒逻辑，反映了正在萌芽的新世界观改变世界的革命立场。也正是基于新世界观的革命立场，马克思更加深入地考察"处境的幻觉"所颠倒和反映的"幻觉的处境"——资产阶级社会，在改变世界的问题导向下，展现了在批判旧世界中发现新世界的颠倒逻辑。

第二节　在对旧世界批判中发现新世界

马克思通过对颠倒的世界意识与颠倒的世界的批判性颠倒，把颠倒的视角聚焦于人的现实处境，聚焦于对尘世、法、政治的批判，聚焦于对市民社会、政治国家的批判，实质上是对资产阶级社会的批判，揭露资产阶级统治的旧世界对无产阶级造成的生存困境。更重要的是，马克思通过对资产阶级社会的批判，用唯物史观剖析了资产阶级旧世界的内在矛盾，找到了变革和超越资产阶级旧世界的历史进路。马克思指出："新思潮的优点就恰恰在于我们不想教条式地预料未来，而只是希望在批判旧世界中发现新世界。"② 在此，马克思在改变世界的问题上展现出一种颠倒的批判逻

---

① 《马克思恩格斯选集》第 1 卷，人民出版社，1995，第 2 页。
② 《马克思恩格斯全集》第 1 卷，人民出版社，1956，第 416 页。

辑，这种逻辑批判了支配方式的颠倒，并指向实现人类解放的颠倒。

一　改变世界的颠倒逻辑

对马克思来说，改变世界的问题实质上是变革资产阶级社会的问题。所谓现实处境、"幻觉的处境"、苦难的尘世，实际上是指现存的资产阶级社会。从颠倒的视角以及革命的进程来看，资产阶级社会犹如一个颠倒的社会。所谓颠倒的社会，是指资产阶级社会既展现了资产阶级改变传统世界的"非常革命的作用"①，又暴露了资产阶级制造现存世界的"束缚生产的桎梏"②。资产阶级在创造文明世界中破坏文明世界。"资产阶级用来推翻封建制度的武器，现在却对准资产阶级自己了。"③ 换句话说，资产阶级按照自己的面貌创造出的世界，是一个颠倒了封建社会同时又在这个颠倒的过程中将要被颠倒的社会。

马克思指出："从中世纪的农奴中产生了初期城市的城关市民；从这个市民等级中发展出最初的资产阶级分子。美洲的发现、绕过非洲的航行，给新兴的资产阶级开辟了新天地。东印度和中国的市场、美洲的殖民化、对殖民地的贸易、交换手段和一般商品的增加，使商业、航海业和工业空前高涨，因而使正在崩溃的封建社会内部的革命因素迅速发展。"④ 在此，从社会形态的演变来看，市民社会相当于从封建社会脱胎而来的资产阶级社会，而且这种市民社会最终变革和超越了其脱胎而来的封建社会，以"非常革命的作用"创造的生产力"比过去一切世代创造的全部生产力还要多，还要大"⑤，并随之建立起"自由竞争以及与自由竞争相适应的社会制度和政治制度、资产阶级的经济统治和政治统治"⑥。从颠倒的视角来看，体现了"非常革命的作用"的资产阶级社会，在经济层面上把封建社会的农业生产方式变革为现代社会的工业生产方式，在政治层面上把封建社会的君主专制国家变革为现代社会的代议制国家，在意识形态上把封建

①　《马克思恩格斯选集》第 1 卷，人民出版社，1995，第 274 页。
②　《马克思恩格斯选集》第 1 卷，人民出版社，1995，第 277 页。
③　《马克思恩格斯选集》第 1 卷，人民出版社，1995，第 278 页。
④　《马克思恩格斯选集》第 1 卷，人民出版社，1995，第 273 页。
⑤　《马克思恩格斯选集》第 1 卷，人民出版社，1995，第 277 页。
⑥　《马克思恩格斯选集》第 1 卷，人民出版社，1995，第 277 页。

社会的宗教幻想变革为利己主义。一句话，由封建社会发展而来的市民最终把传统的封建阶级社会颠倒为与之相反的现代的资产阶级社会。在这一意义上，资产阶级颠倒了一个旧世界，资产阶级社会展现了一种改变世界的颠倒逻辑。

然而，对马克思而言，资产阶级在颠倒了一个旧世界后建立的文明世界，恰恰在演变成"不文明"的世界，资产阶级的改变世界并没有真正地改变旧世界。那是因为，资产阶级把封建阶级的传统社会颠倒为现代社会，实质上只是用现代的统治方式和剥削方式代替了传统的统治方式和压迫方式，整个社会呈现出无产阶级与资产阶级之间的日益分化和对立，尤其是在生产力发展的层面上，体现了"非常革命的作用"的资产阶级社会带来了新的"束缚生产的桎梏"。也就是说，资产阶级社会炸毁了传统意义上的"束缚生产的桎梏"，同时又制造了现代意义上的"束缚生产的桎梏"，一面是巨大的社会变革，另一面是荒唐的"社会瘟疫"，整个文明世界呈现出一种"不文明"的颠倒状态。"社会突然发现自己回到了一时的野蛮状态；仿佛是一次饥荒、一场普遍的毁灭性战争，使社会失去了全部生活资料；仿佛是工业和商业全被毁灭了，——这是什么缘故呢？因为社会上文明过度，生活资料太多，工业和商业太发达。社会所拥有的生产力已经不能再促进资产阶级文明和资产阶级所有制关系的发展；相反，生产力已经强大到这种关系所不能适应的地步，它已经受到这种关系的阻碍；而它一着手克服这种障碍，就使整个资产阶级社会陷入混乱，就使资产阶级所有制的存在受到威胁。"① 可见，资产阶级社会并没有实现真正的颠倒，在颠倒传统社会的过程中以现代工业文明的方式创造了新的颠倒的社会。在马克思看来，由封建社会发展而来的资产阶级曾经颠倒了封建阶级的社会，但在"不文明"的发展态势下，由资产阶级社会发展而来的无产阶级将要颠倒资产阶级社会。这一颠倒并非把现代的资产阶级社会颠倒为传统的封建阶级社会，倘若如此，则是历史的倒退。小资产阶级的社会主义企图作出这种历史倒退的颠倒。"这种社会主义按其实际内容来说，或者是企图恢复旧的生产资料和交换手段，从而恢复旧的所有制关系和旧的

---

① 《马克思恩格斯选集》第 1 卷，人民出版社，1995，第 278 页。

社会，或者是企图重新把现代的生产资料和交换手段硬塞到已被它们突破而且必然被突破的旧的所有制关系的框子里去。它在这两种场合都是反动的，同时又是空想的。"① 与之相反，马克思的颠倒是在更高的社会形态的意义上对资产阶级社会进行颠倒，是从无产阶级的社会革命的意义上对改变世界的问题进行回答。"问题不在于改变私有制，而只在于消灭私有制，不在于掩盖阶级对立，而在于消灭阶级，不在于改良现存社会，而在于建立新社会。"② 在这一意义上，市民社会批判的根本意义在于变革资产阶级社会，建立共产主义社会，以社会革命的方式把以私有制为基础的、充满阶级对立的资产阶级旧世界颠倒为以公有制为基础的、消灭阶级对立的共产主义新世界。马克思改变世界的革命立场鲜明地展现出一种颠倒的批判视角和批判方式。

二　支配方式的颠倒逻辑

在对旧世界批判中发现新世界，马克思揭示了旧世界与新世界在支配方式上相互颠倒的关系。"在资产阶级社会里是过去支配现在，在共产主义社会里是现在支配过去。"③ 马克思对资产阶级社会与共产主义社会之间根本区别的这一论述，充分展现了颠倒的视角和颠倒的批判逻辑。

在马克思看来，资产阶级社会是一个"过去支配现在"的社会。在资产阶级社会，占统治地位的资产阶级通过雇佣劳动支配无产阶级的劳动，进而实现资本增殖。这样一种支配方式，就是无产阶级"活的劳动只是增殖已经积累起来的劳动的一种手段"④。在资产阶级社会，"过去支配现在"实际上反映了一种以资产阶级私有制为基础、以资本增殖为根本目的的生产方式，资产阶级利用雇佣劳动创造出日益积累的个人财产，工人劳动的过程就是资本增殖的过程，资本是积累起来的劳动，资产阶级越是利用雇佣劳动，就越是推动已经积累起来的劳动转化为不断增殖的资本，而工人越是通过雇佣劳动增殖已经积累起来的劳动，也只是占有雇佣劳动的平均

---

① 《马克思恩格斯选集》第 1 卷，人民出版社，1995，第 298 页。
② 《马克思恩格斯选集》第 1 卷，人民出版社，1995，第 368 页。
③ 《马克思恩格斯选集》第 1 卷，人民出版社，1995，第 287 页。
④ 《马克思恩格斯选集》第 1 卷，人民出版社，1995，第 287 页。

价格，即维持基本生活的最低限度的工资。这意味着，所谓"过去支配现在"实质上是资本支配工人、资本支配劳动，即过去形成的死的资本支配现在进行的活的劳动。不妨说，资产阶级创造的文明世界是一个物支配人的颠倒的社会。当然，"过去支配现在"说到底是资产者对无产者的支配，是资产阶级私有制对无产阶级活劳动的支配。私有制就是一种支配方式，资产阶级借此可以支配积累起来的劳动以及从事这些劳动的工人。如果不彻底改变资产阶级私有制，这样一种"过去支配现在"的生产方式势必引发财富日益积累的资产阶级与贫困日益积累的无产阶级之间的严重对立。

在马克思看来，两大阶级的严重对立以及"束缚生产的桎梏"，将会促发无产阶级改变世界的革命行动，无产阶级将运用资产阶级颠倒旧世界的武器来颠倒资产阶级的文明世界，把资产阶级社会颠倒为共产主义社会。这里的颠倒，首要是一种所有制的变革，即变革"过去支配现在"的所有制基础。"共产党人可以把自己的理论概括为一句话：消灭私有制。"①也就是说，在经济层面上，颠倒资产阶级的文明世界，必须消灭资产阶级的私有制，把资产阶级的私有制颠倒为共产主义的公有制，只有这样才能真正地在批判旧世界中发现新世界。在马克思看来，与资产阶级社会相反，共产主义社会是一个"现在支配过去"的社会。在共产主义社会，资本由资产阶级的个人财产变革为全体社会成员的公共财产，同时也正是由于财产的阶级性质的变革，资产阶级也成为掌握公共财产的全体社会成员之一，通过共同劳动把过去积累的财产转变为现实生活的条件。"在共产主义社会里，已经积累起来的劳动只是扩大、丰富和提高工人的生活的一种手段。"②"现在支配过去"实际上反映了一种以共产主义公有制为基础、以共同富裕为根本目的的生产方式，工人越是劳动就越是能够利用已经积累起来的劳动为现实生活创造物质基础。这意味着，所谓"现在支配过去"实质上是工人支配资本，从共产主义社会的意义上说，是社会全体成员共同支配由资本转变而来的公共财产，即现在进行的活的劳动支配

---

① 《马克思恩格斯选集》第 1 卷，人民出版社，1995，第 286 页。
② 《马克思恩格斯选集》第 1 卷，人民出版社，1995，第 287 页。

已经失去阶级性质的过去形成的死的资本。可见，共产主义的新世界是一个人支配物的无阶级社会，实现了对颠倒的资产阶级社会的一次革命性的颠倒。

三　人类解放的颠倒逻辑

从颠倒的视角来看，在社会形态的变革历程中，如果说资产阶级社会是对封建社会的一次颠倒，将传统的封建阶级的农业社会颠倒为现代的资产阶级的工业社会，那么，共产主义社会则是对资产阶级社会的一次颠倒，是对传统社会的又一次颠倒。最重要的问题在于，共产主义社会的这一次颠倒与资产阶级社会的那一次颠倒具有根本意义上的区别，是两种完全相反的颠倒。资产阶级社会的那一次颠倒，只是资产阶级用现代的统治方式和剥削方式代替了传统的统治方式和压迫方式，在颠倒封建阶级的社会后建立了一个物支配人的新的颠倒的社会。而共产主义社会的这一次颠倒，既消灭了资产阶级的现代的统治方式和剥削方式，也消灭了封建阶级的传统的统治方式和压迫方式，而且最终要消灭实行这些统治的阶级。"（1）阶级的存在仅仅同生产发展的一定历史阶段相联系；（2）阶级斗争必然导致无产阶级专政；（3）这个专政不过是达到消灭一切阶级和进入无阶级社会的过渡……"[1] 在马克思看来，作为无阶级社会的共产主义社会，将把物支配人的旧社会颠倒为人支配物的新社会，从而实现人类解放。马克思关于人类解放的理解，展现了批判资产阶级社会的颠倒逻辑。

从人的生存状况来看，资产阶级社会作为一个"过去支配现在"、物支配人的颠倒的社会，实际上是无产阶级在现代工业文明的条件下受剥削、受奴役以及受压迫、受统治的社会。一方面，从无产阶级在直接生产过程中受剥削、受奴役的维度看，在资产阶级的文明世界中，无产阶级的生存状况是一种奴役性的生存困境，无产阶级只能通过雇佣劳动的平均价格来维持基本的物质生活，而且只有能够满足资本增殖的需要，才能维持这种生活。即便工人能够为增殖资本而活着，从事的雇佣劳动也是奴役性

---

[1]　《马克思恩格斯选集》第 4 卷，人民出版社，1995，第 547 页。

的劳动分工，工人由此陷入了一种被劳动分工奴役的颠倒的生存困境。"只要分工还不是出于自愿，而是自然形成的，那么人本身的活动对人来说就成为一种异己的、同他对立的力量，这种力量压迫着人，而不是人驾驭着这种力量。原来，当分工一出现之后，任何人都有自己一定的特殊的活动范围，这个范围是强加于他的，他不能超出这个范围：他是一个猎人、渔夫或牧人，或者是一个批判的批判者，只要他不想失去生活资料，他就始终应该是这样的人。"① 为了不再是这样的人，就必须彻底改变这种与人相对立的劳动分工。这意味着，马克思在批判旧世界中发现新世界的价值目标，就是要通过社会革命消除无产阶级奴役性的生存困境，使无产阶级从被劳动分工奴役的颠倒的生存困境中解放出来，把奴役性的劳动分工颠倒为自主性的生存活动，使自由发展成为人类解放的根本内容。在这一点上，马克思在批判资产阶级社会中工人被劳动分工奴役的颠倒的生存困境后，随即提出与之相反的共产主义社会的生存状况。"而在共产主义社会里，任何人都没有特殊的活动范围，而是都可以在任何部门内发展，社会调节着整个生产，因而使我有可能随自己的兴趣今天干这事，明天干那事，上午打猎，下午捕鱼，傍晚从事畜牧，晚饭后从事批判，这样就不会使我老是一个猎人、渔夫、牧人或批判者。"②

另一方面，从无产阶级在整个社会发展中受压迫、受统治的维度看，在资产阶级的文明世界中，无产阶级的生存状况是一种对立性的生存困境。"我们的时代，资产阶级时代，却有一个特点：它使阶级对立简单化了。整个社会日益分裂为两大敌对的阵营，分裂为两大相互直接对立的阶级：资产阶级和无产阶级。"③ 根源于资产阶级的"过去支配现在"的生产方式，无产阶级并没有随着工业文明的发展而改善自身的生存条件，反而在资产阶级统治下奴隶般的生活中不断降到赤贫者的生存境地，再加上社会瘟疫般的周期性商业危机的破坏，无产阶级甚至连奴隶般的生活也维持不了，资产阶级现代工业文明的发展由此造成并不断加剧两大阶级之间的分化和对立，迫使无产阶级通过革命的方式改变现存社会的阶级对立、改

---

① 《马克思恩格斯选集》第 1 卷，人民出版社，1995，第 85 页。
② 《马克思恩格斯选集》第 1 卷，人民出版社，1995，第 85 页。
③ 《马克思恩格斯选集》第 1 卷，人民出版社，1995，第 273 页。

变自身的生存困境。在这一问题上，马克思明确提出："代替那存在着阶级和阶级对立的资产阶级旧社会的，将是这样一个联合体，在那里，每个人的自由发展是一切人的自由发展的条件。"① 在这一意义上，马克思在对旧社会阶级对立的批判中展现出颠倒的视角，在新社会代替旧社会的革命立场中展现出颠倒的批判逻辑。这意味着，无产阶级将对资产阶级社会实现一次革命性的颠倒，把一个无产阶级奴隶般生活的、充满阶级对立的资产阶级旧社会颠倒为每个人实现自由发展的、消除阶级对立的共产主义新社会，通过共产主义社会对资产阶级社会的代替，最终实现人类解放。对马克思而言，实现人类解放的共产主义社会，不是教条式地进行预料的未来，而是批判性地进行创造的未来，是对现存社会进行革命性批判的历史进程。那么，要实现共产主义社会对资产阶级社会的代替，以及最终实现人类解放，就必须用现实的手段来解答改变世界的问题，在改变世界的过程中用武器的批判代替批判的武器。

第三节　用武器的批判代替批判的武器

在资产阶级社会，要从根本上对颠倒的世界意识、颠倒的现存世界、颠倒的生存困境进行颠倒，就必须采用现实意义上的批判方式。德国哲学家们企图通过纯粹观念上的批判来否定现存社会的意识形态，按照这种唯心主义的批判的武器，能够改变的"世界"充其量只是在观念上抛掉"处境的幻觉"，充其量是用一种颠倒的哲学方式反映现存的世界，全人类的解放也只是乌托邦式的梦想，马克思指出："批判的武器当然不能代替武器的批判，物质力量只能用物质力量来摧毁；但是理论一经掌握群众，也会变成物质力量。"② 在此，马克思在批判方式的问题上蕴含着一种颠倒的批判逻辑，即批判德国哲学家们的批判方式的颠倒逻辑，在批判德国哲学家们的批判方式中超越其批判方式，由此表达改变世界的革命立场。

① 《马克思恩格斯选集》第 1 卷，人民出版社，1995，第 294 页。
② 《马克思恩格斯选集》第 1 卷，人民出版社，1995，第 9 页。

一 批判方式的颠倒逻辑

与德国哲学家局限于解释世界的问题相比，马克思专注于改变世界的问题，这种对比中包含了一种重要的哲学立场，那就是马克思运用与德国哲学家们相反的批判方式，把批判的武器颠倒为武器的批判，用武器的批判从根本上解答改变世界的问题。

对马克思而言，批判的武器实质上是一种理论批判，是一种抽象的精神力量，企图用理论性的批判方式改变现存的世界，企图通过纯粹观念意义上的批判来实现对宗教的批判、对哲学的否定，甚至由此达到对现存世界的改变。正是在这一意义上，批判的武器实质上是从纯粹的观念、范畴来解释世界的批判方式，而不是从现实的基础、条件来改变世界的批判方式，把发展着的物质世界的历史理解为产生于精神世界的历史，把改变世界的现实基础和条件消融在解释世界的抽象观念和范畴之中。这样一来，对德国哲学家们而言，改变世界的问题就演变成了解释世界的问题，而且解释世界的问题还进一步演变成了自我意识的解释。可想而知，批判的武器所做的批判，不仅没有改变现存的世界，反而会制造出颠倒的世界，即抽象的自我意识产生了现实的物质世界。对此，马克思提出了与之相反的理解："历史不是作为'产生于精神的精神'消融在'自我意识'中而告终的，而是历史的每一阶段都遇到一定的物质结果，一定的生产力总和，人对自然以及个人之间历史地形成的关系，都遇到前一代传给后一代的大量生产力、资金和环境。"① 由于禁锢于纯粹观念的范畴，持以批判的武器的批判者们解释世界的立场决定了其实现的解放是一种纯粹观念上的抽象的人的解放，把人的解放的现实问题消融于自我意识的抽象范畴。"如果他们把哲学、神学、实体和一切废物消融在'自我意识'中，如果他们把'人'从这些词句的统治下——而人从来没有受过这些词句的奴役——解放出来，那么'人'的'解放'也并没有前进一步。"② 在马克思看来，德国哲学家们的批判的武器并不能真正地改变现实的世界，也无法实现人

---

① 《马克思恩格斯选集》第 1 卷，人民出版社，1995，第 92 页。
② 《马克思恩格斯选集》第 1 卷，人民出版社，1995，第 74 页。

的真正解放，"只有在现实的世界中并使用现实的手段才能实现真正的解放"①。与德国哲学家们相反，马克思用武器的批判代替批判的武器，用武器的批判解决批判的武器所无法解决的现实问题。武器的批判实质上是一种实践批判，是一种现实的物质力量，力求用实践性的批判方式改变现存的世界，力求通过革命实践意义上的批判来改变旧世界的宗教、哲学等意识形态得以产生的现实基础和条件，即用革命性的物质力量来摧毁旧世界的物质力量，从而消灭旧世界的精神力量。马克思关于武器的批判取代批判的武器的立场，充分展现了颠倒的批判逻辑，把精神性、抽象性的理论批判方式颠倒为物质性、现实性的实践批判方式，从而把"'人'从这些词句的统治下"实现的解放颠倒为"在现实的世界中并使用现实的手段"实现的解放。

二　批判的立足点的转换

马克思通过从武器的批判的意义上对德国哲学家们的批判方式的颠倒，更加深入地转向武器的批判所要批判的现实问题，即"物质力量只能用物质力量来摧毁"的批判问题。也就是说，在改变世界的问题上，把批判的武器颠倒为武器的批判，把精神性、抽象性的理论批判方式颠倒为物质性、现实性的实践批判方式，实际上就要面向和把握那种能够改变由物质力量构成的现存世界的物质力量。马克思在这里提到两个"物质力量"，前一个"物质力量"意味着现存世界，即以市民社会为基础的资产阶级社会，后一个"物质力量"意味着改变现存世界的革命阶级、革命行动和工业发展。这里的两个"物质力量"表征着马克思在对批判的武器的批判中不断摆脱从德国哲学家那里借用的市民社会这一抽象范畴，更加深入地对市民社会的现实基础进行批判性分析，从而在这种批判性分析中进一步超越此前对市民社会的理解，把批判的立足点从市民社会转换为人类社会。

马克思指出："旧唯物主义的立脚点是市民社会，新唯物主义的立脚点则是人类社会或社会的人类。"② 这里的新旧唯物主义之间的对立及其立

---

① 《马克思恩格斯选集》第 1 卷，人民出版社，1995，第 74 页。
② 《马克思恩格斯选集》第 1 卷，人民出版社，1995，第 57 页。

足点之间的差异体现了马克思在改变世界问题上的颠倒视角。从马克思对德国哲学家的批判历程来看，用武器的批判代替批判的武器，实质上是对唯心主义的批判，揭露德国哲学家们对现存世界的唯心主义的抽象理解，从而表达了对现存世界的唯物主义的基本理解，把批判的立足点从唯心主义所编造的抽象世界转换到唯物主义所理解的现实世界，由此进一步用物质的、现实的批判视域代替精神的、观念的批判视域，在唯物主义的立场上面对改变世界的问题以及人类解放的问题。这样一来，批判的立足点就在于解决如何变革现存的世界以及实现人的解放的问题。马克思指出："德国唯一实际可能的解放是以宣布人是人的最高本质这个理论为立足点的解放。在德国，只有同时从对中世纪的部分胜利解放出来，才能从中世纪得到解放。在德国，不摧毁一切奴役制，任何一种奴役制都不可能被摧毁。彻底的德国不从根本上进行革命，就不可能完成革命。德国人的解放就是人的解放。这个解放的头脑是哲学，它的心脏是无产阶级。"[1] 在此，对无产阶级、社会革命、人类解放的关注，成为马克思哲学批判的重要动力，推动着马克思对市民社会的批判，以及进一步在这种批判中立足现存世界的物质生活基础以解剖市民社会，把唯物主义理解世界的立足点从市民社会转换到人类社会。那么，批判的立足点从市民社会转向人类社会，实质上反映了批判的哲学基础和根本立场的颠倒，即新唯物主义取代旧唯物主义，反映了德国哲学家基于旧唯物主义的市民社会批判转换为马克思基于新唯物主义的无产阶级革命，在这一意义上，马克思不仅用新唯物主义对现存的世界进行新的解释，揭示人类社会发展的物质生活基础，更是从人类社会发展的物质生活中找出实现人的真正解放的现实手段，这是对德国哲学家的唯心主义以及旧唯物主义的批判的武器的一次批判性颠倒。

三 改变世界的新世界观

马克思用武器的批判代替批判的武器的这一立场，不仅展现出对批判方式的颠倒，而且还展现出对旧世界观的颠倒，即唯物主义的新世界观对唯心主义以及旧唯物主义世界观的批判和超越。因此，马克思哲学批判的

---

[1] 《马克思恩格斯选集》第 1 卷，人民出版社，1995，第 16 页。

立足点从市民社会转换到人类社会，并对人类社会发展的物质生活基础作出科学的解释，从而对改变世界的问题作出唯物史观意义上的科学解答，把理论意义上的唯物史观与群众意义上的无产阶级进行结合，不仅转换了批判的立足点，更是把新世界观转化为真正改变现存世界和实现人类解放的武器的批判。

从马克思坚持武器的批判的立场来看，作为精神性、抽象性的理论批判方式，批判的武器充其量只是用其解释世界的方式来改变那个由自我意识所产生的颠倒的世界，无法摧毁那个由物质力量所构成的物质的世界。当然，对马克思来说，在改变世界的现实问题上，批判的武器固然无法像武器的批判那样能够以物质力量的方式摧毁现存的物质世界，但马克思也认为，批判的武器如果与群众相结合，就会转变成改变世界的物质力量。这意味着，马克思在武器的批判的立场上对批判的武器的批判，实质上表达了一种在批判德国哲学家的理论性的批判的武器的同时提出一种革命性的批判的武器，展现出一种把旧的批判的武器颠倒为新的批判的武器的颠倒的视角。从这种颠倒的视角来看，批判的武器尽管对旧世界发起了强烈的批判，但批判的武器首先是用基于唯心主义世界观的理论批判方式进行批判，实质上只是用颠倒的方式解释现存世界，批判的武器的这种颠倒的解释，意味着青年黑格尔派看到的是自我意识的范畴，而没有看到现存世界的群众即无产阶级，也意味着批判的武器无法"掌握群众"，从而也就无法转化成改变世界的物质力量。尽管费尔巴哈以"唯物主义重新登上王座"的方式进行批判，在宗教批判中揭露了宗教的虚幻本质，通过"把宗教的本质归结于人的本质"的方式把宗教与人之间的颠倒关系重新颠倒过来，但是，这种批判的理论基础是旧唯物主义、直观的唯物主义，"直观的唯物主义，即不是把感性理解为实践活动的唯物主义至多也只能达到对单个人和市民社会的直观"①。不妨说，这种旧唯物主义的理论批判方式，也对现存世界作出了一种颠倒的解释，即用直观的、机械的方式解释世界，把世界解释为由"一般人"构成的抽象的世界，而不是把世界理解为"现实的历史的人"的感性的世界，更不会用革命的、实践的方式去理解

---

① 《马克思恩格斯选集》第 1 卷，人民出版社，1995，第 56~57 页。

感性的世界。从根本上说，无论是基于唯心主义世界观的批判的武器，还是这种基于旧唯物主义世界观的批判的武器，都无法"掌握群众"，无法把无产阶级作为自己的物质武器并转化为改变世界的物质力量。

因此，马克思提出用武器的批判代替批判的武器，不仅强调武器的批判对于改变世界的决定性意义，同时也正是在坚持武器的批判的立场上对德国哲学家们的批判的武器进行批判和颠倒，在坚持武器的批判的立场上不断构建能够"掌握群众"的新的"批判的武器"——改变世界的新世界观，即把批判的立足点放在人类社会的新唯物主义，是代表无产阶级利益的、把无产阶级当作物质武器的唯物史观。如果说，德国哲学家们的"批判的武器"之"批判"的实质，是旧世界观对现存世界作出颠倒的解释，那么马克思的"批判的武器"之"批判"的实质，是新世界观对现存世界提出革命的要求。马克思在批判德国哲学家们的批判的武器中不断形成的新的批判的武器，实质上是在批判解释世界的旧世界观中提出改变世界的新世界观，把新世界观作为科学地解释资产阶级社会以及实践地变革资产阶级社会的哲学批判方式。可见，马克思以唯物史观为基础的哲学批判方式，在对现存社会及其意识形态的批判中具有独特的颠倒视角。在唯物史观的形成过程中，马克思对黑格尔市民社会思想的批判充分展现了颠倒的视角，表达了市民社会批判的基本观点和立场，在市民社会决定国家的基本观点和立场上蕴含着一种颠倒的批判逻辑，并通过这种颠倒促进了唯物史观的形成及其对旧世界观的超越，从而能够运用新的"批判的武器"以及以此为理论基础的"武器的批判"，对颠倒的世界意识、颠倒的现存世界进行革命性的颠倒，以共产主义革命的方式彻底改造产生颠倒现象的"市民社会"，并由此重建能够解放物质生产力的新的经济关系，在革命性的颠倒中走向实现人的真正解放的新世界。

| 第二章 |

颠倒的前奏：马克思市民社会
批判的初始运用

　　马克思在对现存社会及其意识形态的批判中所展现的颠倒视角，尤其是在市民社会批判中运用的颠倒批判逻辑，并非马克思独创的批判方式，一些思想先驱们在对中世纪的批判中已经运用了颠倒的批判方式，用颠倒的理论逻辑表达出强烈的批判精神，致力于从思想文化上颠倒中世纪统治人的理论基础。思想先驱们的批判精神对欧洲市民社会的思想解放产生了重要影响。随着市民社会的发展和思想解放的推进，资产阶级对封建社会的政治革命及其建立的政治国家，也展现出一种颠倒中世纪旧世界的历史景象。思想先驱们批判中世纪的思想解放运动及其推动的资产阶级政治革命，在马克思对资产阶级旧世界进行颠倒之前，上演了颠倒的前奏，成为马克思早期思想发展中关注的重要内容，促进了马克思对颠倒批判方式的初始运用。从颠倒的视角对哲学问题进行初步思考，并对社会经济现实进行批判，能够进一步在市民社会批判中运用颠倒的批判逻辑。思想先驱们所上演的颠倒前奏，是马克思能够在市民社会批判中进行颠倒的重要历史前提，对马克思"在批判旧世界中发现新世界"的革命立场具有重要影响。

　　尽管这种颠倒的视角和颠倒的批判逻辑并非马克思的独创，但在这种颠倒的前奏的影响下，马克思独创地接续了这种颠倒的前奏，在不断萌芽的新世界观的意义上独创性地开启了市民社会批判的颠倒的前奏，这种独创性就在于在运用思想先驱们颠倒的批判方式的过程中，不断超越思想先驱们，尤其是超越德国哲学家们在哲学批判中以颠倒的方式所呈现的"观念的历史"。"如果这些理论家们一旦着手探讨真正的历史主题，例如 18 世纪，那么他们也只是提供观念的历史，这种历史是和构成这些观念的基础的事实和实际发展过程脱离的，而他们阐述这种历史的目的也只是把所考察的时代描绘成一个真正历史时代即 1840～1844 年德国哲学斗争时代的不完善的预备阶段、尚有局限性的前奏时期。"① 实际发展的历史被德国哲学家们颠倒地解释为"观念的历史"，他们的批判视域局限于描述哲学斗争的"前奏时期"，而没有看到构成"前奏时期"的现实基础。正是构成"前奏时期"的现实基础，促使马克思不断揭示出"观念的历史"是一种颠倒的世界图景，并由此奠定了市民社会批判的基础。在新世界观萌芽的早期思想发展阶段，马克思在开启市民社会批判的过程中，不断考察哲学斗争"前奏时期"的现实基础，在对哲学和现实问题的批判中展现出颠倒的视角，初步运用了颠倒的批判方式，这成为法哲学批判时期颠倒黑格尔"国家决定市民社会"的重要基础，也成为后来对德国哲学家们的"观念的历史"进行颠倒的一个前奏。

第一节　欧洲思想解放运动的颠倒逻辑

如果说马克思对颠倒的现存世界进行的颠倒是一种无情的批判，那么随着欧洲市民社会的发展而来的思想解放运动，也曾对中世纪的旧世界作出了无情的批判。思想先驱们在对中世纪的旧世界的批判中上演了颠倒的前奏。从文艺复兴到启蒙运动的思想先驱们，用人文主义、理性的思想武器对封建社会及其素被尊崇的观念进行了无情的批判，推动了市民社会的思想解放及其革命因素的发展。中世纪的封建社会在思想文化上呈现出不断被颠倒的历史图景，而封建社会内部迅速发展的革命因素更推动着封建社会的崩溃。在欧洲的思想解放运动中，哲学家们用人的解释代替了神的解释，实质上是用人的理性或经验的因素来解释世界，从观念层面上彰显了人对世界进行科学解释的主体地位和主体能力，这是哲学家们对宗教神

---

① 《马克思恩格斯选集》第 1 卷，人民出版社，1995，第 95～96 页。

学理论进行的一次具有革命意义的颠倒。马克思在对哲学家们的批判中展现和运用了颠倒的方式，而且是一种以新世界观为理论基础的颠倒，对哲学家们的理论进行了又一次具有革命意义的颠倒，即从现实的、物质的条件出发来解释现存世界，而不是从神学的、宗教的观念出发解释世界，也不是用理性的、经验的因素来解释世界，从而为真实地解释世界开启了新的理论进路，更是由此进一步从实践层面上彰显了人对世界进行实际改造的主体地位和主体能力。思想先驱们在对中世纪的旧世界进行批判时上演的颠倒的前奏，是马克思市民社会批判的重要前提，促进了马克思在市民社会批判问题上以自己的方式展开颠倒的前奏，其中哥白尼太阳中心论、康德"哥白尼革命"，是对马克思建立市民社会批判的颠倒逻辑具有重要影响的思想武器。而马克思对历史法学派浪漫主义的批判则促进了其自身对启蒙的反思以及对德国哲学和德国现实的批判，有助于他不断深入考察市民社会的问题，促进其对市民社会批判的颠倒逻辑进行初始运用。

一　哥白尼太阳中心论的颠倒逻辑

从思想文化上看，封建社会崩溃的历史前奏，首先是一场对宗教神权中心地位进行颠倒的思想解放运动，是随着市民社会的发展而来的文艺复兴。文艺复兴的思想先驱们在思想解放运动中对中世纪的封建社会发起了无情的批判。对于文艺复兴的这一历史前奏，马克思的评价是："一切已死的先辈们的传统，像梦魔一样纠缠着活人的头脑。当人们好像刚好在忙于改造自己和周围的事物并创造前所未闻的事物时，恰好在这种革命危机时代，他们战战兢兢地请出亡灵来为他们效劳，借用它们的名字、战斗口号和衣服，以便穿着这种久受崇敬的服装，用这种借来的语言，演出世界历史的新的一幕。"[①] 文艺复兴的思想先驱们实质上是以复兴古希腊罗马文化的方式，上演了新兴资产阶级思想文化的一幕。思想先驱们用人文主义的思想武器批判抽象神性的思想统治，与教会的绝对权威和思想禁锢进行斗争，主张用世俗的人性代替抽象的神性，在人文主义的思想武器中彰显人性的光辉，回归世俗的生活，展现出从以神为中心的立场到与之相对立

---

① 《马克思恩格斯选集》第 1 卷，人民出版社，1995，第 585 页。

的以人为中心的立场的颠倒逻辑。"个人的天才和人格独立随处可见。一切的知识、创造或者探索的领域，人类似乎无远弗届。随着文艺复兴，人类在今世的生命似乎拥有了一种直接的内在的价值，拥有了一种激动人心的存在意义。人与上帝、教会、自然似乎不再毫无关联。"① 人文主义坚持以人为中心的立场，对于把人从神的绝对统治中解放出来具有重要的启发意义。

在文艺复兴揭开世界历史新的一幕的过程中，天文学家哥白尼从科学层面上展现了一次对教会的绝对权威和思想禁锢的斗争。哥白尼通过"现象引导天文学家"的研究方式，提出了与托勒密的地球中心说相反的太阳中心论，在科学革命的道路上展现了一种宗教批判的颠倒逻辑，把太阳视为宇宙系统的中心：不是太阳围绕地球转动，而是相反。哥白尼对地球中心说的颠倒展现了科学对神学的批判，从根本上彰显了科学对世界进行客观描述的基本原则以及人对世界进行科学解释的主体能力。哥白尼学说及其引发的科学革命的意义，是马克思关注的重要内容，尤其以太阳为中心的思维方式和话语方式，是马克思在法哲学批判之前乃至早期思想形成发展过程中的一种重要表达。比如，马克思在关于出版自由问题的批评中指出："在宇宙系统中每一个单独的行星一面自转，同时又围绕太阳运转，同样，在自由的系统中各界也是一面自转，同时又围绕自由这一太阳中心运转。"② 马克思在此以太阳中心论的方式表达了出版自由的立场，表达了对德国书报检查制度压制自由的批判。这种太阳中心论的表达方式实际上出现在马克思的诸多论述当中。当然，马克思借用哥白尼太阳中心论进行一种哥白尼式的话语表达，是为了表达哥白尼式的批判逻辑，即一种具有颠倒视角和颠倒特征的哲学批判方式。

从马克思早期思想发展来看，马克思表达这种太阳中心论的思维方式和话语方式，更重要的是以颠倒的方式批判哲学家们对现存世界的唯心主义解释。托勒密的地球中心说实质上坚持以神为中心的立场，是对神的中心地位以及教会的绝对权威的理论辩护；哥白尼的太阳中心论则强烈动摇

① 〔美〕理查德·塔纳斯：《西方思想史》，吴象婴、晏可佳、张广勇译，上海社会科学院出版社，2011，第 253 页。
② 《马克思恩格斯全集》第 1 卷，人民出版社，1956，第 86 页。

了神的中心地位以及教会的绝对权威。"基督干预人类历史的绝对独特性和意义似乎是需要地球的独特性和意义与之相对应的。救赎本身，这个人类历史也是宇宙历史的重大事件似乎也是危如累卵。哥白尼主义之学说，似乎就等于无神论。"① 在思想解放的意义上，这种无神论的取向无疑打开了彰显人的价值、人的自由的空间，哥白尼的太阳中心论实质上与文艺复兴的人文主义具有相一致的批判逻辑，从天文学研究的意义上顺应乃至助推了文艺复兴所倡导的从以神为中心的立场到与之相对立的以人为中心的立场的颠倒逻辑。这种颠倒有助于人们转变解释世界的方式，用人的眼光观察自然和社会，而不是从神出发来解释自然和社会。在马克思看来，许多思想先驱在解释世界的过程中发挥了这种颠倒的逻辑。"差不多和哥白尼的伟大发现（真正的太阳系）同时，也发现了国家的引力定律：国家的重心是在它本身中找到的。各种形式的欧洲国家的政府都企图——诚然，这是肤浅的，这是初次实践活动中所常有的——在确立国家间的均势方面运用这个定律；然而，马基雅弗利、康帕内拉和其后的霍布斯、斯宾诺莎、胡果·格劳修斯，以及卢梭、费希特、黑格尔等都已经用人的眼光来观察国家了，他们是从理性和经验中而不是从神学中引伸出国家的自然规律。他们都效法哥白尼的榜样，哥白尼丝毫没有因为约书亚使太阳停止在基遍并使月亮停止在亚雅仑谷而感到惶惑不安。"② 这里的"国家的引力定律"实际上是马克思借用哥白尼太阳中心论的思路来描述哲学家们解释世界方式的变化。在文艺复兴之后的思想解放运动中，尽管哲学家们用不同的方式解释世界，但是这些不同的解释方式中日益呈现出一种趋势：人的解释代替神的解释，进一步把人文主义彰显的人性深化到理性主义推崇的理性，从更高的哲学层面上展现了一种哥白尼式的颠倒逻辑，哪怕其中仍然包含各种神秘主义的因素。在这一意义上，最典型的一种颠倒莫过于康德的"哥白尼革命"。康德"哥白尼革命"为马克思的市民社会批判上演了一次颠倒的前奏。

---

① 〔美〕理查德·塔纳斯：《西方思想史》，吴象婴、晏可佳、张广勇译，上海社会科学院出版社，2011，第282~283页。

② 《马克思恩格斯全集》第1卷，人民出版社，1956，第128页。

二　康德"哥白尼革命"的颠倒逻辑

如果说，哥白尼的太阳中心论以科学革命的方式在解释世界的问题上展开了一次批判性的颠倒，为文艺复兴时期的思想先驱们推动市民社会的思想解放提供了重要的理论武器，并为欧洲思想解放运动的发展上演了一场哥白尼式的颠倒的前奏。那么，在文艺复兴之后的启蒙运动时期，康德的理性主义哲学则以"哥白尼革命"的方式在解释世界的问题上实现了一次批判性的颠倒。相比之下，哥白尼的颠倒是天文学层面上的颠倒，并在这种颠倒中表达了对宗教神学的批判立场，是自然科学的一次革命，而康德的颠倒则是唯理论层面上的颠倒，并在这种颠倒中表露了对传统哲学的批判立场，是形而上学的一次革命。由此，康德在德国哲学的发展中掀起了一场哥白尼式的哲学革命，成为马克思运用颠倒的逻辑进行市民社会批判的又一个颠倒的前奏。

按照托兰斯的说法，从马克思的意识形态理论来看，"马克思继承了两大认识论传统，那就是经验主义和理性主义"[①]。这两大认识论传统实际上正是康德在哲学上进行"哥白尼革命"的理论缘起，在经历康德的哲学批判后，它们为马克思提供了哲学批判的重要课题。经验主义坚持人可以通过感觉形成真理性认识，而理性主义坚持人只有通过理性才能形成真理性认识。所谓真理性认识，就是人的观念符合对象。两大传统从截然相反、相互对立的理论体系出发对世界作出各自的解释。但是，在康德看来，休谟的怀疑论对因果性所作的论述使经验主义和理性主义都陷入了认识论的死胡同，即经验主义和理性主义都无法对事物的因果性作出科学的解释，这也就意味着人无论是通过后天的经验还是通过先天的理性都无法形成真理性认识。为了能够走出这个死胡同，康德从先验唯心论的意义上对传统认识论进行了一次重大颠倒，即认识论的"哥白尼革命"，把"人的观念符合对象"颠倒为"对象符合人的观念"。当然，康德的"哥白尼革命"并非简单地反转传统认识论中的主体与客体之间的关系，而是独创

[①]　John Torrance, *Karl Marx's Theory of Ideas*（Cambridge：Cambridge University Press，2008），p. 29.

性地重建了传统认识论中主体对客体的认识能力。人作为理性的存在，能够运用一种先天的认识结构来把握后天的感觉经验，通过时间和空间这两种先天直观形式，把理性的范畴运用于经验的对象上。把理性的范畴与经验的对象相结合的过程就是人的先验自我意识的"统觉的本源的综合统一"。"我们称之为自然的那些现象上的秩序和合规则性是我们自己带进去的，假如我们不是本源地把它们，或者把我们内心的自然放进去了的话，我们也就不可能在其中找到它们了。因为这个自然统一性应当是一种必然的、亦即先天确定的结合诸现象的统一性。"① 在这一意义上，被纳入理性的经验的对象都必然具有理性的范畴的规定性，人由此用自己理性所建立的对象来符合自己的观念。康德在"哥白尼革命"中从"人的观念符合对象"到"对象符合人的观念"的颠倒，从先验唯心论意义上确立了人为自然立法的根本原则。人为自然立法，从认识论的意义上凸显了人的主体地位和主体能力。在人的理性进行立法的现象界，"哥白尼革命"的哲学意义之一在于把宗教对世界的神秘主义解释转变为人对世界（现象界）的理性主义建构，通过解答"先天综合判断何以可能"的问题，重新确立人能够认识事物之因果性的有效依据，彰显理性对于解释世界的可能性和有效性。这是启蒙意义上对中世纪宗教神学的一种理性主义批判，也是对文艺复兴的人文主义的一种理性主义提升，有助于进一步强化人的中心地位对神的中心地位的颠倒。当然，康德更是在"哥白尼革命"的基础上把人的理性限制在现象界，提出限制知识，为道德自由留出空间。人的理性的认识对象只能是现象界而不能是物自体，物自体属于纯粹实践理性的范畴。用康德的话来说，这种纯粹实践理性实质上是人"先天地知道其可能性，但看不透它"的道德自由。也就是说，康德的"哥白尼革命"不仅通过颠倒传统的认识论确立了人的理性在解释世界中的主体地位和主体能力，更是通过这一认识论的颠倒为重建人的自由开辟道德形而上学的道路，即人在以自律为内在必然性的物自体范畴中实现主体的自由。这种颠倒不仅是对传统形而上学的一种批判，也是对实现人的自由的一种探索，从纯粹实践理性的层面上展示出自律即自由的形而上学的道德世界。康德的"哥白

---

① 〔德〕康德：《纯粹理性批判》，邓晓芒译，人民出版社，2017，第100页。

尼革命"不仅是一次认识论的革命，更是一次伦理学的革命，从这一颠倒中"倒出了"对人的自由的道德形而上学的确证。

马克思并没有直接依循康德"哥白尼革命"的颠倒逻辑在哲学领域发起哥白尼式的批判，更没有从康德哲学出发对旧世界进行解释和批判，反而对康德这种"太空飞翔"般的形而上学作出了批评。"康德和费希特在太空飞翔，对未知世界在黑暗中探索；而我只求深入全面地领悟在地面上遇到的日常事物。"① 马克思在此实际上是对康德通过"哥白尼革命"颠倒出来的道德形而上学的自由作了批判，同时在这一批判中表达了一种回归现实世界的颠倒逻辑，即把现实的世界而不是抽象的世界作为哲学批判和思考的对象。而且，也正是在对康德的批判中，马克思超出了康德的理性范畴，不断走出用纯粹哲学解释世界的理性范式，不仅没有依循康德式的唯心主义的"哥白尼革命"，反而不断以领悟日常事物的方式进行唯物主义的类似于哥白尼式的革命思路的颠倒。"特别是就马克思在思维与存在、主体能动性与客体制约性的关系问题上的颠倒而言，我们主张回到康德。从根本上讲，马克思的批判理论的出场受益于康德的'哥白尼革命'的颠倒性原则。"② 虽然在法哲学批判之前，马克思对康德哲学的批判尚未达到对市民社会尤其是对物质生产关系的深入解剖，但对康德哲学的关注和批判促进了马克思酝酿《黑格尔法哲学批判》中对"国家决定市民社会"进行颠倒的批判方式，成为马克思市民社会批判颠倒的前奏，也由此促进了马克思在后续的思想发展过程中不断运用和推进这种颠倒的批判方式。

三　胡果及其历史法学派的颠倒特征

对康德哲学及其"哥白尼革命"的关注和批判，使马克思对一个与康德哲学相关的思想流派也产生了关注和批判，那就是胡果及其历史法学派。"当我们承认胡果先生是 18 世纪的产儿的时候，我们甚至是按照胡果先生本人的精神行事的，这位先生自称为康德的学生，并把自己的自然法

---

① 《马克思恩格斯全集》第 40 卷，人民出版社，1982，第 651~652 页。
② 孙海洋：《重思康德的"哥白尼革命"及其对马克思批判理论的影响》，《国外理论动态》2018 年第 12 期。

称做康德哲学的爱子。"① 对马克思而言，哥白尼的太阳中心论是一次具有思想解放意义的进步性的颠倒，从科学革命层面上推动了人文主义的发展，顺应了从神的中心地位转向人的中心地位的颠倒逻辑，从而在人性张扬的道路上向人类解放迈出了重要一步。康德的"哥白尼革命"同样是一次具有思想解放意义的进步性的颠倒，从启蒙层面上推动了理性精神的发展，展现了从解释世界的神秘主义方式向解释世界的理性主义方式的颠倒逻辑，从理性主义的高度推进了从神的中心地位向人的中心地位的颠倒，从而在推崇理性的道路上向人类解放迈出了重要一步。但是，作为康德学生的胡果曲解了康德哲学，在关于理性的问题上，不仅没有延续康德"哥白尼革命"的哲学意义，反而与哥白尼和康德相比，胡果及其历史法学派体现了一种倒退性的颠倒。

对康德而言，休谟的怀疑主义打破了他教条主义的迷梦，激发了他对经验主义和理性主义的反思。在这一反思中，康德对经验主义关于人通过经验性的感觉获取真理的认识论产生了怀疑，也对理性主义关于人凭借先天理性获取真理的认识论产生了怀疑。也就是说，在休谟怀疑主义的批判下，康德认识到，经验主义和理性主义都无法对世界及其因果性作出科学的解释。那么，正是在对经验主义和理性主义认识论的反思和怀疑中，康德提出了"先天综合判断何以可能"的问题，并最终通过解答这一问题展现出人以理性的认识之网对现象界的因果性作出科学解释，通过时间的图型把先天的范畴运用于经验的对象材料，从而以人为自然立法的先验唯心论方式使观念符合对象，在纯粹理性批判的意义上重构了作为有限的理性存在获取真理的认识论，从而以先验唯心论的方式实现了传统认识论的一次"哥白尼革命"。在这一意义上，休谟的怀疑主义是一种促进理性主义哲学首先从认识论进行变革的批判性力量，而由这一怀疑主义所引发的康德的怀疑，从认识论的颠倒意义上实现了理性主义哲学的一次变革。康德的怀疑是在应对休谟怀疑主义的过程中不断建构的，具有哲学革命意义的启蒙立场。

然而，对胡果而言，他从康德哲学出发，也表达出某种怀疑主义的启

---

① 《马克思恩格斯全集》第 1 卷，人民出版社，1956，第 98 页。

蒙立场，但这种怀疑主义既不同于休谟的怀疑主义，更不同于康德"哥白尼革命"的怀疑立场。"胡果是一个十足的怀疑论者。否认存在事物合乎理性的18世纪的怀疑论，在胡果那里则表现为否认理性存在的怀疑论。胡果承袭了启蒙运动时代，他在实证的事物中再也看不到有什么合乎理性的事物，但这只是为了在合乎理性的事物中不再看到实证的事物。"① 在马克思看来，康德在纯粹理性批判意义上对现存事物的怀疑，是对现存事物即现象界所作的一种理性主义的解释，康德对现存事物的解释就是一种合乎理性的解释，在"哥白尼革命"的理性主义认识论中，康德肯定现存事物是合乎理性的存在，由此展现了理性在启蒙运动中应有的革命性意义，这种革命性意义体现了对传统认识论的一次进步性的颠倒以及由此对人类主体性的一次进步性的彰显。相比之下，胡果是在十足的怀疑主义立场上对现存事物进行怀疑，这种对现存事物的怀疑颠倒了康德在"哥白尼革命"中表达的怀疑立场。胡果的怀疑并非像康德那样从理性出发对现存事物进行怀疑，也并非把现存事物解释为合乎理性的存在，反而从否定理性存在的立场出发，把不合乎理性的存在视为现存事物。在这种对"实证的事物"进行颠倒的解释中，胡果对现存事物的怀疑实质上是一种反理性主义的怀疑主义。这样一来，对现存事物合乎理性的否定也就等同于对理性的否定，从而抛弃了理性在启蒙运动中应有的革命性意义。在马克思看来，胡果的这一颠倒终将演变成背离革命立场、消解革命精神的"庸俗的怀疑论"。"要是能公正地把康德的哲学看成是法国革命的德国理论，那末，就应当把胡果的自然法看成是法国〔旧制度〕的德国理论。我们又一次在胡果身上发现了放荡者的十足的轻佻，即庸俗的怀疑论，这种怀疑论厚颜无耻地对待思想，卑躬屈节地对待显而易见的一切，这种怀疑论只有当它谋害了实证事物的精神时才开始感觉到自己的智慧，——而这一切都只是为了占有某种作为残渣的纯实证的事物。"② 对马克思来说，康德哲学尽管不是一种彻底的革命哲学，但起码也可以将其视为具有革命性的"法国革命的德国理论"，展现了理性在德国思想解放和思想发展上的进步意义及启

---

① 《马克思恩格斯全集》第1卷，人民出版社，1956，第100页。
② 《马克思恩格斯全集》第1卷，人民出版社，1956，第100~101页。

蒙立场。然而，胡果这位"从旧制度的观点出发的启蒙思想家"的怀疑主义恰恰背离了进步主义的启蒙立场，从而把康德哲学的"法国革命的德国理性"颠倒为"法国旧制度的德国理论"。胡果的自然法及其怀疑主义是一种"实证的"、"非批判的"、维护封建专制统治的"龌蹉而陈旧的幻想"。同样，历史法学派实质上也只是在胡果自然法的基础上"经过几道批判的分析之后，在这里又出现了旧的最初的原文"①。从启蒙应有的革命性意义上看，胡果及其历史法学派的思想具有明显的颠倒特征，即把康德批判的怀疑主义颠倒为实证的非批判的怀疑主义。对胡果及其历史法学派的批判展现了马克思对颠倒逻辑的批判意识，并促进了马克思对颠倒批判方式的初始运用。

第二节　资产阶级政治革命的颠倒逻辑

马克思"在批判旧世界中发现新世界"的"旧世界"，经历了由思想解放运动推动的资产阶级政治革命，由此在欧洲范围内把中世纪的传统文明带入了与之相反的工业化的现代文明，即资产阶级占统治地位的现代工业文明。马克思早期对市民社会的研究和批判，正处于资产阶级以"非常革命的作用"建立现代工业文明的历史时期。这一历史时期的形成和发展，体现了资产阶级政治革命的一种颠倒逻辑。在对中世纪的封建意识形态进行批判性颠倒的思想解放运动中，文艺复兴表达了市民社会追求个人价值、个体幸福、个性解放的世俗观念，用人性作为"批判的武器"，表达了由城关市民演变而来的新兴资产阶级对实现世俗利益的诉求。从阶级立场来看，把以神为中心的中世纪观念颠倒为以人为中心的世俗化观念，实际上是确立了以资产阶级为中心的意识形态，以人为中心的立场实际上是以资产阶级为中心的立场，以张扬人性的批判方式流露了资产阶级政治解放的诉求，对人性的张扬表达了反对中世纪的封建社会和建立世俗化的现代社会的批判精神。在这种批判精神的推动下，由封建社会内部发展而来的市民社会孕育着从政治上对中世纪的封建社会进行颠倒的革命性因

---

① 《马克思恩格斯全集》第 1 卷，人民出版社，1956，第 106 页。

素，昭示着资产阶级的政治统治和工业文明将要取代封建阶级的专制制度和农业文明。观念层面上的思想解放的颠倒逻辑，推动着阶级层面上政治革命的颠倒逻辑。启蒙运动更是以理性为批判的武器，从思想解放的层面推动了这种政治革命的颠倒逻辑。马克思指出："18 世纪的法国启蒙运动，特别是法国唯物主义，不仅是反对现存政治制度的斗争，同时是反对现存宗教和神学的斗争，而且还是反对 17 世纪的形而上学和反对一切形而上学，特别是反对笛卡儿、马勒伯朗士、斯宾诺莎和莱布尼茨的形而上学的公开的、旗帜鲜明的斗争。人们用哲学来对抗形而上学，正像费尔巴哈在他第一次坚决地站出来反对黑格尔时以清醒的哲学来对抗醉醺醺的思辨一样。"① 观念层面上的思想解放以及阶级层面上的政治革命，共同展现了资产阶级的政治统治代替封建社会的专制统治、资产阶级的工业文明代替封建社会的农业文明、"相互往来"的状态代替"闭关自守"的状态的颠倒逻辑。

一 资产阶级的政治统治代替封建社会的专制统治

文艺复兴和启蒙运动所解放的，不仅是观念意义上的人性和理性的力量，更重要的是最终解放了政治意义上的阶级和革命的力量。思想观念上的解放促进了资产阶级在政治经济上的发展。"资产阶级的这种发展的每一个阶段，都伴随着相应的政治上的进展。它在封建主统治下是被压迫的等级，在公社里是武装的和自治的团体，在一些地方组成独立的城市共和国，在另一些地方组成君主国中的纳税的第三等级；后来，在工场手工业时期，它是等级君主国或专制君主国中同贵族抗衡的势力，而且是大君主国的主要基础；最后，从大工业和世界市场建立的时候起，它在现代的代议制国家里夺得了独占的政治统治。"② 从这一描述可以看到，由市民社会发展而来的现代资产阶级社会，颠倒了资产阶级曾经作为被压迫者的地位，展现了资产阶级政治革命的颠倒逻辑。这一颠倒逻辑实质上是资产阶级的政治统治代替了封建社会的专制统治。

在马克思看来，在中世纪的封建社会，封建主通过专制制度统治着整

---

① 《马克思恩格斯文集》第 1 卷，人民出版社，2009，第 327 页。
② 《马克思恩格斯选集》第 1 卷，人民出版社，1995，第 274 页。

个社会，作为城关市民的资产者，是在封建主的专制统治下被压迫的等级，在商业贸易和手工工场的经济领域中谋求自身的发展。也正是由于这种发展，原初的资产阶级既受制于封建主的专制统治，又企图脱离封建主的专制统治，逐渐形成了使自身摆脱封建主专制统治的基础，甚至创造了对抗封建主专制统治的条件。资产者在市民社会中的发展，最终在历史上通过"非常革命的作用"颠覆了中世纪的封建社会。这一颠覆是作为被压迫者的资产者与作为压迫者的封建主之间的阶级斗争的结果，资产者通过这场阶级斗争的胜利建立起现代资产阶级社会。"在君主制中，整体，即人民，从属于他们的一种存在方式，即政治制度。在民主制中，国家制度本身只表现为一种规定，即人民的自我规定。在君主制中是国家制度的人民；在民主制中则是人民的国家制度。"① 现代资产阶级社会是对中世纪的封建社会的一次颠倒，意味着资产者以政治革命的方式实现了被压迫等级的政治解放，把封建专制统治的君主制国家颠倒为资产阶级民主的代议制国家，把资产者在封建专制下遭受的压迫颠倒为在现代社会中获得的解放。从民主代替专制、解放代替压迫的意义上看，资产阶级政治革命展现了一种具有进步意义的颠倒逻辑。

然而，倘若从无产阶级革命的立场上对这一颠倒逻辑进行反思，资产阶级政治革命实质上是在颠覆封建社会的专制统治中建立起现代社会的政治统治，即资产阶级的政治统治。也就是说，资产阶级通过政治革命所实现的民主代替专制、解放代替压迫，只是在用现代的政治统治代替传统的专制统治。现代的政治统治，意味着现代资产阶级社会将出现新的压迫以及由此引发的新的阶级斗争。马克思指出："从封建社会的灭亡中产生出来的现代资产阶级社会并没有消灭阶级对立。它只是用新的阶级、新的压迫条件、新的斗争形式代替了旧的。"② 资产阶级政治革命并没有从根本上实现民主代替专制、解放代替压迫，而是在政治革命的胜利中用现代的专制方式代替传统的专制方式，用现代的压迫方式代替传统的压迫方式。资产阶级在政治革命中实现的政治解放，是把封建主对资产者的政治统治演

---

① 《马克思恩格斯全集》第 3 卷，人民出版社，2002，第 39 页。
② 《马克思恩格斯选集》第 1 卷，人民出版社，1995，第 273 页。

变成资产者对无产者的政治统治，把资产者意义上的被压迫等级演变为无产者意义上的被压迫阶级。在这一意义上说，资产阶级政治革命所展现的颠倒逻辑是一种没有真正颠倒旧社会的逻辑。按照资产阶级具有进步意义的颠倒逻辑来看，资产阶级的政治统治代替封建社会的专制统治的，其进步意义中蕴含着对这种进步意义的否定和超越，意味着在这一"代替"的过程中会催生出真正具有进步意义的革命性"代替"。"当诸侯同君王斗争，官僚同贵族斗争，资产者同所有这些人斗争的时候，无产者已经开始了反对资产者的斗争。中间阶级还不敢按自己的观点来表达解放的思想，而社会形势的发展以及政治理论的进步已经说明这种观点本身陈旧过时了，或者至少是成问题了。"① 如果说资产阶级政治革命是民主制对君主制的一次颠倒，那么这一颠倒将引发无产者对资产者的一次实践性颠倒，即无产阶级的社会革命。无产者将以革命的方式彻底革除现代社会出现的"新的阶级、新的压迫条件、新的斗争形式"。总之，资产阶级在历史上对封建专制统治发挥"非常革命的作用"的发展过程呈现出一种政治革命意义上的颠倒逻辑，资产阶级政治革命成为马克思"在批判旧世界中发现新世界"的重要历史依据，成为马克思运用颠倒逻辑进行市民社会批判的重要的颠倒的前奏。

二 资产阶级的工业文明代替封建社会的农业文明

在马克思看来，资产阶级的政治统治代替封建社会的专制统治，是以大工业和世界市场的发展为基础的革命。受压迫的城关市民在中世纪的封建社会中实现政治解放的基础，在于资产阶级工业文明代替封建社会的农业文明。资产阶级的政治革命不仅是对封建专制制度的革命，而且是对封建农业文明的革命，由此展现出一种以资产阶级胜利为实质的传统文明向现代文明的转型。"1648 年革命和 1789 年革命，并不是英国的革命和法国的革命；这是欧洲范围的革命。它们不是社会中某一阶级对旧政治制度的胜利；它们宣告了欧洲新社会的政治制度。资产阶级在这两次革命中获得了胜利；然而，当时资产阶级的胜利意味着新社会制度的胜利，资产阶级

① 《马克思恩格斯选集》第 1 卷，人民出版社，1995，第 14 页。

所有制对封建所有制的胜利，民族对地方主义的胜利，竞争对行会制度的胜利，财产分配制对长子继承制的胜利，土地所有者支配土地制对土地所有者隶属于土地制的胜利，启蒙运动对迷信的胜利，家庭对宗族的胜利，进取精神对游侠怠惰的胜利，资产阶级权利对中世纪特权的胜利。1648年革命是17世纪对16世纪的胜利，1789年革命是18世纪对17世纪的胜利。这两次革命不仅反映了它们发生的地区即英法两国的要求，而且在更大的程度上反映了当时整个世界的要求。"① 资产阶级政治革命从根本上反映了从城关市民发展而来的资产阶级对于创造大工业和世界市场的要求，即把封建主的制度和特权变成资产阶级的制度和特权，把中世纪的生产方式和社会制度变成资产者的生产方式和社会制度。简言之，资产阶级革命的胜利意味着资产阶级的工业文明代替封建社会的农业文明，从政治上和经济上取得了对封建社会的胜利。

资产阶级从政治上和经济上取得的胜利，就是建立起资产阶级统治的工业文明。马克思指出："资产阶级日甚一日地消灭生产资料、财产和人口的分散状态。它使人口密集起来，使生产资料集中起来，使财产聚集在少数人的手里。由此必然产生的结果就是政治的集中。各自独立的、几乎只有同盟关系的、各有不同利益、不同法律、不同政府、不同关税的各个地区，现在已经结合为一个拥有统一的政府、统一的法律、统一的民族阶级利益和统一的关税的统一的民族。"② 与封建社会的农业文明相反，资产阶级的工业文明，是资产阶级在经济上聚集财产并与之相适应地在政治上集中权力的现代文明，是资产阶级在经济和政治上占统治地位的现代文明。从经济层面上看，资产者把分散的传统农业生产方式转变为集中的现代工业生产方式，实质上就是建立了以资产阶级所有制为核心的工业文明。这种工业文明的发展，不仅使资产阶级从被压迫等级转变为统治阶级，而且使资产阶级成为在工业社会中聚集财产的统治阶级。在这一意义上，工业文明的进步是资产阶级以现代方式对整个社会的财产进行聚集和占有的过程。而资产阶级对财产的聚集和占有又必须以无产阶级的雇佣劳

---

① 《马克思恩格斯选集》第1卷，人民出版社，1995，第318页。
② 《马克思恩格斯选集》第1卷，人民出版社，1995，第277页。

动为基础，资产阶级只有在"资本借以压迫劳动"的基础上才能实现对财产的聚集，这也就把封建专制的国家政权转变为"资本借以压迫劳动的全国政权"①，曾经受压迫的资产阶级造就了当下受压迫的无产阶级。从政治层面上看，资产阶级对财产的聚集必须有权力的保障，经济的集中决定了政治的集中。这样一来，资产阶级在聚集财产的过程中不断建立中央集权的国家政权，从政治上保障了资本对劳动的压迫。"中央集权的国家政权连同其遍布各地的机关，即常备军、警察局、官厅、教会和法院——这些机关是按照系统的和等级的分工原则建立的——起源于专制君主制时代，当时它充当了新兴资产阶级社会反对封建制度的有力武器。但是，领主权利、地方的特权、城市和行会的垄断以及地方的法规等这一切中世纪的垃圾还阻碍着它的发展。18 世纪法国革命的大扫帚，把所有这些过去时代的残余都扫除干净，这样就从社会基地上清除了那些妨碍建立现代国家大厦这个上层建筑的最后障碍。……现代工业的进步促使资本和劳动之间的阶级对立更为发展、扩大和深化。与此同步，国家政权在性质上也越来越变成了资本借以压迫劳动的全国政权，变成了为进行社会奴役而组织起来的社会力量，变成了阶级专制的机器。"② 社会的经济变化，即资产阶级主导的工业生产方式的变革，改变着传统的政治性质，在工业时代，君主专制的政治制度转变为资产阶级的国家政权，资产阶级革命展现了现代工业生产方式决定现代资产阶级国家现实的逻辑。资产阶级的工业文明代替封建社会的农业文明，体现了资产阶级在清除封建专制的基础上建立资本压迫劳动，即资产者统治无产者的现代国家的过程。

资产阶级政治革命最终实现了资产阶级的工业文明代替封建社会的农业文明，通过经济上的财产聚集和政治上的权力集中对中世纪的旧社会进行颠倒，把封建所有制和专制国家政权颠倒为资产阶级所有制和现代国家机器。这样一来，资产阶级以工业文明的方式拥有了"令人倾心的官职、金钱和权势"和"阶级专制的机器"，从而能够更加有效地在"过去支配现在"的生产方式中把活劳动积累起来，形成过去任何时代都无法比拟的

① 《马克思恩格斯选集》第 3 卷，人民出版社，1995，第 53 页。
② 《马克思恩格斯选集》第 3 卷，人民出版社，1995，第 52~53 页。

能够把整个现代工业社会组织起来、为了实现"现代工业的进步"而对整个无产阶级进行奴役的社会力量，而且这种为了实现"现代工业的进步"的社会力量还进一步超出本国工业进步的范畴，向世界上其他仍处于农业文明的国家推进。

三　"相互往来"的状态代替"闭关自守"的状态

在马克思看来，资产阶级政治革命不仅反映了资产阶级在本国取得"对旧政治制度的胜利"的要求，而且还反映了资产阶级在"欧洲范围的革命"乃至"当时整个世界的要求"①。从资产阶级政治革命的颠倒逻辑来看，资产者不仅在本国通过"非常革命的作用"颠覆了中世纪的封建社会，同时也在这一基础上通过"非常革命的作用"颠覆着其他封建的民族国家乃至最野蛮的民族国家，把这些处于传统社会的民族国家卷入资产阶级的现代文明。这种现代文明意味着，资产阶级政治革命通过取得"对旧政治制度的胜利"为"现代工业的进步"扫除专制社会的传统因素，资产阶级更是凭借"现代工业的进步"从本国市场走向世界市场，把那些在文明形态上与资产阶级工业国家相反的非现代文明的民族国家纳入由资产阶级凭借"现代工业的进步"所开创的世界历史之中。"过去那种地方的和民族的自给自足和闭关自守状态，被各民族的各方面的互相往来和各方面的互相依赖所代替了。物质的生产是如此，精神的生产也是如此。"② 这样一来，资产阶级通过"非常革命的作用"和"现代工业的进步"，把其他民族国家传统的闭关自守的状态改变为现代的相互往来的状态，使处于传统社会为的民族国家呈现出一种被现代社会所颠倒的历史图景。

在这种颠倒的历史图景中，对资产阶级而言，相互往来的状态意味着资产阶级工业文明进入民族国家的传统文明，并按照工业文明的方式对民族国家的"物质的生产"和"精神的生产"进行改造，即把其他民族国家改造成资产阶级工业文明面貌面貌。就此而言，民族国家固然从闭关自守的状态转变为相互往来的状态，也将在相互往来的世界市场中以"对旧政

① 《马克思恩格斯选集》第 1 卷，人民出版社，1995，第 318 页。
② 《马克思恩格斯选集》第 1 卷，人民出版社，1995，第 276 页。

治制度的胜利"和"现代工业的进步"的方式改变自身所处的传统社会。从经济层面上看，这种改变实质上就是把传统的农业生产方式转变为现代的工业生产方式，就如资产阶级曾经在本国改变传统社会那样，从而造成"新的工业的建立"与"古老的民族工业被消灭"成为这些民族国家在相互往来的状态中的一个"生命攸关的问题"。① 这样看来，资产阶级政治革命似乎带来了一种改变世界的巨大历史进步，不仅把本国传统的封建的生产方式炸毁了，也不断地把其他民族国家传统的生产方式炸毁了，迫使其他民族国家采用资产阶级的生产方式。在马克思看来，这种历史进步是过去的民族大迁徙和十字军东征所无法比拟的奇迹。

　　然而，在这种颠倒的历史图景中，展现的并非民族国家自主的发展，而是资产阶级文明的推行。也就是说，"相互往来"的状态代替"闭关自守"的状态说到底是资产阶级的胜利，标志着在世界范围内建立起资产阶级统治的工业文明。"资产阶级，由于一切生产工具的迅速改进，由于交通的极其便利，把一切民族甚至最野蛮的民族都卷到文明中来了。它的商品的低廉价格，是它用来摧毁一切万里长城、征服野蛮人最顽强的仇外心理的重炮。它迫使一切民族——如果它们不想灭亡的话——采用资产阶级的生产方式；它迫使它们在自己那里推行所谓的文明，即变成资产者。一句话，它按照自己的面貌为自己创造出一个世界。"② 在相互往来的世界市场中，资产阶级以"非常革命的作用"和"现代工业的进步"打破了其他民族国家闭关自守的状态，但这并非出于发展现代工业文明的目的，而是通过打破闭关自守的状态、发展现代工业文明的方式，在其他民族国家推行资产阶级的文明。这并非为了实现其他民族国家经济的发展，而是为了满足资产阶级资本增殖的需要，"它使未开化和半开化的国家从属于文明的国家，使农民的民族从属于资产阶级的民族，使东方从属于西方"③。相互往来的状态，就是其他民族国家从属于资产阶级工业国家的状态。实质上，这种相互往来的状态，是资产阶级为了追求资本增殖而"到处落户"和"建立联系"的状态，是资产阶级实行对外扩张、征服其他民族国家的

---

① 《马克思恩格斯选集》第 1 卷，人民出版社，1995，第 276 页。
② 《马克思恩格斯选集》第 1 卷，人民出版社，1995，第 276 页。
③ 《马克思恩格斯选集》第 1 卷，人民出版社，1995，第 277 页。

世界历史进程，是资产阶级在世界范围建立统治地位的状态。

从实质内容上看，在"相互往来"的状态代替"闭关自守"的状态的过程中，资产阶级按照自己的面貌在其他民族国家推行文明，就是要建立以资产阶级所有制为核心的工业文明。如果说，在文明的国家中，资产阶级在清除封建专制的基础上建立了资本压迫劳动，即资产者统治无产者的现代国家，用现代的资产阶级所有制关系代替了封建的所有制关系；那么在其他民族国家中，资产阶级在消灭古老的民族工业的基础上也用本国固有的文明方式代替了这些民族国家原有的野蛮方式，实际上就是在推行资产阶级工业文明和世界市场的过程中更大规模地建立了"资本借以压迫劳动"的生产方式。这样一来，这些民族国家不仅会卷入殖民扩张的相互往来的状态，而且会出现新的阶级矛盾，即资产者与无产者之间的矛盾。从根本上说，"相互往来"的状态代替"闭关自守"的状态，并不意味着资产阶级政治革命就是一种改变世界的巨大历史进步，反而在这种所谓的历史进步中，资产阶级在颠倒其他民族国家传统状态的过程中，催生了对资产阶级文明进行革命性颠倒的真正进步力量。

第三节 批判现实生活问题的颠倒逻辑

"新思潮的优点就恰恰在于我们不想教条式地预料未来，而只是希望在批判旧世界中发现新世界。"[①] 从这一立场来看，马克思的批判就是对现存世界的批判。从根本上说，这种批判是对现存世界的变革，包含了对"极其重要的真正的现实生活问题"[②] 的批判性分析。马克思对人们的现实生活问题的正视和反思，是要在批判现实生活问题中寻求解决现实生活问题的出路，坚持以实践的方式解决现实生活问题。"极其重要的真正的现实生活问题"是马克思批判旧世界的基本依据和重要内容，是马克思深入市民社会领域进行批判性分析的现实通道。现实生活问题反映了人们在资产阶级社会中的生存困境，也反映了实现人的自由的真实基础。也正是基于

---

① 《马克思恩格斯全集》第 1 卷，人民出版社，1956，第 416 页。
② 《马克思恩格斯全集》第 1 卷，人民出版社，1956，第 135 页。

实践的观点对现实生活问题的正视和反思，促进了马克思对市民社会的分析和批判，促使马克思表达出对现存世界的唯物主义的基本理解，把批判的立足点从唯心主义所编造的抽象世界转换到唯物主义所批判的现实世界，由此进一步用物质的、现实的批判视域代替精神的、观念的批判视域，从而能够不断地深入考察人们在资产阶级社会中的"幻觉的处境"和"苦难的尘世"，马克思由此能够为颠倒黑格尔"国家决定市民社会"的唯心主义立场建立起面向社会现实的批判方式和思维方式，以唯物主义的立场提出改变世界的问题以及人类解放的问题。也就是说，马克思批判现实生活问题，不只是对现存事物的批判，更重要的是在批判中表达对生存的关切和对自由的诉求。批判现实生活问题，尤其是对书报检查令的批判、对林木盗窃法的批判、对摩泽尔地区的考察，使马克思正视人们在资产阶级社会中被压制的生存权利和自由，不断反思所谓理性精神背后的物质利益，这些成为马克思市民社会批判的颠倒的前奏，也由此促进了马克思在后续的思想发展过程中不断运用和推进这种颠倒的批判方式。正如马克思曾对恩格斯说过的那样，对林木盗窃法的批判和对摩泽尔地区农民处境的考察促进了自己从政治批判向政治经济学批判的转变，促进了真正批判的世界观的形成。批判社会现实问题，实际上是马克思用武器的批判代替批判的武器的一种表达。他从对人的现实生活和生存困境的考察中颠倒了德国哲学家们从纯粹的观念、范畴来解释世界，从抽象的意识形态出发来解释世界的批判方式，坚持从现实的革命、实践出发来实际地改变世界，从现实的物质生产出发来科学地解释世界，以改变世界的革命方式使人们从资产阶级社会的"幻觉的处境""苦难的尘世"中获得真正的解放和实现真正的自由。

一　对书报检查令的批判

马克思在《黑格尔法哲学批判》中运用颠倒的批判方式的重要前奏，是对书报检查令的批判。通过对书报检查令的批判，马克思揭示了出版法对自由的承认与检查令对自由的压制之间相互对立的颠倒关系。并且，通过揭示这一颠倒关系，他不断地实现从基于抽象的理性原则对人的自由的理解，向基于现实的生存权利对人的自由的理解的转变，把批判的视域不断深入人的物质生活状况，为后续的市民社会批判建立了重要的理论思路。

在《评普鲁士最近的书报检查令》中，马克思从黑格尔的理性原则出发，揭示了新闻出版法与书报检查令之间在自由问题上的颠倒关系。在马克思看来，新闻出版法本质上是理性的实现，是具有普遍性的"人类精神的特权"在个人自由上的表现。新闻出版法从理性的意义上确认了人的自由。"出版物是历史人民精神的英勇喉舌和它的公开表露。"① 新闻出版法是合乎理性的"真正的法律"，这种"真正的法律"代表着国家精神和人民理性。只要遵守"真正的法律"，就是自由，因为这种法的本质是自由。对于作为"真正的法律"的新闻出版法，马克思看到了"法律"具有普遍的规范意义的理性原则，即从普遍性的意义上规定了与个人无关的自由。因此，新闻出版法以"自由的肯定存在"的方式成为人民实现自由的"英勇喉舌"及其"公开形式"。那么，任何一种对作为"真正的法律"的新闻出版法进行限制的措施，就是对理性原则的违背，对人民自由的剥夺。马克思指出："新闻出版法根本不可能成为压制新闻出版自由的措施，不可能成为以惩罚相恫吓的一种预防罪行重犯的简单手段。恰恰相反，应当认为没有关于新闻出版的立法就是从法律自由领域中取消新闻出版自由，因为法律上所承认的自由在一个国家中是以法律形式存在的。法律不是压制自由的措施，正如重力定律不是阻止运动的措施一样。"② 在此，马克思明确把自由与法律之间的关系比喻成运动与重力定律之间的关系，马克思实际上沿着启蒙的自由主义立场，肯定了法对于捍卫人的自由的重要意义。这意味着，新闻出版法的实施以及自由报刊的出版，就是人民自由的实现；反之，新闻出版法的限制以及自由报刊的受限，就是对人民自由的压制。在马克思看来，普鲁士政府的书报检查令恰恰就是压制人民自由的"个别人物的特权"，是与"自由的肯定存在"相背反的非法的措施。"因此，新闻出版法就是对新闻出版自由在法律上的认可。它是法，因为它是自由的肯定存在。所以，甚至当它完全没有被采用的时候，例如在北美，

① 《马克思恩格斯全集》第 1 卷，人民出版社，1956，第 50 页。
② 《马克思恩格斯全集》第 1 卷，人民出版社，1995，第 176 页。

它也必须存在，而书报检查制度正如奴隶制一样，即使它千百次地作为法律而存在，也永远不能成为合法的。"① 马克思对书报检查令的批判，实质上是基于理性原则对压制人民自由的批判及对捍卫人民自由的伸张。

从理性原则来看，马克思对书报检查令的批判表达了一种颠倒的逻辑。"在追究倾向的法律中，立法的形式是同内容相矛盾的，颁布这一法律的政府疯狂地反对它本身所体现的东西，即反对那种反国家的思想，同样，在每一种特殊的场合下，政府对自己的法律来说就好像是一个颠倒过来的世界，因为它用双重的尺度来衡量事物。对一方是合法的东西，对另一方却是违法的东西。政府所颁布的法律本身就是被这些法律奉为准则的那种东西的直接对立面。"② 在马克思看来，普鲁士政府颁布的法律是一种合法与违法并存的"颠倒过来的世界"。新闻出版法从"人类精神的特权"的普遍性意义上认可了人民的自由，但同时书报检查令又从"个别人物的特权"的特殊性意义上压制了人民的自由。书报检查令的实施，从法律层面上把一个为了实现"普遍自由"的世界颠倒为摒弃自由权利的世界。在这个"颠倒过来的世界"中，代表特权的具有特殊性的书报检查令压制了代表自由的具有普遍性的新闻出版法，新闻出版自由演变成"个别人物的特权"代替人民自由的权利。"现在事情颠倒过来了：现在，特殊的东西在内容方面表现为合法的东西，而反国家的东西却表现为国家的意见，即国家法；就形式而论，反国家的因素现在表现为一种普遍光芒照不到的、远离公开自由的发表场所而被赶进政府批评家的办公厅里去的特殊东西。"③ 在这个颠倒了的国家法之中，能够获得自由的是个别人物，而不是按理性原则被国家法本身赋予自由的人民。

马克思对书报检查令的批判，就是透过"颠倒过来的世界"来表达一种颠倒的批判立场，提出要摒弃那种压制人民自由的书报检查令。"问题不在于新闻出版自由是否应当存在，因为新闻出版自由向来是存在的。问题在于新闻出版自由是个别人物的特权呢，还是人类精神的特权。问题在于一方面的有权是否应当成为另一方面的无权。问题在于'精神的自由'

---

① 《马克思恩格斯全集》第 1 卷，人民出版社，1995，第 176 页。
② 《马克思恩格斯全集》第 1 卷，人民出版社，1995，第 122 页。
③ 《马克思恩格斯全集》第 1 卷，人民出版社，1995，第 122~123 页。

是否比'反对精神的自由'享有更多的权利。"① 书报检查令即便是一种自由，也只是压制普遍自由的一种特殊自由——实质上是以特权压制自由。在这一意义上说，个人自由活动的市民社会是自由被特权压制的虚假的自由领域，所谓自由实际上是不自由。因此，对书报检查令的批判就是要把这种"颠倒过来的世界"再颠倒过来，通过废除书报检查令来消除这种"特殊自由"的特权对新闻出版法的限制，并使新闻出版法以"真正的法律"的形式达到"普遍自由"的实现。

二 对林木盗窃法的批判

马克思指出："我们以前已经描写过省议会舞台上演出的两场大型政治历史剧，一场是有关省议会在新闻出版自由问题上的纠纷的，一场是有关它在纠纷问题上的不自由的。现在我们来到坚实的地面上演戏。"② 在这一阶段，马克思对现实生活问题的批判，实质上是基于理性原则对人的自由问题所作的反思。他把对书报检查令的批判、对林木盗窃法的批判视为对"极其重要的真正的现实生活问题"的一种回应。在对书报检查令进行批判的同时，对林木盗窃法的批判也是马克思在《黑格尔法哲学批判》中运用颠倒的批判方式的重要前奏。

在马克思看来，普鲁士国家的林木盗窃法是一种颠倒的法律。"你们无论如何也无法迫使人们相信没有罪行的地方有罪行。你们所能做的只是把罪行本身变成合法的行为。你们颠倒黑白、混淆是非，但是，如果你们以为这只会给你们带来好处，那就错了。人民看到的是惩罚，但是看不到罪行，正因为他们在没有罪行的地方看到了惩罚，所以在有惩罚的地方也就看不到罪行了。你们在不应该用盗窃这一范畴的场合用了这一范畴，因而在应该用这一范畴的场合就掩饰了盗窃。"③ 马克思认为，法律本应是对罪行的认定和惩罚，然而，林木盗窃法却颠倒黑白地对非罪行进行认定和惩罚。林木盗窃法认定和惩罚的罪行就是贫苦阶级捡拾枯枝的行为。捡拾

---

① 《马克思恩格斯全集》第 1 卷，人民出版社，1995，第 167 页。
② 《马克思恩格斯全集》第 1 卷，人民出版社，1995，第 240 页。
③ 《马克思恩格斯全集》第 1 卷，人民出版社，1995，第 245 页。

那些从树木上自然脱落的枯枝是贫苦阶级的习惯，他们通过这种习惯满足来自己正当的需要。"在贫苦阶级的这些习惯中存在着合乎本能的法的意识，这些习惯的根源是实际的和合法的，而习惯法的形式在这里更是合乎自然的，因为贫苦阶级的存在本身至今仍然只不过是市民社会的一种习惯，而这种习惯在有意识的国家制度范围内还没有找到应有的地位。"① 在马克思看来，林木盗窃法之所以把捡拾枯枝认定为一种予以惩罚的罪行，是因为它不加区别地对侵犯私有财产的行为作出一概而论的定罪，从立法上把穷人捡拾枯枝的习惯法变成了富人私有财产的独占权。

对于这种颠倒黑白的定罪方式，马克思揭示了林木盗窃法之所以一概而论的症结。一方面，从事实层面上看，林木盗窃法并没有分清树木与枯枝之间的关系。在马克思看来，树木与枯枝是两种异质的产物：树木是一种具有财产本性的产物，但枯枝则是因自然界自然力的作用而脱离了树木本身、与树木失去有机联系的产物。简言之，枯枝事实上已不再属于林木的范畴。这意味着，对树木的占有与对枯枝的占有"在本质上是不同的"两种行为：对树木的占有行为可谓是盗窃林木（财产）的罪行，但对枯枝的占有行为就并非盗窃林木（财产）的罪行。"捡拾枯树的情况则恰好相反，这里没有任何东西同财产脱离。脱离财产的只是实际上已经脱离了它的东西。盗窃林木者是擅自对财产作出了判决。而捡拾枯树的人则只是执行财产本性本身所作出的判决，因为林木所有者所占有的只是树木本身，而树木已经不再占有从它身上落下的树枝了。"② 另一方面，从阶级层面上看，林木盗窃法对林木盗窃和捡拾枯枝作出一概而论的定罪，实质上反映了贫民（阶级）与富人（阶级）之间的对立关系。占有树木的富人犹如有机生命的树木，而捡拾枯枝的贫民则犹如脱离有机生命的枯枝。这种"贫富的自然表现"实质上是对立的阶级表现。"自然界本身仿佛提供了一个贫富对立的实例：一方面是脱离了有机生命而被折断了的干枯的树枝树杈，另一方面是根深叶茂的树和树干，后者有机地同化空气、阳光、水分和泥土，使它们变成自己的形式和生命。这是贫富的自然表现。"③ 可见，马克思对

① 《马克思恩格斯全集》第 1 卷，人民出版社，1995，第 253 页。
② 《马克思恩格斯全集》第 1 卷，人民出版社，1995，第 244 页。
③ 《马克思恩格斯全集》第 1 卷，人民出版社，1995，第 252 页。

颠倒黑白的林木盗窃法的批判，不仅仅是对法的批判，更是从中引申出对富人阶级和贫民阶级两极分化的批判。而这种批判是唯物史观尤其是《共产党宣言》中关于资产阶级和无产阶级之间阶级分化和对立观点的一种初始话语，也是马克思对无产阶级生存困境的一种现实反映。

马克思通过对林木盗窃法的批判、对"贫富的自然表现"的批判，深入地考察了捡拾枯枝的贫民的现实生存困境。也就是说，马克思在批判林木盗窃法的过程中看到了贫民犹如枯枝一样的生存状态，而且还看到了犹如枯枝一样的贫民捡拾枯枝的习惯被林木盗窃法认定为一种应予以惩罚的罪行。在这一意义上，林木盗窃法的意义在于宁可保护树木的生命也不保护人的生命，依靠捡拾枯枝的习惯维持基本生存的贫民反而被枯枝置于犯罪的境地。"这种为了幼树的权利而牺牲人的权利的做法真是最巧妙而又最简单不过了。如果法律的这一条款被通过，那么就必然会把一大批不是存心犯罪的人从活生生的道德之树上砍下来，把他们当作枯树抛入犯罪、耻辱和贫困的地狱。如果省议会否决这一条款，那就可能使几棵幼树受害。未必还需要说明：获得胜利的是被奉为神明的林木，人却成为牺牲品遭到了失败！"① 在颠倒黑白的林木盗窃法的认定下，不是人使用树木，而是树木惩罚人；不是人捡拾枯枝，而是枯枝制裁人。人与物之间呈现出一种颠倒的关系，林木盗窃法由此造成了贫民陷入"犯罪、耻辱和贫困的地狱"一样的生存困境。因此，马克思对林木盗窃法的批判具有一种对颠倒黑白的法律进行颠倒的逻辑，这种颠倒的逻辑是要把林木盗窃法定罪中的人（贫民）与物（枯枝）的关系颠倒过来，恢复贫民捡拾枯枝的权利。不难看出，在林木与贫民的关系问题上，马克思初步展现出《黑格尔法哲学批判》中批判"国家决定市民社会"② 的颠倒逻辑，也流露出《1844 年经济学哲学手稿》中的异化劳动的初始语境。更重要的是，通过对林木盗窃法的批判，马克思接触到了一种最现实的因素，那就是造成"贫富的自然

---

① 《马克思恩格斯全集》第 1 卷，人民出版社，1995，第 243 页。

② 在这一问题上，倘若从颠倒的视角将林木盗窃法批判与黑格尔法哲学批判加以对比，马克思批判的黑格尔法哲学中的"国家决定市民社会"与批判的林木盗窃法定罪的贫民捡拾枯枝之间具有相一致的内在逻辑，即国家（林木盗窃法）决定（定罪）市民社会（贫民捡拾枯枝的物质生活方式），马克思对林木盗窃法的批判酝酿着政治经济学批判意义上的市民社会批判的初始语境。

表现"的物质利益。在马克思看来，林木盗窃法对贫民捡拾枯枝的定罪，归根结底是维护林木所有者的物质利益，法乃至国家是对富人（阶级）物质利益的反映，"贫富的自然表现"实际上是物质利益的差异所造成的等级划分，从启蒙的意义上看，按照所谓理性原则建立的资产阶级国家，并非以普遍性的方式实现人民利益，而是以特殊性的方式维护私人利益。林木盗窃法就是维护私人物质利益的特权。对林木盗窃法的批判促进了马克思深入思考"极其重要的真正的现实生活问题"，并从中不断接触到决定国家、法律之所以如此对待贫民的物质利益基础。他也逐渐认识到，使贫民摆脱"犯罪、耻辱和贫困的地狱"不在于基于理性原则建立的国家，而在于现实生活的物质基础。

三　对摩泽尔地区的考察

摩泽尔地区居民的生活困境是马克思早期批判旧世界的重要依据，也是马克思对颠倒的批判方式进行初始运用的重要前奏。实际上，马克思对摩泽尔地区的考察，同对新闻出版法和林木盗窃法的批判一样，都是对"极其重要的真正的现实生活问题"的一种关切和批判。在马克思看来，摩泽尔地区居民的现实生活问题就是物质生存处境特别困苦。然而，马克思并不是简单地描述居民的困苦处境，也不是简单地对这种困苦处境进行道德批判。"摩泽尔河沿岸地区的贫困状况不能看作是一种简单的状况。"①对于这种不简单的状况，马克思发现了普鲁士政府对贫困问题的治理是一种颠倒的形式，并从私人和国家两个方面对摩泽尔地区贫民的现实生活问题进行了批判性分析。

在马克思看来，摩泽尔地区居民特别困苦的处境不能单从居民本身来解释，而应该从私人与国家、居民与政府之间的关系来解释。也就是说，处境特别困苦的大部分过错不应该推给私人的生活条件，而应该归咎于政府制定出来的不完善的管理原则。从私人层面上看，摩泽尔地区居民在同自然界的艰苦斗争中以勤劳节俭的方式解决现实生活问题，因而贫困状况并不能归咎于居民本身。相反，针对摩泽尔地区居民的贫困状况，普鲁士

① 《马克思恩格斯全集》第 1 卷，人民出版社，1995，第 364 页。

政府设法采取一些增进该地区福利的管理条例，企图用自认为"完美无缺"的管理原则使居民摆脱贫困。然而，政府当局要么根据这种管理原则指导居民自救，要么建议居民少用乃至放弃某些权利，但实际上政府当局并没有清楚地了解居民的贫困状况。"这种建议是企图使他们除了忍受物质上的贫困之外，还要忍受法律上的贫困，因为他们把法律平等受到的任何一种侵害都看作是法的困境。他们有时是比较自觉地，有时是比较不自觉地感到，管理工作是为这个地区而存在，而不是这个地区为管理工作而存在；他们感到，人们一旦要求这个地区改变它的习俗、权利、劳动形式和财产形式以适应管理工作，这种关系就被颠倒了。"① 在马克思看来，普鲁士政府对摩泽尔地区的管理以及对居民贫困状况的忽视是一种颠倒的治理方式，那是因为，政府的管理原本应该是为了解决居民的贫困问题、维持居民的基本生活，然而现在解决居民的贫困问题、维持居民的基本生活却是为了适应政府的管理，简言之，不是政府去改变居民生活，而是居民生活要适应政府的管理，这就颠倒了私人与国家、居民与政府之间的关系。不难看出，马克思在这一点上初现着《黑格尔法哲学批判》中要颠倒的"国家决定市民社会"的语境，即在摩泽尔地区居民的问题上，政府的管理（国家）决定了居民生活（市民社会），这里的"决定"主要就是指政府要求居民放弃权利，而不是居民要求政府消除贫困，或者说，政府的管理决定了居民的状况（政府让居民适应管理，居民依旧贫困），而不是居民的状况决定了政府的管理（居民要求政府消除贫困，从而居民摆脱贫困）。

从这种颠倒的关系来看，政府当局会把居民并不简单的贫困状况视为"一种简单的状况"，发现居民的处境特别困苦，但实际上并不如此，即便真的困苦也不是政府管理的原因。政府当局甚至认为摩泽尔地区居民的贫困状况是无法医治的病痛，以此撇清了政府管理与居民贫困之间的关系，把贫困状况归结为私人的或自然的因素。"当一个政府在已经确定的、对它自身也起支配作用的管理原则和制度的范围内，越是勤勤恳恳地努力去消除引人注目的、遍及整个地区的贫困状况，而这种贫困现象却越是顽强地持续存在下去，而且尽管有好的管理仍然越来越严重的时候，这个政府

① 《马克思恩格斯全集》第 1 卷，人民出版社，1995，第 376 页。

就会越发强烈地、真诚地、坚决地深信这种贫困状况是不治之症，深信它根本无法由管理机构即国家加以改变，相反，必须由被管理者一方来改变。"① 在政府当局的管理和支配下，居民的贫困状况实际上反映了私人与国家、居民与政府之间的对立。

对此，马克思指出："摩泽尔河沿岸地区的贫困状况同时也就是管理工作的贫困状况。国家中某一地区的经常性的贫困状况体现了现实和管理原则之间的矛盾。"② 也就是说，摩泽尔地区居民的贫困状况说到底是由普鲁士政府当局的管理所造成的，居民在物质上忍受的贫困实际上是在忍受法律上的不公，所谓"完美无缺"的政府管理原则却导致居民"处境特别困苦"。因此，摩泽尔地区贫民的生存困境不可简单地视为贫民自身的原因，而应追溯到政府在这一地区的"治理的贫困状况"。那么，为了促进政府加强对居民贫困状况的了解，就必须借助自由报刊向政府反映实际问题，自由报刊是促进政府帮助居民消除贫困的社会舆论力量。报刊是带着理智，但同样也是带着情感来对待人民生活状况的；因此，报刊的语言不仅是超脱各种关系的明智的评论性语言，而且也是反映这些关系本身的充满热情的语言，是官方的发言中所不可能有而且也不允许有的语言。最后，自由报刊不通过任何官僚中介，原原本本地把人民的贫困状况反映到御座之前。③ 在此，马克思再次批评了新闻出版法与书报检查令在自由问题上的颠倒关系，新闻出版法意味着政府当局在居民贫困问题的讨论上具有坦率而公开的性质，但书报检查令对这种具有坦率而公开性质的讨论予以了特别的阻挠。这样一来，旨在促进政府当局了解居民贫困状况的自由报刊就受到了限制，这也就意味着政府当局又会重新回到"一种简单的状况"的理解：居民的处境特别困苦实际上并不如此困苦，即便真的如此困苦也不是政府管理不善的原因。而马克思对摩泽尔地区的考察则揭示出相反的状况，摩泽尔地区居民的贫困状况充分印证了政府当局采取了根本行不通的管理原则。"像上面所指出的那种不切实际的计划，一接触现实——不

---

① 《马克思恩格斯全集》第 1 卷，人民出版社，1995，第 374 页。
② 《马克思恩格斯全集》第 1 卷，人民出版社，1995，第 376 页。
③ 《马克思恩格斯全集》第 1 卷，人民出版社，1995，第 378 页。

仅是现实的条件，而且是现实的市民意识——就全部破产了。"① 只要从现实问题出发，人们就可以发现，政府当局一旦采取消除贫困的管理措施，"这种关系就被颠倒了"。

马克思对摩泽尔地区的考察，不仅揭示了在消除贫困问题上私人与国家、居民与政府之间对立的颠倒关系，更是在这种颠倒关系中接触到了产生这种颠倒关系的现实基础，从现实的"客观本性"出发来解释政府的管理。"在研究国家生活现象时，很容易走入歧途，即忽视各种关系的客观本性，而用当事人的意志来解释一切。但是存在着这样一些关系，这些关系决定私人和个别政权代表者的行动，而且就像呼吸一样地不以他们为转移。只要我们一开始就站在这种客观立场上，我们就不会忽此忽彼地去寻找善意或恶意，而会在初看起来似乎只有人在活动的地方看到客观关系的作用。"② 现实的"客观本性"是产生这种对立的颠倒关系的基础，这种"客观本性"实际上是物质利益，居民与国家在贫困问题上的对立实质上是物质利益的对立。对普鲁士政府而言，把贫困问题视为一种简单状况的根本原因就在于物质利益。国家以及政府是官僚利益的代表，这就决定了以官僚为本质的特殊性的国家并不能解决普遍性的居民问题。在此，马克思对摩泽尔地区的考察，深刻地表达了对普鲁士国家的批判、对政府管理的批判，同时在这一批判中不断接触到了决定国家、政府行动的物质基础和物质利益，现实的物质利益从根本上左右着行政当局在治理贫困问题上的实际行动。马克思由此粗略地展现了《黑格尔法哲学批判》中对"国家决定市民社会"进行颠倒的批判逻辑，而且进一步对"极其重要的真正的现实生活问题"作出批判性分析，不断认识到使人民摆脱贫困、使人民获得解放的条件不是具有普遍性的抽象理性原则，而是具有"客观本性"的物质生活基础。这蕴含着从市民社会解释国家、从物质生活解释世界的批判思路，更是蕴含着从市民社会的贫民生存困境中看到改变现存世界、实现人的解放的物质条件的革命取向。

---

① 《马克思恩格斯全集》第 1 卷，人民出版社，1956，第 229 页。
② 《马克思恩格斯全集》第 1 卷，人民出版社，1956，第 216 页。

第三章

颠倒的颠倒：马克思市民社会批判的内在逻辑

思想解放运动和资产阶级革命在批判中世纪的旧世界的过程中所上演的颠倒的前奏，促进了马克思早期在对旧世界的批判中展现出颠倒的前奏，促进了马克思对国家、政府、法律的思考。随着对旧世界的深入批判，尤其是对"极其重要的真正的现实生活问题"的批判分析，马克思不断接触到决定国家、政府、法律的具有"客观本性"的物质利益，发现了物质利益在国家、政府、法律解决现实问题中的基础地位。从国家、政府、法律压制人民自由、造成贫困状况的现实问题中，马克思隐现了"国家决定市民社会"的批判对象，并从与之相反的维护人民自由、消除贫困状况的批判立场出发，流露出颠倒"国家决定市民社会"的初始语境。马克思更是在这种批判和颠倒中不断认识到改变世界的现实条件以及实现人的解放的物质生活基础。这也是马克思在市民社会批判中对黑格尔"国家决定市民社会"进行颠倒的重要前奏。在这一颠倒的前奏中，马克思逐渐摆脱了基于黑格尔理性原则对现实生活的批判，这实质上是早期带有黑格尔唯心主义残余的世界观被自己不断"清算"的一种转变，是在摆脱理性原则、接触物质利益的过程中不断解答原来世界观中充满的"苦恼的疑问"的一次变革过程。"为了解决使我苦恼的疑问，我写的第一部著作是对黑格尔法哲学的批判性的分析。"[1] "苦恼的疑问"意味着马克思发现黑

---

[1] 《马克思恩格斯选集》第2卷，人民出版社，1995，第32页。

格尔哲学并不能对现存世界作出真实的解释，也发现曾经被自己视为"离奇古怪的调子"的黑格尔哲学在引导着自己对现存世界所作的解释，因而马克思要真正地解决这种"苦恼的疑问"，就必须对黑格尔哲学尤其是黑格尔的法哲学进行反思和批判，从而使自己对世界的理解从黑格尔哲学的范畴中摆脱出来。在黑格尔的哲学体系中，整个世界无非理念的历史进程，逻辑学体系中的一系列范畴不断展开为现实性的世界并最终回归到绝对性的理念。这种源自逻辑学体系的世界实质上是颠倒的世界，即作为理念的抽象的主体（实体）创造了国家和市民社会，同时这种颠倒的世界使"国家决定市民社会"成为可能，国家成为市民社会的前提和基础。"这一节集法哲学和黑格尔整个哲学的神秘主义之大成。"① 因此，马克思在《黑格尔法哲学批判》时期解决"苦恼的疑问"的题中应有之义就是市民社会批判。市民社会批判是马克思摆脱黑格尔哲学范畴的关键环节，是马克思批判黑格尔法哲学的重要内容，其核心问题在于颠倒国家与市民社会的关系，即提出和论述与黑格尔《法哲学原理》中"国家决定市民社会"的观点截然相反的"市民社会决定国家"的观点。

马克思在《黑格尔法哲学批判》中集中表达了市民社会批判的基本思想，其中对国家与市民社会关系的理解是一种哲学批判意义上的理论发挥，对黑格尔法哲学中"国家决定市民社会"的颠倒是市民社会批判的核心问题。马克思在关于"市民社会决定国家"的论述中充分展现出一种颠倒的批判逻辑，在新世界观的形成过程中把市民社会与国家之间颠倒的关系再次颠倒过来，即颠倒的颠倒。"观念变成了主体，而家庭和市民社会对国家的现实的关系被理解为观念的内在想象活动。家庭和市民社会都是国家的前提，它们才是真正活动着的；而在思辨的思维中这一切却是颠倒的。可是如果观念变成了主体，那么现实的主体，市民社会、家庭、'情况、任意等等'，在这里就变成观念的非现实的、另有含义的客观因素。"② 在此，"颠倒"成为马克思分析旧哲学的一种重要视角，也是马克思哲学批判的一种重要方式。当然，马克思运用这种颠倒的批判方式，在自己的

---

① 《马克思恩格斯全集》第 3 卷，人民出版社，2002，第 12 页。
② 《马克思恩格斯全集》第 3 卷，人民出版社，2002，第 10 页。

哲学研究和哲学批判中不断吸取诸多哲学资源，这实际上也是在新世界观的形成过程中展现出颠倒的批判视角和批判方式，从而对黑格尔法哲学的核心内容进行颠倒。而且，马克思在《黑格尔法哲学批判》中对"国家决定市民社会"的颠倒，并非简单地从对立的意义上将其颠倒为"市民社会决定国家"，也并非直接地提出与黑格尔相反的"市民社会决定国家"的观点，而是在此前对书报检查令、林木盗窃法以及摩泽尔地区的批判和考察的基础上，带着解决"苦恼的疑问"的问题意识，对黑格尔法哲学进行深入系统的分析，借助其他哲学家的颠倒方法，在与黑格尔唯心主义历史观相反的唯物主义历史观不断形成的意义上对国家与市民社会的关系问题展现出了"分离—对立—颠倒"的内在逻辑。通过这一逻辑马克思提出和论述"市民社会决定国家"的观点，由此表达出这一思想发展阶段市民社会批判的核心思想。对国家与市民社会关系的颠倒，从哲学层面上展现了马克思"在批判旧世界中发现新世界"的革命立场，是马克思唯物史观形成的一个重要节点。

第一节　对"国家决定市民社会"的颠倒

"国家决定市民社会"是黑格尔在《法哲学原理》中对"国家是自觉的伦理的实体"这一唯心主义解释所表达的核心观点，从伦理理念的意义上展示了国家之于市民社会的前提性和基础性，从而奠定了自在自为的理念在精神哲学这一阶段中的客观精神部门实现自我扬弃和自我发展的理论基石。黑格尔对法哲学的构建，实质上就从"国家决定市民社会"这一角度展现法哲学对逻辑学的应用和补充，从根本上折射出一幅自在自为的理念不断自我外化和回归的辩证发展的历史图景。"黑格尔想使'自在自为的普遍东西'——政治国家——不由市民社会决定，而是相反，使它决定市民社会。"[①]"国家决定市民社会"是黑格尔的逻辑学在法哲学研究上的表达，同时又是从法哲学研究上对逻辑学的论证，国家之于市民社会的决定作用相当于逻辑学之于整个世界的中心地位。然而，黑格尔这种唯心主

---

① 《马克思恩格斯全集》第 3 卷，人民出版社，2002，第 113 页。

义的观点和论证，正是马克思视为"离奇古怪的调子"的重要表征以及批判的重要对象。在马克思看来，黑格尔基于逻辑学研究的理念提出的"国家决定市民社会"是一种颠倒的理解，这归根结底源自黑格尔逻辑学本身那种颠倒的历史观。在这种历史观中，历史被，把现实的世界描述成了逻辑的历史。从这一意义上说，黑格尔从理念出发所描述的历史和世界是一种颠倒的历史和颠倒的世界。马克思对黑格尔法哲学的批判的直接意义就是对"国家决定市民社会"进行颠倒，并通过这一颠倒进一步为颠倒黑格尔的唯心主义历史观奠定必要的理论基础，尤其是这一颠倒促进了马克思更加深入地了解市民社会，并以市民社会解释历史发展的现实基础。

一 黑格尔对逻辑学的构建

从根本上说，马克思对黑格尔"国家决定市民社会"的颠倒，是对黑格尔哲学体系的颠倒，把黑格尔用"理念变成了独立的主体"所描述的精神发展的历史，颠倒为用"现实的、有生命的个人"所创造的物质生产的历史。在黑格尔的哲学体系中，全部人类历史充其量只是理念的一次"质的飞跃"，只是逻辑学体系发展到精神哲学的一个阶段，国家与市民社会充其量只是理念根据自身的逻辑不断创造出来的范畴而已，尽管在这一阶段它们是具有现实性的范畴。黑格尔对逻辑学的构建是整个法哲学的根基，是"国家决定市民社会"的历史源泉。

"马克思继承了黑格尔的主题——历史是人类自我创造的过程。黑格尔的创造理论本身就是'颠倒的方法'的产物。在西方宗教传统中，上帝是宇宙的创造者，但黑格尔将这种创造性能量变成了逻辑学。"① 对黑格尔而言，"理念变成了独立的主体"实质上是理念创造了全部的历史，理念根据自身的辩证逻辑经历了从逻辑学意义上的概念世界到自然哲学意义上的自然世界再到精神哲学意义上的人类世界而不断自我外化、自我回归、自我完成的全部历史进程，理念由此以绝对主体的方式自在自为地构建整个逻辑世界。理念从逻辑学出发并经历应用逻辑学的历史进程，

① 〔美〕诺曼·莱文：《马克思与黑格尔的对话》，周阳等译，中国人民大学出版社，2016，第 13 页。

展现了黑格尔用"质的飞跃"打断"逐渐增长过程的那种渐变性"的一种改造①，用黑格尔的话来说就是，理念所达到的这种"质的飞跃"犹如"生出一个小孩来那样"展现着一个从过去的概念中降生的时代。"形成着的精神也是慢慢地静悄悄地向着它新的形态发展成熟，一块一块地拆除了它的旧有世界的结构。"② 可见，黑格尔以理念的方式构建了整个客观唯心主义的逻辑学体系。在这个逻辑学体系中，理念能够根据自身的范畴和逻辑孕育和诞生"孩子"，即在对旧有的世界结构的改造中树立新世界的形象。在此，与马克思提出的作为革命主体的人"在批判旧世界中发现新世界"的立场相比，黑格尔提出的观念可谓是作为绝对主体的理念"在改造旧世界中产生新世界"。当然，这里的旧世界和新世界都是基于抽象概念的精神世界。黑格尔坚持认为，正是这样一种精神世界才是"现实"的世界。"唯有精神的东西才是现实；精神的东西是本质或自在存在着的东西，——是自身相对待的或自身规定的东西，是他在和自为存在——并且它是在这种规定性中或在它的自外存在中仍然停留于其自身中的东西；——或者说它是自在自为的。"③ "现实"的世界，是被表述为实体的主体，同时也是被表述为主体的实体，即精神的实体或绝对的主体，自在自为地创造了从开端返回到全体的概念的历史，是理念不断实现自身的自由并由此外化出具有现实性的自然世界和人类世界的历史。没有现实的精神的实体，就没有现实的物质的世界。"这个开端乃是从前后相继中，也是在扩展了自身以后，返回到自身的全体，乃是对这全体所形成的单纯概念。"④ 所谓精神世界，就是以逻辑学为根基不断实现的世界体系。

这个世界体系不断实现的历史进程，是作为主体（实体）的理念根据纯粹区别的规律不断产生的转化。这种转化的重要表现就是颠倒。也就是说，"现实"的世界以颠倒的方式不断展开前后相继的各个环节。按照黑格尔的理解，在理念转化过程中的颠倒，体现了一种"不是区别的区别"的形成规律，即一个存在既分裂出与自身相对立的存在但又同时通过这个

① 〔德〕黑格尔：《精神现象学》，邓晓芒译，人民出版社，2017，第 7 页。
② 〔德〕黑格尔：《精神现象学》，邓晓芒译，人民出版社，2017，第 7 页。
③ 〔德〕黑格尔：《精神现象学》，邓晓芒译，人民出版社，2017，第 15 页。
④ 〔德〕黑格尔：《精神现象学》，邓晓芒译，人民出版社，2017，第 8 页。

存在印证自身的存在，相互对立的两种存在是相反的东西，实际上却是"同名的东西"。"那同名的东西、力，分裂为一种对立，这种对立首先显现为一种独立的区别，但这一区别证明自己实际上不是什么区别；因为它是那自己排斥自己的同名的东西，因此这个被排斥的东西本质上又吸引自身，因为它是同一个东西。"① 理念的转化就像力（引发者与被引发者）的转化那样只是一种"好歹作出了一种区别"的纯然统一性而已。根据这种纯粹区别的规律，在逻辑学体系中的"现实"的世界是一个具有颠倒逻辑的精神世界，作为绝对主体的理念以颠倒的方式为自身"在改造旧世界中产生新世界"的历史进程进行区别性的发展运动。黑格尔指出："精神的直接定在即意识，具有两个环节：认知和对认知加以否定的对象性。"② 以自在自为的理念为根基的精神世界本身具有自我意识，并通过自我意识"窥见了事物的真实背景"：一是作为存在本身的现象，二是作为知性本身的"非存在的存在"的映象。现象与映象之间的关系是超感官世界与知觉世界之间的"同名者"自己排斥自己的对立关系。相对于映象，超感官世界是一个颠倒的世界；而相对于现象，知觉世界也是一个颠倒的世界。这两个世界在"同名者"的意义上是互为颠倒的关系。"因此按照这个颠倒了的世界的规律，那第一个世界的同名的东西就是与它自身不同的东西，而第一个世界中的不同的东西同样也是不同于它自身的，或者说它成了与自身相同的。"③ 这意味着，根据纯粹区别的规律，自在自为的理念呈现出一个颠倒的世界，同时理念又通过这个颠倒的世界实现了自身的转化。正是因为这两个相互颠倒的世界具有"同名者"的意义，即同为作为理念主体（实体）自为的结果，超感官世界和知觉世界都是理念对自身的区别，而且这种区别是理念超越超感官世界和知觉世界并通过现象这个中介所达到的自为的统一，也就是理念看透了自己。"这种无区别的同名者的看透，这种对自己排斥自己、把自己建立为有区别的内在东西的同名者的看透——但对于那有区别的内在东西而言，这同名者同样直接地就是两

---

① 〔德〕黑格尔：《精神现象学》，邓晓芒译，人民出版社，2017，第99页。
② 〔德〕黑格尔：《精神现象学》，邓晓芒译，人民出版社，2017，第23页。
③ 〔德〕黑格尔：《精神现象学》，邓晓芒译，人民出版社，2017，第100页。

者的无区别性，——这种看透就是自我意识。"① 这样一来，形成着的精神就从同名者意义上的两个相互颠倒的世界中过渡到以"我"为存在方式的自我意识的概念中。在这一基础上，自我意识不断看透自己自为地区别出来的范畴，并由此不断展开前后相继的各个环节，不断地意识到形成着的精神的本质。"从实体这方面来看，那么实体就是还没有意识到其自身的那种自在自为地存在着的精神本质。而同时把自己现实地表象为意识并自己表象自己的那种自在自为地存在着的本质，就是精神。"② 因此，实体的存在既是对历史的创造，也是对创造历史的看透，实体通过自我意识看透了理念自身的精神本质，实体在自在自为的历史进程中不断对自己从开端到全体的历史形成自我意识，并最终完全看透自己的存在就是自在自为地创造了一切的实体。在这一意义上，自我意识即实体，自我意识通过看透历史印证实体存在的本质，实体则通过自我意识表象了全部历史的完成。对法哲学而言，理念以法的概念展现了自身在完成全部历史的进程中飞跃到前后相继的客观精神阶段的历程，国家、市民社会只是理念在这一阶段具体实现的环节。法哲学既是逻辑学的产物，又是对逻辑学的展现。

二 法哲学对逻辑学的补充

"德国的国家哲学和法哲学在黑格尔的著作中得到了最系统、最丰富和最终的表述。"③ 在马克思看来，整个法哲学在黑格尔唯心主义哲学体系中是对逻辑学的补充，这意味着所谓法哲学归根结底是黑格尔理念不断实现自我扬弃和自我发展的一个部分。这种基于理念生成的法哲学是对作为应用逻辑学的精神哲学中的客观精神所作的描述，它描述了理念在客观精神这一部分从法到道德再到伦理这三个环节的自我扬弃和自我发展。而市民社会和国家又是客观精神在伦理这一环节的具体展开，两者之间以"国家决定市民社会"的方式展现了一种"理念变成了独立的主体"的颠倒的历史观和颠倒的世界观。

---

① 〔德〕黑格尔：《精神现象学》，邓晓芒译，人民出版社，2017，第 106 页。
② 〔德〕黑格尔：《精神现象学》，邓晓芒译，人民出版社，2017，第 267~268 页。
③ 《马克思恩格斯选集》第 1 卷，人民出版社，1995，第 8 页。

黑格尔指出："法哲学这一门科学以法的理念，即法的概念及其现实化为对象。"① 黑格尔的法哲学，是研究哲学意义上的法，严格来说，是黑格尔根据自己的逻辑学体系对法作出理念意义上的解释，把法描述为法的理念的现实化，研究法的出发点是构成法的根基的理念。"法学是哲学的一个部门，因此，它必须根据概念来发展理念——理念是任何一门学问的理性，——或者这样说也是一样，必须观察事物本身所固有的内在发展。"② 法哲学对逻辑学的补充，实质上是以逻辑学为基础的自由意志自我规定为"法的体系"而对逻辑学的一种具体展现。理念在法哲学的这一发展阶段，也经历了此前根据纯粹区别的规律而不断产生的转化，以颠倒的方式不断展开前后相继的各个环节。法哲学以精神为基础，在自由意志的推动下以第二天性的"法的体系"呈现出一个精神的世界。"法的基地一般说来是精神的东西，它的确定的地位和出发点是意志。意志是自由的，所以自由就构成法的实体和规定性。至于法的体系是实现了的自由的王国，是从精神自身产生出来的、作为第二天性的那精神的世界。"③ 法的理念在客观精神的阶段前后相继地展开为抽象法、道德、伦理这三个环节。每一个环节都是理念以相区别的方式，同时以"同名者"的意义表现自由意志的阶段。其中，抽象法表现了抽象形式的自由意义上的"实现了的自由的王国"，道德表现了主观自由意义上的"实现了的自由的王国"，伦理则表现了抽象法与道德相统一意义上的"实现了的自由的王国"。抽象法作为一种自由的理念，如果仅仅停留在抽象的形式上，并不能充分实现理念自身固有的自由，因此抽象法必须内化于个人之中并转化为个人内心的道德。这样一来，抽象法就通过内化方式过渡到了道德的环节。同样，道德作为一种自由的理念，属于个人层面上"应当"发生实践的主观意志的法，但局限于单纯个人的内心，也不足以实现理念自身固有的自由，尤其像康德主张的那种基于自律原则的纯粹实践理性，并不足以构成真正的自由。因此，必须从外在的社会制度上规范个人内心的道德。这样一来，道德就通过外在形式过渡到了伦理的环节。相比之下，抽象法属于客观的精

① 〔德〕黑格尔：《法哲学原理》，范扬、张企泰译，商务印书馆，1961，第 1 页。
② 〔德〕黑格尔：《法哲学原理》，范扬、张企泰译，商务印书馆，1961，第 2 页。
③ 〔德〕黑格尔：《法哲学原理》，范扬、张企泰译，商务印书馆，1961，第 12 页。

神世界，道德属于主观的精神世界，抽象法与道德之间互为具有对立性的颠倒的世界，而且这两个相互颠倒的世界具有"同名者"的意义，它们将会被"同名者"的理念颠倒出一个新的真正具有现实性的精神世界。对黑格尔而言，抽象法和道德都是片面的表现，因而实体的自由必须在抽象法与道德相统一的伦理世界中才能实现，自由无法充分实现意味着抽象法和道德最终无法维持其现实性。"无论法的东西和道德的东西都不能自为地实存，而必须以伦理的东西为其承担者和基础，因为法欠缺主观性的环节，而道德则仅仅具有主观性的环节，所以法和道德本身都缺乏现实性。"① 理念凭借自身具有的自在自为的自由意志，推动着抽象法和道德共同向伦理转化。

根据理念的运动规律，伦理本身也将经历此前根据纯粹区别的规律而不断产生的转化，以颠倒的方式不断展开从家庭到市民社会再到国家的前后相继的各个环节。每一个环节都是理念的客观化，并在客观化的过程中实现整个伦理世界。其中，在第一环节，在理念的意义上，家庭是"直接的或自然的伦理精神"②。黑格尔指出，家庭体现了个体之间以婚姻为基础的、具有内在约束性和直接统一性的伦理关系，个人与家庭是直接相统一的实体的自然形式，婚姻使家庭获得了稳定的形式。在第二环节，市民社会是"独立的单个人的联合"③。黑格尔指出，市民社会体现了家庭自然地分化成相互间以外在态度对待的多数家庭。理念由此从原来的具有内在约束性和直接统一性的伦理关系过渡到具有特殊性和普遍性的相互关系。④这些家庭尽管彼此间以外在态度对待，但也会出于相互满足的需要而达到自愿集合。家庭中的个人出于利己的目的同他人建立关系，利己的需要将由此衍生出相互依赖的制度。家庭的扩大会造就个人的生活、福利、权利与众人的生活、福利、权利相互交织的市民社会。以精神为本质的伦理就从家庭过渡到市民社会。

在黑格尔哲学的伦理世界中，市民社会是基于个人劳动及其满足需要

---

① 〔德〕黑格尔：《法哲学原理》，范扬、张企泰译，商务印书馆，1961，第 185~186 页。
② 〔德〕黑格尔：《法哲学原理》，范扬、张企泰译，商务印书馆，1961，第 198 页。
③ 〔德〕黑格尔：《法哲学原理》，范扬、张企泰译，商务印书馆，1961，第 198 页。
④ 〔德〕黑格尔：《法哲学原理》，范扬、张企泰译，商务印书馆，1961，第 223 页。

的体系、对个人所有权的司法保护、关怀共同利益的警察和同业公会相统一的混合体。若从现实的历史发展加以反思，这种市民社会无疑是曾经的城关市民通过发挥"非常革命的作用"从中世纪摆脱出来之后建立的资产阶级社会。"黑格尔主要把现代工业和政治革命带来的现象都视为市民社会，为了适应生产和消费而形成的劳动分工正是市民社会的特征，市民社会与作为传统政治模式的道德生活相对立。"① 所谓个人，实际上就是为了满足利己需要的资产者，个人的需要体系、司法保护、同业公会实质上是资产阶级利己主义的现实要求，市民社会是基于资产阶级物质利益形成的活动领域。在黑格尔看来，一方面，市民社会以特殊性的个人利益为基础而不断地形成普遍性的形式，又通过普遍性的形式为特殊性的个人利益提供保障，市民社会本身具有向更高的普遍性形式即国家发展的理性原则；另一方面，从实体的自然形式的家庭分化而来的市民社会，只是偏离了家庭与国家之伦理性整体的中介，特殊性的个人利益必须以国家成员的方式才能得到普遍性、真理性、伦理性意义上的规定。那么，根据理念的精神本质，市民社会必须向自己的真实基础即国家过渡，从而达到自在自为的普遍目的。"个人与家庭构成两个依然是理想性的环节，从中产生出国家，虽然国家是它们的真实基础。从直接伦理通过贯穿着市民社会的分解，而达到了国家——它表现为它们的真实基础——这种发展，这才是国家概念的科学证明。"② 这是黑格尔对"国家决定市民社会"的一次鲜明表达。在黑格尔哲学的整个伦理世界中，虽然家庭、市民社会和国家是前后相继的发展环节，但伦理理念的现实在于绝对自在自为的国家。也就是说，作为实体的自由意志的实现，国家不仅是市民社会向前过渡的发展目标，同时本身就是推动市民社会向前过渡的真实基础，有国家的理念存在，才有市民社会的产生。"因此在现实中国家本身倒是最初的东西，在国家内部家庭才发展成为市民社会，而且也正是国家的理念本身才划分自身为这两个环节的。"③ 可见，黑格尔提出的"国家决定市民社会"不是在现实世界的意义上，而是

---

① Z. A. Pelczynski, *The State & Civil Society: Studies in Hegel's Political Philosophy* (Cambridge: Cambridge University Press, 1984), p. 204.

② 〔德〕黑格尔：《法哲学原理》，范扬、张企泰译，商务印书馆，1961，第 287 页。

③ 〔德〕黑格尔：《法哲学原理》，范扬、张企泰译，商务印书馆，1961，第 287 页。

在"现实"世界——自在自为的理念的意义上——所展现的一种规定性。黑格尔的"国家决定市民社会"归根结底是"理念（的国家）决定市民社会""理念决定（理念所异化的）对象"，即便市民社会在这一"有机的整体"中被外化为客观的和现实的形式，也只是在国家的科学概念中显现出来的一个中介而已。

在提出"国家决定市民社会"的基础上，黑格尔进一步对国家进行了实体性差别的内在区分，即客观精神在国家的理念中自在自为地展开前后相继的环节。"只要国家依据概念的本性在本身中区分和规定自己的活动，国家制度就是合乎理性的。"① 对于合乎理性的国家制度，黑格尔的解释从习惯性的立法权、行政权、司法权所构成的三个环节转向实体性的立法权、行政权、王权所构成的精神整体。在这一点上，黑格尔再次以颠倒的方式不断展开国家制度中前后相继的各个环节，展示了理念从立法权（普遍性的权力形式）到行政权（特殊性的权力形式）再到王权（最后的普遍性即整体性的权力形式）的发展，各种权力形式在理念的区分和规定下最后又促成统一。"结果这些权力中的每一种都自成一个整体，因为每一种权力实际上都包含着其余的环节，而且这些环节（因为它们表现了概念的差别）完整地包含在国家的理想性中并只构成一个单个的整体。"② 在黑格尔看来，所谓王权，就是权力集中于一人的君主立宪制。就此而言，在精神的伦理世界中，理念从家庭、市民社会迈进国家，进而在国家的范畴中向王权流动，王权由此以"最后的自我"完成了国家的意志，而这一"最后的自我"就是由作为理念的国家合乎理性地化身而来的君主。"国家成长为君主立宪制乃是现代的成就，在现代世界，实体性的理念获得了无限的形式。"③ 由此可见，王权合乎理性地展现了伦理世界不断走向最终统一的必然性和现实性。在"同名者"的意义上，伦理世界也通过前后相继的各个环节到达王权，从而构成自由意志的一个顶峰。那么，伦理世界无疑是最终实现王权的领域，而君主立宪制则是伦理世界实现一切自由的目标和动力。黑格尔在王权问题上还进一步论述了长子继承权和政治构成的关

① 〔德〕黑格尔：《法哲学原理》，范扬、张企泰译，商务印书馆，1961，第 322 页。
② 〔德〕黑格尔：《法哲学原理》，范扬、张企泰译，商务印书馆，1961，第 322 页。
③ 〔德〕黑格尔：《法哲学原理》，范扬、张企泰译，商务印书馆，1961，第 326 页。

系。在黑格尔看来，政治构成的实体是作为私有财产最高级形式的长子继承权的结果，长子继承权体现了政治国家的某种特质。马克思指出这是一种颠倒的理解："而黑格尔当作长子继承权的目的、规定性因素、始因来描述的东西，倒反而是长子继承权的成果、结果，是抽象的私有财产对政治国家的权力，而黑格尔却把长子继承权描写成政治国家对私有财产的权力。他倒因为果，倒果为因，把规定性因素变为被规定的因素，把被规定的因素变为规定性因素。"① 这种颠倒的理解实际上是理念式颠倒逻辑的一种具体表达，或者说，黑格尔在此对私有财产和政治国家关系的颠倒是"国家决定市民社会"的另一种表达。

总之，这一切颠倒实质上是黑格尔逻辑学在伦理范畴上展示的一幅自在自为的理念不断自我外化和回归的辩证发展的历史图景。"世界精神这种深入到自身的历史，或者这样说也是一样的，这种自由式的成长——在这一过程中理念把它的各个环节（仅仅是它的环节）从自身中释放出来成为各个整体，而且正因为这个道理把它们包含在概念的理想统一中，因为在其中存在着实在合理性，——这种伦理生活真实形成的历史，乃是普遍世界史的内容。"② 这种伦理的历史可谓是典型的唯心主义历史观中的"历史"，这种"历史"是一个颠倒的世界，它所展现的不是历史中的理念，而是理念中的历史。伦理的历史是理念进行自我规定的自由领域，市民社会就是理念在伦理的历史中所规定的一个环节，并最终在以王权为核心的国家精神中扬弃了自身，走向了整体。而且，这种由理念进行自我规定的伦理的历史，从哲学的合理性意义上论证了普鲁士国家实行君主立宪制的合法性，从逻辑学层面上表达了政治哲学上的保守主义立场。总之，黑格尔《法哲学原理》所描述和论证的这种颠倒的世界、颠倒的历史，构成了马克思市民社会批判的重要对象和内容。

三　马克思对法哲学的批判

对于不喜欢黑格尔"离奇古怪的调子"的马克思来说，尤其是在对

---

① 《马克思恩格斯全集》第 3 卷，人民出版社，2002，第 124 页。
② 〔德〕黑格尔：《法哲学原理》，范扬、张企泰译，商务印书馆，1961，第 326 页。

"极其重要的真正的现实生活问题"进行批判性分析、不断接触现实的物质利益问题的促动下，黑格尔法哲学中"国家决定市民社会"的这种理念式的解释，引起了马克思的批判——"逻辑的、泛神论的神秘主义在这里已经很清楚地显露出来。"① 马克思对国家与市民社会关系的批判性思考，在直接意义上是对"国家决定市民社会"的颠倒，构成了《黑格尔法哲学批判》中进行市民社会批判的核心内容。马克思更是在这一颠倒的基础上，从根本上对黑格尔神秘主义哲学进行了颠倒。马克思市民社会批判实质上是一种逻辑学批判、本体论批判、历史观批判。

从直接意义上看，马克思在《黑格尔法哲学批判》中对黑格尔的市民社会观针锋相对地作出反驳："家庭和市民社会都是国家的前提，它们才是真正活动着的；而在思辨的思维中这一切却是颠倒的。"② 马克思发现，黑格尔法哲学中的国家从"外在必然性"和"内在目的"两个方面包含了市民社会向自身进行"过渡"的范畴。在"外在必然性"方面，国家是市民社会的依据，市民社会的利益依存于、从属于国家的利益；而在"内在目的"方面，国家是市民社会的目的，市民社会所代表的个人的特殊利益最终通过国家力量与普遍的最终目的实现统一。市民社会与国家的统一实质上展现了"具体的自由"，即自在自为的理念本身在两者关系上"应有的、双重的同一性"③。在马克思看来，市民社会处于国家的概念领域之外，从国家的概念中分离出来，成为国家的有限性表现，并通过理念自身的扬弃而合乎理性地重新产生无限性，曾经从理念中下降而成的市民社会，在经历了理念对材料的"分配"后，重新返回到自身。这个概念领域就是一个颠倒的世界，国家与市民社会之间是规定者与被规定者的关系。作为理念的国家是无限的精神，而市民社会则是被"分配"的材料，市民社会是作为规定者的国家所产生的神秘的结果。根据黑格尔这种颠倒的逻辑，人们看到的现实主要是国家而不是市民社会，市民社会作为一个环节和中介，被合乎理性地消融在国家之中，人们即便看到市民社会，实质上也只是看到了国家的有限性的领域，没有国家也就没有市民社会，市民社

---

① 《马克思恩格斯全集》第 3 卷，人民出版社，2002，第 10 页。
② 《马克思恩格斯全集》第 3 卷，人民出版社，2002，第 10 页。
③ 《马克思恩格斯全集》第 3 卷，人民出版社，2002，第 7 页。

会因国家而存在。就此而言，国家决定市民社会即市民社会从属于国家，市民社会及其物质生产意义就被遮蔽于国家的理念之中。研究市民社会充其量只是在研究国家"分配"的一种材料而已。这对于日益深入地接触现实生活问题和物质利益问题的马克思而言，无疑是一种头足倒置的颠倒理解。因此，对于理念中的国家与市民社会之间的颠倒关系，马克思批判的要点就是把黑格尔颠倒的关系再次颠倒过来。马克思指出："家庭和市民社会是国家的现实的构成部分，是意志的现实的精神存在，它们是国家的存在方式。家庭和市民社会使自身成为国家。"① 这是马克思法哲学批判中关于市民社会的观点——"市民社会决定国家"的集中表达，从理论上对黑格尔关于国家与市民社会关系的观点进行了批判性的颠倒。

从颠倒的结论来看，把"国家决定市民社会"反转为"市民社会决定国家"，马克思的批判体现了解释方式的反转，即把黑格尔用国家解释市民社会的方式颠倒为用市民社会解释国家的方式。在马克思看来，国家与市民社会之间，市民社会才是规定者，而国家则是被规定者，国家从市民社会的发展中产生，而不是相反。"政治国家没有家庭的自然基础和市民社会的人为基础就不可能存在。"② 通过颠倒国家与市民社会的关系，马克思批判旧世界以及批判旧哲学的最重要的关注点和立足点转向了具有"客观本性"和物质利益问题的市民社会，把市民社会从作为内在想象活动的理念的统一性的遮蔽中摆脱出来，把市民社会从作为理念"分配"的"材料"转变为产生国家的"黑暗的自然基础"③，并从市民社会的物质生产意义出发来解决自身受制于黑格尔哲学的"苦恼的疑问"，不断进入政治经济学批判的领域。对黑格尔"国家决定市民社会"的颠倒展现了马克思市民社会批判的核心内容。

第二节 马克思"颠倒关系"的哲学因素

正如马克思后来在政治经济学批判中提到的，他要清算自己从前的哲

---

① 《马克思恩格斯全集》第 3 卷，人民出版社，2002，第 11 页。
② 《马克思恩格斯全集》第 3 卷，人民出版社，2002，第 12 页。
③ 《马克思恩格斯全集》第 3 卷，人民出版社，2002，第 9 页。

学信仰，"这个心愿是以批判黑格尔以后的哲学的形式来实现的"①。这意味着，马克思在创建新世界观的过程中，曾运用过黑格尔哲学及其后的哲学对旧世界进行批判，同时也正是在批判旧世界的过程中，他发现这些哲学并不足以批判旧世界，因此必须对黑格尔以后的哲学进行再批判。当然对黑格尔以后的哲学的批判免不了要对这些哲学得以产生的哲学基础即黑格尔哲学本身进行批判，况且黑格尔哲学也是曾给马克思批判旧世界的历程带来苦恼的哲学信仰。马克思要清算和批判的这些哲学，也曾是其市民社会批判思想的哲学基础。对于这些哲学，马克思既将其用作自己批判思想的因素，也在批判这些哲学的过程中，经过思想交锋，改造了一些重要因素，从而促进了自己新世界观的形成。从早期《博士论文》到《黑格尔法哲学批判》的思想发展来看，伊壁鸠鲁的原子偏斜思想、费尔巴哈的主宾颠倒观点、黑格尔的唯心主义辩证法、青年黑格尔派的批判意识、斯宾诺莎哲学中的营养基，是促进马克思在市民社会批判中颠倒黑格尔"国家决定市民社会"的哲学因素。最重要的是，马克思不仅受到了这些哲学因素的影响，而且最终超越了这些哲学。

一　伊壁鸠鲁的原子偏斜思想

早在《博士论文》时期，马克思在深入分析伊壁鸠鲁的哲学思想时，就已对黑格尔哲学"离奇古怪的调子"进行了反思和批判，并在这一批判中指出黑格尔哲学中出现了颠倒的问题，这成为《黑格尔法哲学批判》的重要基础。

马克思《博士论文》的题目"德谟克利特的自然哲学与伊壁鸠鲁的自然哲学的差别"已表达出一种哲学意向，他在对两种哲学的研究中揭示出两者之间相反的哲学思想，并最终通过肯定后者的哲学思想流露出自己的哲学立场。按照伊壁鸠鲁的理解，原子和虚空构成世界的本体，原子在虚空中的运动是世界万物生生不息的基础和动力。在这一点上，伊壁鸠鲁同德谟克利特一样对世界的本体问题给予了唯物主义的解释。但是，对于原子在虚空中的运动状态，伊壁鸠鲁提出了与德谟克利特相异的一种非决定

---

① 《马克思恩格斯选集》第 2 卷，人民出版社，1995，第 34 页。

论的描述。"伊壁鸠鲁是一个唯物论者，但不是一个决定论者。他追随着德谟克利特相信世界是由原子和虚空构成的；但是他并不像德谟克利特那样相信原子永远是被自然律所完全控制着的……他的原子具有重量，并且不断地向下坠落；但不是朝向地心坠落，而是一种绝对意义的向下坠落。然而，一个原子时时会受到有似于自由意志的某种东西的作用，于是就微微地脱离了一直向下的轨道，而与其他的原子相冲撞。"① 伊壁鸠鲁以原子脱离绝对坠落方向的方式，描绘了处于外在必然性制约下的原子也能够根据自由意志进行偏斜运动的世界图景。伊壁鸠鲁的原子偏斜思想，可谓是一种原始的反思宿命论的自因论。马克思非常赞赏这种原子偏斜的看法，还称赞伊壁鸠鲁是"最伟大的希腊启蒙思想家"。这种偏斜是对外在必然性的摆脱，是自由意志的展现，相对于宿命论和决定论而言，这种偏斜是一种解放的象征。"正像原子由于脱离直线，偏离直线，从而从自己的相对存在中，即从直线中解放出来那样，整个伊壁鸠鲁哲学在抽象的个别性概念，即独立性和对同他物的一切关系的否定，应该在它的存在中予以表述的地方，到处都脱离了限制性的定在。"② 不难看出，对马克思而言，德谟克利特的原子与伊壁鸠鲁的原子呈现出一种相互颠倒的特征，即服从外在必然性进行直线运动的原子与根据内在自由性进行偏斜运动的原子。对伊壁鸠鲁哲学而言，原子的偏斜是自因的表现，不需要神的干预；原子在直线下落的必然趋势中，可以通过偏斜与其他原子相碰撞而组合成世间万物。在《博士论文》中对伊壁鸠鲁的原子偏斜论的赞赏从一个侧面展现了其早期对某些具有决定论的抽象因素的批判立场，也由此初步表达了马克思对个体的自由、解放的价值认同。倘若把这一理解拓展到马克思此后创建新世界观的发展历程中，可以看到一种相似的特征：原子在虚空中具有的外在必然性和内在自由性，相当于个人在现存社会中受到的外在统治和追求自身的解放；原子的偏斜可以比喻为个人的解放，即个人从现存社会的统治中摆脱出来。从法哲学批判的意义上看，原子在虚空中具有的外在必然性和内在自由性，类似于市民社会在伦理世界中具有的外在必然性和

---

① 〔英〕罗素：《西方哲学史》上卷，何兆武、李约瑟译，商务印书馆，1963，第315~316页。
② 《马克思恩格斯全集》第1卷，人民出版社，1995，第35页。

内在目的性。在黑格尔哲学中，外在必然性和内在目的性都是理念自由的体现，并最终促使市民社会过渡到国家。而对马克思而言，在法哲学层面上的市民社会批判就是要使伦理世界中的市民社会从国家的外在必然性中摆脱出来，重新发现市民社会本身能够实现内在发展的现实基础，并进一步从市民社会的现实基础来解释国家的存在，最终要批判"国家决定市民社会"这一观点中所固有的、具有决定论意义的绝对理念及其抽象历史观。

马克思从伊壁鸠鲁的原子偏斜思想中流露出对某些具有决定论的抽象因素的批判立场。对马克思而言，具有决定论的抽象因素的典型无疑是神学和黑格尔哲学，神学和黑格尔哲学对世界的解释是一种头足倒置的方式，神学通过上帝存在的证明来解释整个世界，而黑格尔哲学则从逻辑学的概念来解释整个世界，从而描绘出一个由神所决定的或由理念所决定的颠倒的世界。马克思在《博士论文》中对这种颠倒的问题进行了批判性分析。"即关于神的存在的证明，必须指出，黑格尔曾经把这一神学的证明完全弄颠倒了，也就是说，他推翻了这一证明，以便替它作辩护。"[1] 马克思指出，神学是通过"偶然的东西"真实存在来证明上帝的存在，与此相反，黑格尔哲学是通过"偶然的东西"不存在来证明神的存在，当然黑格尔所证明的神不外乎是理性化的神，是作为"绝对者"的理念。但是，在马克思看来，无论是神学的偶然性证明还是黑格尔哲学的偶然性证明，都只是"空洞的同义反复"。这种"空洞的同义反复"都是从具有决定论的抽象因素出发来论证自己对于整个世界存在的决定性意义。对马克思而言，这种本体论的证明相当于德谟克利特原子论的另一个版本。当然，通过分析伊壁鸠鲁的原子偏斜思想，马克思进一步揭示出这些决定论的抽象证明实际上是对自我意识的证明。"对神的存在的证明不外是对人的本质的自我意识存在的证明，对自我意识存在的逻辑说明。例如，本体论的证明。当我们思索存在的时候，什么存在是直接的呢？自我意识。在这个意义上说，对神的存在的一切证明都是对神不存在的证明，都是对一切关于神的观念

---

① 《马克思恩格斯全集》第 1 卷，人民出版社，1995，第 100 页。

的驳斥。"① 德谟克利特的原子绝对下落之于伊壁鸠鲁的原子偶然偏斜，相当于上帝存在的证明之于自我意识存在的证明。马克思借助伊壁鸠鲁的原子偏斜思想表达了无神论的宗教批判立场，初步把宗教理解为一种颠倒的世界，而且是一种压制自由的颠倒的世界观。当然，从后续马克思唯物史观形成的革命意义上看，原子的偏斜相当于马克思不断摆脱对自己深有影响的黑格尔哲学"离奇古怪的调子"并创建出与之相反的"真正批判的世界观"。

二　费尔巴哈的主宾颠倒方法

马克思在《黑格尔法哲学批判》中对黑格尔"国家决定市民社会"的颠倒，受益于费尔巴哈在宗教批判中运用的主宾颠倒方法。对费尔巴哈而言，这种颠倒方法的背后是对黑格尔整个唯心主义逻辑学的批判。在马克思撰写《黑格尔法哲学批判》之前，费尔巴哈就已经写出了在开篇就把黑格尔哲学比喻为"昆虫学上的精神"的《黑格尔哲学批判》。费尔巴哈鲜明地揭示了黑格尔哲学这种以理念的自我发展为实质的逻辑学。"在黑格尔这里，一种特殊的历史现象或存在的整体性、绝对性被当成了宾词，所以作为独立存在的各个发展阶段只具有一种历史的意义，只不过是作为一些影子、一些环节、一些以毒攻毒的点滴而继续存在于绝对阶段中。"② 费尔巴哈对黑格尔哲学的批判以及对主词宾词的运用，为马克思市民社会批判的思想提供了重要的哲学因素。马克思对国家与市民社会关系的颠倒，是借助费尔巴哈主宾颠倒观点的一种批判方式。

在费尔巴哈看来，黑格尔的逻辑学实质上是理性化的宗教，用理念、精神的自我实现的发展逻辑重新描述了上帝存在的绝对性。这意味着，在黑格尔的逻辑学体系中，理性就像神学一样构成了一切实在性的抽象总体，世间万物也只是在逻辑学的天国中的再现，绝对的理性把与自身等同的本质分割为包括自然和人在内的多数，对人而言，实际上就是被逻辑学的理性"粗暴地分开"最后又"粗暴地调和起来"的本质。费尔巴哈发

---

① 《马克思恩格斯全集》第 1 卷，人民出版社，1995，第 101 页。
② 〔德〕路德维希·费尔巴哈：《费尔巴哈哲学著作选集》上卷，荣震华等译，商务印书馆，1984，第 47 页。

现，这种理性的本质说到底是人的本质，是一种人本学意义上的思辨哲学。"人使他自己的本质对象化，然后，又使自己成为这个对象化了的、转化为主体、人格的本质的对象。这就是宗教之秘密。"① 这意味着，所谓上帝实际上就是人，是从人本身抽象出来却又超越了人的思维本质的存在。简言之，费尔巴哈宗教批判的根本立场就是：不是宗教创造了人，而是人创造了宗教，宗教的本质就是人的本质。那么作为理性化的宗教的黑格尔哲学，就是一种用颠倒的方式对人的本质进行神秘化的思辨哲学，而这种颠倒的方式归根结底在于这种思辨哲学本身是一种颠倒的理论，把包括人在内的整个世界颠倒成理念不断实现的进程。"思辨哲学一向是从抽象到具体、从理想到实在的进程，是一种颠倒的进程。"② 通过对黑格尔思辨哲学的批判，费尔巴哈鲜明地展现了一种颠倒的批判视角和批判方式，揭示了思辨哲学所特有的颠倒特征。在这一问题上，费尔巴哈还表达了一种具有"哥白尼革命"意蕴的颠倒立场，用哥白尼提出的"日心说"来比喻人之于神的本质。"地球对太阳的关系，同时是地球对自身的关系，或者说，是地球对自己的本质的关系；因为，太阳在作为地球的对象时，其大小和光线强弱的量度，就是那决定着地球特有的本性的距离的量度。所以，每个行星都在它自己的太阳中映射出它自己的本质。"③ 在费尔巴哈看来，人就像太阳决定着地球那样决定着神的本质，神的本质只是人的本质的一种映射。费尔巴哈以"哥白尼革命"的隐喻方式表达了宗教批判的立场，实质上是用人本学批判逻辑学、宗教学。这一批判的直接目的就是把黑格尔哲学以实体为本质的颠倒进程颠倒过来。"'绝对实体自行发展'这个命题，只有颠倒过来，才是一个真实的、合理的命题。所以应当说：只有一种发展的、在时间中展开的实体，才是一种绝对的，亦即真正的、实际的实体。"④ 换句话说，只有这一颠倒

① 〔德〕路德维希·费尔巴哈：《费尔巴哈哲学著作选集》下卷，荣震华等译，商务印书馆，1984，第 56 页。
② 〔德〕路德维希·费尔巴哈：《费尔巴哈哲学著作选集》上卷，荣震华等译，商务印书馆，1984，第 108 页。
③ 〔德〕路德维希·费尔巴哈：《费尔巴哈哲学著作选集》下卷，荣震华等译，商务印书馆，1984，第 30 页。
④ 〔德〕路德维希·费尔巴哈：《费尔巴哈哲学著作选集》上卷，荣震华等译，商务印书馆，1984，第 110 页。

才能对人与神之间的关系作出合理的解释，才能看清宗教的秘密在于人的本质的对象化，才能看到黑格尔哲学的思辨性质。

在对黑格尔哲学的批判中，为了把这种颠倒的思辨哲学颠倒过来，为了揭示人之本质对象化为宗教的秘密，费尔巴哈充分运用了主宾颠倒方法。费尔巴哈认为，在黑格尔的逻辑学体系中，理念是主词而人是宾词，这就意味着，主词（理念）规定着宾词（人），那么人的真实性不在于自身而在于理念。费尔巴哈对此作出了批评：主词的真实性来自宾词，宾词是主词的规定性。"主词是什么，得由宾词来确定；宾词是主词之真实性；主词只是人格化了的、实存着的宾词。主词同宾词的区别，只相当于实存同本质的区别。因而，宾词之否定就是主词之否定。没有了人的属性，人的本质还能是什么呢？"① 简言之，没有人的存在，神的存在就失去了规定性。那么黑格尔逻辑学体系中的"理念"只是人格化了的、实存着的人，理性化的神充其量只是人的对象化。借助这种主宾颠倒方式，人们可以把颠倒的思辨哲学颠倒过来，从而得出与黑格尔哲学相反的真理。"我们只要经常将宾词当作主词，将主体当作客体和原则，就是说，只要将思辨哲学颠倒过来，就能得到毫无掩饰的、纯粹的、显明的真理。"② 颠倒思辨哲学，实际上是把泛神论颠倒为无神论、把宗教学颠倒为人本学，由此而来的真理无非就是，理念源自存在而不是相反，神源自人的本质而不是相反。只有从存在出发把理念引申出来、从人的本质出发把神引申出来，才能得出关于理念、神的本质的真理。这种主宾颠倒方法是一种重要的哲学批判思维，为马克思颠倒黑格尔"国家决定市民社会"的观点提供了重要的方法。在这一问题上，马克思运用这种主宾颠倒方法对黑格尔的国家观进行了反思："而这里所谈的是作为某种主体的观念，是使自身向自己的差别发展的观念。除了主体和谓语的这种颠倒之外，还造成一种假象，似乎这里谈的是与机体不同的另一种观念。这里的出发点是抽象的观念，这

① 〔德〕路德维希·费尔巴哈：《费尔巴哈哲学著作选集》下卷，荣震华等译，商务印书馆，1984，第45页。

② 〔德〕路德维希·费尔巴哈：《费尔巴哈哲学著作选集》下卷，荣震华等译，商务印书馆，1984，第102页。

种观念在国家中的发展就是政治制度。"①

而且，费尔巴哈不只是停留在对黑格尔理性化的神学的批判上，也不仅限于用主宾颠倒方法对思辨哲学进行颠倒，而是在这一批判和颠倒的过程中提出了与思辨哲学相反的未来哲学的出路。"未来哲学应有的任务，就是将哲学从'僵死的精神'境界重新引导到有血有肉，活生生的精神境界，使它从美满的神圣的虚幻的精神乐园下降到多灾多难的现实人间。"②通过对"僵死的精神"的思辨哲学的批判和颠倒，把哲学的眼光从虚幻性颠倒的世界转向活生生的"现实的人间"，把决定于、淹没在"僵死的精神"中的人前置于哲学研究的中心问题上。哲学批判不仅要对抽象的哲学进行反思，更要对现实的人间进行关注。不难发现，费尔巴哈"未来哲学"中的这种人本学的批判立场和话语表达，对马克思关注具有物质生活意义的市民社会具有积极的促进作用，对马克思批判那些与人的现实环境相脱离的德国哲学具有重要的理论启发。而这种人本学的批判立场和话语表达后来就出现在马克思以"从人间升到天国"的方式对德国哲学的批判中，当然马克思是在唯物史观的高度上对费尔巴哈人本学视野中的"现实的人间"作出新的解释的。

三 黑格尔的唯心主义辩证法

对马克思来说，黑格尔哲学固然是一种充满"离奇古怪的调子"、颠倒地解释世界的思辨哲学，但马克思没有因此将其当作"腐朽的废物"而加以抛弃。因为马克思在唯物史观基本形成之前，尚未完全清算自身思想中的黑格尔哲学因素；更重要的是，黑格尔哲学当中的一种因素——唯心辩证法的否定观，一种对现存事物进行扬弃的方法，恰恰是马克思反思和批判黑格尔哲学的重要武器。正如马克思后来在《1844年经济学哲学手稿》中所说："黑格尔的《现象学》及其最后成果——辩证法，作为推动原则和创造原则的否定性——的伟大之处首先在于，黑

---

① 《马克思恩格斯全集》第3卷，人民出版社，2002，第15~16页。
② 〔德〕路德维希·费尔巴哈：《费尔巴哈哲学著作选集》下卷，荣震华等译，商务印书馆，1984，第120页。

格尔把人的自我产生看做一个过程，把对象化看做非对象化，看做外化和这种外化的扬弃。"① 黑格尔唯心辩证法中的扬弃是马克思对"国家决定市民社会"进行颠倒的重要哲学基础。在《黑格尔法哲学批判》时期乃至之前，马克思在对包括黑格尔哲学在内的旧哲学的研究和批判中就已运用了黑格尔唯心辩证法中的扬弃，扬弃是马克思从黑格尔哲学中继承而来又加以改造，并最终用来超越黑格尔唯心主义哲学的一种辩证法，是马克思在市民社会批判中颠倒"国家决定市民社会"的重要逻辑。

　　早在《博士论文》时期，马克思在原子偏斜的问题上就已经初步运用了扬弃的思路。"现在我们来考察一下偏斜本身。正如点在线中被扬弃一样，每一个下落的物体也在它所划出的直线中被扬弃。"② 在这里，扬弃的意义在于原子对原有状态的否定，即原子根据自因从直线下落的运动转变为偏离直线的运动，原子通过这一扬弃从外在必然性的支配下偶然地摆脱出来。扬弃在黑格尔的整个逻辑学体系中具有独特的意义。理念按照自身的逻辑自在自为地从开端一直发展到前后相继的各个环节，这些环节的前后相继正是通过扬弃来实现的，前后相继的各个环节都是摆脱前一种状态、变成后一种状态的抽象规定性。在应用逻辑学的精神世界中，理念从自然哲学过渡到精神哲学，在精神哲学这一阶段中，又从主观精神过渡到客观精神最后再过渡到绝对精神，同时，每一个"精神"阶段自身又经历了三个环节前后相继的过渡，而且这里的每个环节本身还进一步经历了三个环节前后相继的过渡。"自我就是过渡……这第二个环节——规定——同第一个环节一样，是否定性、是扬弃——即对第一个抽象否定性的扬弃。正如特殊一般地包含在普遍中一样，这第二个环节已包含在第一个环节中，它只是第一个环节中自在地存在的东西的被设定而已。"③ 这里的每一次过渡，都是后一个环节对前一个环节的扬弃，这种扬弃是一种辩证的否定，通过否定前一个对立面转化为与之颠倒的另一对立面，（理念的）第一个环节经历了自身的扬弃后以下降的方式过渡到下一环节，这两个环节是相互颠倒的对立面，此后第二个环节再经历了自身的扬弃后以上升的

---

① 〔德〕马克思：《1844 年经济学哲学手稿》，人民出版社，2018，第 98 页。
② 《马克思恩格斯全集》第 1 卷，人民出版社，1995，第 32 页。
③ 〔德〕黑格尔：《法哲学原理》，范扬、张企泰译，商务印书馆，1961，第 18 页。

方式过渡到最后环节，在此扬弃同样是一种辩证的否定，最后环节则实现了相互颠倒的前两个环节的统一。理念通过这一阶段（正反合三个环节）的扬弃"扩展了自身"并最终"返回到自身的全体"。以道德这一环节为例，黑格尔描述了概念进行自我扬弃的"过渡的详情"："但由于它们是片面的，所以它们尚未被设定为自在地存在的东西。它们在它们的否定性中才达到这种被设定的地位，这就是说，在它们的片面性中，那时它们的每一个都不欲在自身中具有自在地存在的东西——善没有了主观性和规定，决定者即主观性没有了自在地存在的东西，——它们构成为独立的整体，于是两者就被扬弃从而降为环节，即概念的环节。"① 而对市民社会而言，它是客观精神这一阶段的伦理环节的中介环节，理念通过扬弃家庭过渡到与之互为颠倒的市民社会，并再次扬弃市民社会进而过渡到国家，从而以"伦理性的实体"的无限形式实现家庭与市民社会的统一。"从直接伦理通过贯穿着市民社会的分解，而达到了国家——它表现为它们的真实基础——这种发展，这才是国家概念的科学证明。由于国家是作为结果而在科学概念的进程中显现出来的，同时它又经证明为真实基础，所以那种中介和那种假象都被扬弃了，而它自己成为一种同样的直接性。"② 用费尔巴哈的话来说，黑格尔哲学的这种"绝对实体自行发展"中的扬弃实质上是一种颠倒的进程。整个逻辑学体系通过"思想者与被思想者的统一"的方式，展示了绝对的理念自身在正—反—合的辩证否定中不可分割的统一性。

对马克思来说，在"国家决定市民社会"的颠倒进程中，所谓正—反—合的辩证法否定，只是黑格尔用"概念的制度"合乎理性地解释"国家制度的概念"的一种诡辩论，伦理世界中的每一环节对前一环节都只是"同名者"意义上的扬弃，而这种扬弃不是逐渐的过渡，而是忽视了极不相同的两种东西之间的鸿沟的一种跳跃式的变体，因而理念在自身各个环节中的自我否定和过渡也只是一种在抽象的逻辑中消融的过程。这样一种扬弃的方式就会造成颠倒的结论，即思想决定国家、国家决定市民社会。因

---

① 〔德〕黑格尔：《法哲学原理》，范扬、张企泰译，商务印书馆，1961，第 184 页。
② 〔德〕黑格尔：《法哲学原理》，范扬、张企泰译，商务印书馆，1961，第 287 页。

此，马克思对黑格尔法哲学的批判，包括对这种基于抽象逻辑的扬弃的批判，并在这一批判中反思黑格尔哲学的唯心辩证法，也由此在反思唯心辩证法中不断改造和运用辩证法，即运用辩证法的思路对黑格尔理念式的扬弃进行扬弃，从而把颠倒的结论颠倒过来。马克思借助费尔巴哈人本学的立场对黑格尔通过扬弃得出的颠倒的结论作出了颠倒："相反，从中得出的只会是要求这样一种国家制度：它本身具有与意识同步发展、与现实的人同步发展的规定和原则。而这只有在'人'成为国家制度的原则时才有可能。"① 从这里可以看出，马克思对国家的理解方式是对黑格尔抽象逻辑的否定，严格来说，马克思从哲学上对黑格尔"绝对实体自行发展"的颠倒进程作出了一次扬弃，既否定了市民社会作为伦理世界的一个环节，又保留了市民社会作为解释政治国家的一个基础。从而马克思能够从与黑格尔理念进行过渡和扬弃相反的方向反思国家与市民社会之间的关系，借助被国家所扬弃的"市民社会"这一范畴把"国家决定市民社会"颠倒为"市民社会决定国家"，由此，马克思不断否定黑格尔对市民社会乃至整个世界的颠倒的理解，并重新从市民社会的现实基础出发对国家以及现存世界作出相反的解释。

四　斯宾诺莎哲学中的营养基

面对黑格尔以理念为实体的哲学，马克思市民社会批判思想中还有一种较为特殊的哲学因素，那就是马克思在反思启蒙运动及其对形而上学的批判时所关注的斯宾诺莎哲学。斯宾诺莎哲学并非直接成为马克思批判黑格尔法哲学的理论基础，也并非直接构成马克思市民社会批判的理论依据，而是作为马克思所批判的达到理性主义哲学高峰的黑格尔哲学中的一种重要因素，并在马克思对黑格尔哲学的批判中流露出来，成为马克思对"国家决定市民社会"进行颠倒的有益因素。马克思的新世界观是从批判黑格尔哲学中结出的真正果实："这里的'果实'，当是反叛和超越了黑格尔哲学体系及其观念史观的马克思的唯物史观。但'果实'仍然存留着黑格尔哲学的'营养基'，而且，这一'营养基'还保留着在马克思的批判

_____

① 《马克思恩格斯全集》第 3 卷，人民出版社，2002，第 27 页。

中留有余地的斯宾诺莎式的'营养源'。"① 具体来说，斯宾诺莎哲学中的实体概念，经过黑格尔哲学的中介，成为马克思颠倒"国家决定市民社会"的一种重要哲学因素。

斯宾诺莎秉承了欧洲启蒙运动的理性主义传统，对世界（本体）作出理性主义的解释。从马克思对启蒙的批判立场来看，这种理性主义实质上是一种形而上学。在斯宾诺莎哲学中，整个世界的本体在于自然，自然是产生世间万物的真正的实体。"关于自然，一切的东西全部地肯定属于它，并因此自然包含无限的属性，其中每一个属性在它自类之中完善。而这和人们关于上帝的定义整个地相合。"② 斯宾诺莎把宗教的神学转变为自然的神学，提出了以自然为实体的自然神论。自然神化与神自然化相统一的泛神论立场，从泛神论意义上把自然视为神——神即自然，两者同为实体，自然根据自身的规律（自因）产生万物（样式），整个世界就是"产生自然的自然"与"被自然产生的自然"相统一的自然实体。倘若将其与黑格尔的逻辑学相比，可以发现二者有着异曲同工之处，相异和相同之处都在于"实体"。实体在斯宾诺莎哲学中是自然，而在黑格尔哲学中则是理念，无论是自然还是理念，都是创生万物的自因，实质上就是用理性改装了的神，即理性化的神。对于这一问题，马克思在《黑格尔法哲学批判》之后的《神圣家族》中明确提到："在黑格尔的体系中有三个要素：斯宾诺莎的实体、费希特的自我意识以及前两个要素在黑格尔那里的必然充满矛盾的统一，即绝对精神。第一个要素是形而上学地改了装的、同人分离的自然。第二个要素是形而上学地改了装的、同自然分离的精神。第三个要素是形而上学地改了装的以上两个要素的统一，即现实的人和现实的人类。"③ 也就是说，从颠倒的视角来看，无论是斯宾诺莎哲学还是黑格尔哲学，都已经从对世界的非理性的神学解释转向了对世界的理性化的神学解释，用马克思在《黑格尔法哲学批判》之前关于《科隆日报》的社论来说，斯宾诺莎和黑格尔是"从理性和经验出发，而不是从神学出发"来阐

---

① 邹诗鹏：《马克思哲学中的斯宾诺莎因素》，《哲学研究》2017 年第 1 期。
② 〔荷〕斯宾诺莎：《简论上帝、人及其心灵健康·知性改进论》，顾寿观、贺麟译，商务印书馆，2014，第 47~48 页。
③ 《马克思恩格斯文集》第 1 卷，人民出版社，2009，第 341~342 页。

明世界的发展以及国家的规律。马克思在此已经认识到理性主义哲学对神学的批判和改造，即用理性的解释来颠倒宗教对世界的神学的解释，认识到黑格尔从更高的理性意义上转变了斯宾诺莎的实体，用理念的实体来解释国家的规律。按照这一理解，黑格尔将进一步从理性出发解释"国家决定市民社会"的进程。在这一意义上，马克思对黑格尔"国家决定市民社会"的颠倒，从根本上是对黑格尔哲学实体的批判，也通过这一批判涉及对斯宾诺莎哲学实体的批判。当然，从唯物史观的革命性意义而言，马克思对实体的批判，不仅仅是看到了这种实体哲学对世界颠倒解释，毕竟这种实体哲学的解释只是改装了的神学的一种形式，更是要以世界观革命的方式对实体进行新的转变。"黑格尔和马克思都转变了斯宾诺莎的实体概念。对于黑格尔而言，实体是观念。观念是现实的组织原则，因此观念是实体的根源。"① 马克思对实体的转变，就是把抽象的理性化的实体转变为现实的、活生生的实体，即现实的有生命的个人，把哲学家们从抽象的理性出发对世界所作的颠倒解释转变为从现实的个人出发对世界作出的真实解释。与黑格尔的理念的决定论相反，"对于马克思而言，理念的决定性原则和决定性结果无疑要归结为现实的有生命的个人。马克思把黑格尔所说的'理念'变为'谓语'，其真正的主体是实践的人"② 而对"国家决定市民社会"的颠倒是马克思在法哲学批判的维度上转变了黑格尔和斯宾诺莎实体观念的一种初步表现，斯宾诺莎连同黑格尔哲学成为马克思批判抽象哲学的重要对象，也由此在哲学上成为促进马克思颠倒国家与市民社会关系乃至促进其思想变革的营养基。马克思通过这一颠倒把批判旧哲学的最重要的关注点和立足点转向了具有"客观本性"和物质利益问题的市民社会，把市民社会从作为内在想象活动的理念的统一性的遮蔽中摆脱出来，从而接触到在市民社会中从事物质生产的真正实体，即现实的有生命的个人，对旧哲学中的实体进行了革命性的颠倒，展现了市民社会批判的理论实质，并最终把由现实的有生命的个人及其物质生产构成的人类社会

---

① 〔美〕诺曼·莱文：《马克思与黑格尔的对话》，周阳等译，中国人民大学出版社，2016，第 220 页。

② Z. A. Pelczynski, *The State & Civil Society: Studies in Hegel's Political Philosophy* (Cambridge: Cambridge University Press, 1984), p. 211.

而不是黑格尔法哲学中的市民社会，作为唯物史观的立脚点。

　　总之，伊壁鸠鲁哲学的原子偏斜思想、费尔巴哈的主宾颠倒方法、黑格尔唯心辩证法中的扬弃、斯宾诺莎哲学中的营养基，影响着马克思对颠倒的国家与市民社会关系进行颠倒的思路，但作为外在的理论，还需要马克思对其进行批判性的理解、运用和发挥，关键在于马克思在自身思想发展过程中基于这些哲学理论并遵循特定的哲学理路对颠倒问题的深思和批判。

第三节　马克思"颠倒关系"的批判理路

　　作为市民社会批判的核心问题，马克思在《黑格尔法哲学批判》中对"国家决定市民社会"的颠倒，并非简单地从对立的意义上将其颠倒为"市民社会决定国家"，也并非直接地提出与黑格尔相反的"市民社会决定国家"的观点，而是在对颠倒这一切的思辨思维的批判中、在对理念变成主体的抽象逻辑的批判中所做的颠倒，是在揭示黑格尔法哲学之秘密的过程中所做的颠倒。马克思的这一颠倒，是在法哲学关于国家与市民社会关系的问题上"沿着"① 黑格尔的逻辑，针锋相对地分析和反思这一逻辑，揭示出这一逻辑对于国家与市民社会关系的颠倒的理解，由此从相反的方向提出"市民社会决定国家"的结论。马克思在此既是对黑格尔辩证法的批判，同时又在这一批判中重新发挥了辩证法的作用，由此在国家与市民社会关系问题上展现出一种针对黑格尔的逻辑而形成的批判理路：分离—对立—颠倒。如果说，伊壁鸠鲁哲学的原子偏斜思想、费尔巴哈的主宾颠倒方法、黑格尔唯心辩证法中的扬弃、斯宾诺莎哲学中的营养基是马克思进行颠倒的外部因素，那么在这些外部因素的影响下，"分离—对立—颠倒"的批判理路则是马克思进行颠倒的内在逻辑。颠倒

---

① 这里所说的"沿着"，并非指马克思依循黑格尔的立场和观点对市民社会进行分析，而是为了揭露黑格尔哲学中颠倒的神秘主义及其对国家与市民社会关系所做的神秘主义解释，而不得不沿着这种神秘主义的思路来探究其中的原委，从而能够针锋相对地批驳这种神秘主义的哲学。马克思在对蒲鲁东经济学的批判中也提出"沿着这条迂回曲折的道路跟蒲鲁东先生走下去"，从而针锋相对地揭露其对经济生活所作出的颠倒的理解。

黑格尔"国家决定市民社会"的这一批判理路，是马克思分析颠倒问题的一种基本思路和方法。具体来说，马克思在《黑格尔法哲学批判》中针对黑格尔表述问题的思路揭示出了"所有的矛盾都集中在一起"的情况：

（1）黑格尔以市民社会和政治国家的分离（现代的状况）为前提，并把这种状况阐释为观念的必然环节、理性的绝对真理。他表述的是具有现代形式——各种权力分离——的政治国家。他把官僚机构赋予现实的行动着的国家作为它的形体，并把官僚机构当作赋有知识的精神捧到市民社会的唯物主义之上。他把国家的自在自为地存在着的普遍东西同市民社会的特殊利益和需求对立起来。总而言之，他到处都在表述市民社会和国家的冲突。

（2）黑格尔把作为私人等级的市民社会同政治国家对立起来。

（3）他认定立法权的等级要素是市民社会的纯粹政治上的形式主义。他认定它是市民社会对国家的反思关系，是不能改变国家本质的反思关系；而反思关系又是有本质差异的各环节之间的最高的同一。①

从这段论述可以看出，在马克思看来，黑格尔表述问题的思路，即"国家决定市民社会"的理论逻辑是"分离—对立—同一"，这一思路实质上是"国家决定市民社会"的观点在抽象理念意义上的逻辑表述，是黑格尔唯心辩证法的"正—反—合"的具体运用和体现。对马克思而言，在颠倒的问题上，他就是要批判和否定这种唯心辩证法的"正—反—合"，从而把"国家决定市民社会"颠倒为"市民社会决定国家"。在法哲学批判的意义上，马克思先循着黑格尔表述的逻辑思路，最后提出了颠倒的批判理路：分离—对立—颠倒。

一　作为批判前提的分离

从马克思这段论述所指出的黑格尔表述问题的思路的理论逻辑来看，

---

① 《马克思恩格斯全集》第3卷，人民出版社，2002，第92页。

在黑格尔法哲学的谜底中，分离是"国家决定市民社会"的第一步，"黑格尔以'国家'同'市民'社会、'特殊利益'同'自在自为地存在着的普遍东西'的分离为出发点"①。分离，意指脱离、分裂、划分，是从某一范畴、某一事物中脱离出来或划分出来的一种因素成为与原来的范畴、事物相对独立的另一范畴或事物。对分离的理解，首先是一种对概念的抽象把握。马克思在《黑格尔法哲学批判》中指出："一个概念可以抽象地把握；它不是作为一种独立的东西而具有意义，而是作为从某种他物中得出的抽象并且仅仅是作为这样一种抽象才具有意义。"② 也就是说，对一个概念的理解需要通过从自身中抽象出来的他物来进行把握，通过他物来展现自身的意义，那么，所谓分离也就是一分为二。一事物若没有分离出自己的另一面，单纯地从自身看自己，并不足以把握自身的意义，也无法揭示自身内在的本质和矛盾。

这种分离，首先是黑格尔唯心辩证法的一种体现，是黑格尔提出"国家决定市民社会"的前提，是理念实现从市民社会过渡到国家的首要的内在机制，只有分离出国家与市民社会两个不同的领域，才能进一步阐释一者决定另一者的命题。马克思指出："现实的观念，精神，把自身分为自己概念的两个理想性的领域：家庭和市民社会。即分为自己的有限性，因此，国家划分为家庭和市民社会，这是理想的，就是说，是必然的划分，是国家的本质所在。"③ 对黑格尔而言，作为自在自为的理念，在逻辑学固有的内在发展中能够自由地对自身进行区别，并通过这种区别展开前后相继的环节。这种逻辑学意义上的区别，实际上就是分离，即分离出与自身相区别的另一事物；理念根据自身的逻辑进行对象化，比如在逻辑学中理念通过对象化产生与自身相区别的第一个应用逻辑学自然哲学；在自然哲学中，理念又进一步通过对象化产生与自然哲学相区别的精神哲学。在精神哲学中，自在自为的理念首先通过对象化产生出主观精神，并由此进一步通过对象化产生与主观精神相区别的客观精神。在客观精神中，自在自为的理念首先通过对象化产生出抽象法，并由此进一步通过对象化产生与

---

① 《马克思恩格斯全集》第 3 卷，人民出版社，2002，第 58 页。
② 《马克思恩格斯全集》第 3 卷，人民出版社，2002，第 111 页。
③ 《马克思恩格斯全集》第 3 卷，人民出版社，2002，第 11 页。

抽象法相区别的道德，并最终与抽象法相统一于伦理之中。在伦理中，自在自为的理念同样通过对象化产生出前后相继和相互区别的家庭、市民社会、国家。"黑格尔以市民社会和政治国家的分离为前提，并把这种状况阐释为观念的必然环节、理性的绝对真理。"① 由此可见，黑格尔提出"国家决定社会"的前提就是市民社会和国家的分离，在"前提"的意义上看，市民社会与国家是相互分离的两个领域：市民社会是以私人利益为基础的经济领域，国家则是以伦理整体为特征的政治领域，也是"自由的现实化"的精神领域。从本质的意义上看，市民社会与国家是从不断现实化的自由的理性中分离出来的两个环节：市民社会只是在特殊性意义上表现出来的一个环节，而国家则在市民社会这一环节的基础上使"自由的现实化"成为实在。就此而言，市民社会与国家相分离的区别在于，市民社会是向国家过渡、实现扬弃的环节，而国家则是市民社会过渡、实现扬弃的绝对目的和独立力量。这种分离是黑格尔用理念的神秘主义方式解释"国家决定市民社会"的出发点。而马克思并不否认两者之间的分离，分离不仅是黑格尔提出"国家决定市民社会"的前提，也是马克思市民社会批判的前提。不妨说，马克思在伊壁鸠鲁哲学中看到的原子在直线下落过程中发生的偏斜，相当于在黑格尔法哲学中看到的市民社会从国家理念中产生的分离。马克思沿着这种国家与市民社会相分离的思路对黑格尔"国家决定市民社会"的观点进行分析和颠倒。

二　作为批判基础的对立

从马克思这段论述所指出的黑格尔表述问题思路的理论逻辑来看，在黑格尔法哲学的谜底中，对立是国家决定市民社会的第二阶段。对立，意指在分离的前提下，相互分离的二者之间所形成的否定关系，一者是另一者的反面。换句话说，所谓分离，是指从某一范畴、某一事物中脱离出来或解体出来的一种因素成为与原来的范畴、事物相对立的另一范畴或事物。分离的结果就是对立的产生，分离导致对立，相互分离的两者形成了相互对立的关系。

---

① 《马克思恩格斯全集》第 3 卷，人民出版社，2002，第 92 页。

这种对立也是黑格尔唯心辩证法的一种体现，是黑格尔提出"国家决定市民社会"的基础。对市民社会与国家的对立关系，马克思在《黑格尔法哲学批判》中指出："市民社会和政治国家的分离必然表现为政治市民即国家公民脱离市民社会，脱离自己固有的、真正的、经验的现实性，因为国家公民作为国家的理想主义者，是完全另外一种存在物，一种与他的现实性不同的、有差别的、相对立的存在物。"① 按照黑格尔的理解，市民社会与国家不仅是两个不同的领域，而且实质上是具有特殊性的私人利益领域与具有普遍性的伦理整体领域相互对立的领域。简言之，市民社会与国家之间的对立就是特殊利益与普遍利益的对立。

对于这种对立，马克思指出："黑格尔觉得市民社会和政治社会的分离是一种矛盾，这是他的著作中比较深刻的地方。"② 马克思沿着黑格尔法哲学的思路，不仅看到了两者之间的分离，而且在分离的基础上进一步看到了两者之间的对立，在黑格尔哲学的伦理世界中，国家与市民社会之间没有任何共同之处甚至于相互对立。一方面，作为利己主义的领域，市民社会是私人等级，市民社会的市民是"同普遍东西对立"的"固定不变的个人"，这种由利己主义的市民所构成的市民社会甚至可以定义为"一切人反对一切人的战争"③。另一方面，面对具有利己主义、私人等级性质的市民社会，作为"自在自为地存在着的普遍东西"的国家，由此形成了与其之外的"特殊的共同利益"之间的对立关系。也就是说，国家与市民社会的对立，实质上就是"自在自为地存在着的普遍东西"（国家）与"自在自为地存在着的普遍东西"之外的"共同的特殊利益"之间的对立。在这一对立关系中，国家在市民社会之外通过警察、法庭、行政机关之类的"全权代表"进入市民社会的内部，以"照管普遍的国家利益和法制"的方式固定国家与市民社会之间的对立关系。从利益的角度看，国家与市民社会之间的对立是："特殊领域的私有财产和利益反对国家的最高利益——私有财产和国家之间的对立。"④ 那么，马克思在分析这一对立的过程中，不仅

---

① 《马克思恩格斯全集》第 3 卷，人民出版社，2002，第 97 页。
② 《马克思恩格斯全集》第 3 卷，人民出版社，2002，第 94 页。
③ 《马克思恩格斯全集》第 3 卷，人民出版社，2002，第 54 页。
④ 《马克思恩格斯全集》第 3 卷，人民出版社，2002，第 63 页。

看到了国家与市民社会的分离和对立，更是看到了这种分离和对立中的利益关系，尤其是看到了对立中所蕴含的物质利益，从具有物质经济性质的财产出发来思考二者之间的对立关系。这种分析对马克思此后在唯物史观的形成发展中深入研究市民社会中的物质关系，并由此从市民社会出发解释国家的现实基础，具有促进作用。

马克思通过对立法权的分析，把国家与市民社会的对立关系具体化为"真正的对立面是君王和市民社会"①。马克思在法哲学批判中揭示出黑格尔的理念在国家制度中从立法权（普遍性的权力形式）到行政权（特殊性的权力形式），再到王权（最后的普遍性即整体性的权力形式）的颠倒的抽象逻辑，由此认清了国家理念的实质在于现代意义上的王权。按照黑格尔的理解，国家与市民社会之间的对立，是君王与市民之间的对立，是以合乎理性的国家制度为保障的王位世袭制与以个人私利为基础的相互依赖的制度之间的对立，是君主立宪制与财产私有制之间的对立，是内部国家制度与"外部的国家"之间的对立。从理念的逻辑而言，国家与市民社会的对立，是普遍性、整体性的实体与特殊性、片面性的现实之间的对立。然而，正是这种对立，能够让国家展示出具有"惊人的力量和深度"的绝对权力。"普遍物既不能没有特殊利益、知识和意志而发生效力并达至完成，人也不仅作为私人和为了本身目的而生活，因为人没有不同时对普遍物和为普遍物而希求，没有不自觉地为达成这一普遍物的目的而活动。现代国家的原则具有这样一种惊人的力量和深度，即它使主观性的原则完美起来，成为独立的个人特殊性的极端，而同时又使它回复到实体性的统一。"② 那么，对于国家与市民社会的分离和对立，按照黑格尔逻辑学的神秘主义的解释方式，理念将最终克服这种分离和对立，这种克服的具体表现就是国家借助"全权代表"进入市民社会的内部并按照普遍的国家利益和法制进行照管，其根本意义就在于实现"实体性的统一"，即在精神的伦理世界中的家庭、市民社会等各环节之间的最高的同一。这种"实体性的统一""最高的同一"正是黑格尔对"国家决定市民社会"的完整的逻辑

---

① 《马克思恩格斯全集》第 3 卷，人民出版社，2002，第 105 页。
② 〔德〕黑格尔：《法哲学原理》，范扬、张企泰译，商务印书馆，1961，第 296 页。

表达。

三 作为批判结论的颠倒

从马克思这段论述所指出的黑格尔表述问题思路的理论逻辑来看，在黑格尔法哲学的谜底中，同一是国家决定市民社会的第三步。所谓同一，就是从某一范畴、某一事物中脱离出来或划分出来的一种因素和原来的与其相对立的范畴、事物合而为一，相互对立的范畴达到了合乎理性的本质。同一表征着分离和对立的终结，更表征着分离和对立的两个范畴、事物实现了扬弃，因为两个范畴的分离和对立过程就是下降的过程，即区分出一种片面性、有限性的独立状态，两者通过扬弃就会从各自相对独立、下降的状态最终上升为本质意义上的整体。

（一）黑格尔"同一"的颠倒的结论

这种同一，同样是黑格尔唯心辩证法的一种体现，实质上是黑格尔"国家决定市民社会"的最高表达，是理念实现从市民社会过渡到国家的重要内在机制。虽然国家与市民社会属于两个不同领域的分离和对立，但是与市民社会相对立的国家能够在这种对立中发挥自己的作用。"'国家'被认为是与市民社会的本质相异的彼岸的东西，它通过自己的代表反对市民社会，从而确立自己的作用。"① 国家在此"确立自己的作用"实质上是国家对市民社会的决定作用。从黑格尔哲学的逻辑来看，对于作为自身对立面的市民社会，在"自由的现实化"的抽象逻辑中，国家不会停留在与市民社会相对立的状态，而是要"反对"市民社会作为与自身相异的彼岸，要扬弃这种相对立的状态。理念将把自身所区分出来的、作为下降环节的市民社会以上升的方式重新返回自身，即市民社会消融在国家的理念之中。这样一来，市民社会也就扬弃了自身的片面性。

然而从根本上说，市民社会的片面性说到底是以国家为前提的片面性，是以理念的实在性为基础的片面性。市民社会的片面性只是自在自为的理念为了证明自己的普遍性而分解出来的必要形式而已。"现实的观念之所以下降为家庭和市民社会的'有限性'，只是为了通过扬弃它们来享

---

① 《马克思恩格斯全集》第3卷，人民出版社，2002，第64页。

有自己的无限性和重新产生这种无限性。"① 在黑格尔的伦理世界中，市民社会只是理念意义上的实体性差别的内在区分，它以国家为前提而获得了理念的实在性的抽象环节，并在国家的"外在必然性"和"内在目的"的作用下向作为普遍物的国家转化。作为实在性的抽象环节，市民社会在国家的伦理理念中实现了两极对立的直接统一。从理念中分离出来并作为国家对立面的市民社会与国家，都是同名者意义上的范畴。这一切都是伦理精神自身显示出来的，同时也是伦理精神自身完成的。国家既是市民社会得以实现的出发点，同时也是市民社会得以实现的归宿点。这意味着，对伦理精神而言，它在提出市民社会问题时就已经包含了解决市民社会问题的答案，它在分离出市民社会时就已经预知了统一市民社会的结局，它在意识到市民社会与国家相对立时就已经规定了国家相对于市民社会的最高权利，以及了市民社会对于国家的最高义务。"理念在自己的这种分解中，赋予每个环节以独特的定在，它赋予特殊性以全面发展和伸张的权利，而赋予普遍性以证明自己既是特殊性的基础和必要形式、又是特殊性的控制力量和最后目的的权利。正是这种在两极分化中消失了的伦理制度，构成了理念的实在性的抽象环节。"② 市民社会从理念中分离出来的过程及其与国家对立的状态，只是相对而言的外部现象，其背后是作为整体的和内在的必然性在施展全力。可想而知，理念在背后对市民社会"施展全力"的意义无非在于"国家决定市民社会"，"自由的现实化"决定了国家必然根据理念自在自为的发展逻辑使作为"国家的有限性的领域"的市民社会重新返回自身，成为自为的现实。在这一意义上，"国家决定市民社会"就是国家奠定市民社会的根基、划定市民社会的领域、制定市民社会的目标、规定市民社会的历程。对此，根据马克思的理解，黑格尔提出"国家决定市民社会"的观点中具有"分离—对立—同一"的理论逻辑：市民社会从分离走向对立，再走向同一，并在同一中扬弃自身的分离和对立状态，在逻辑的同一历程中实现其背后的实体性自由。这种走向既是自为的，当然也是必然的。

---

① 《马克思恩格斯全集》第 3 卷，人民出版社，2002，第 12 页。
② 〔德〕黑格尔：《法哲学原理》，范扬、张企泰译，商务印书馆，1961，第 225 页。

这种从同一意义上对市民社会的抽象解释，不仅是黑格尔法哲学的必然逻辑，也是黑格尔对市民社会所蕴含的自由价值的积极维护。"现代国家的本质在于，现代国家是与市民社会相分离的抽象国家。现代国家所面临的特有难题在于，现代国家不能停留于这种对立，它必须进一步实现与市民社会的内在统一，否则市民社会将无法自我维系，法国大革命所开创的自由事业将彻底失败。"① 对黑格尔来说，尽管市民社会只是片面性的抽象环节，但是，一方面，市民社会是个人享有利己的自由、交往的自由的形式，个人能够在市民社会中追求私利和满足需要；另一方面，也是更重要的一面，市民社会本身就是以有限性的形式所展现的"自由的现实化"，市民社会的本质（理念）就是自由，市民社会的自由最终在作为普遍物的国家的理念中"发生效力并达至完成"。在这一意义上，黑格尔对市民社会的理解、对国家的理解以及对从"个人私利的战场"这一角度对市民社会的批判实质上是对自由的表达，也是资产阶级自由主义的一种哲学表达。当然，严格来说，这是对理念自由的逻辑学构建。

在马克思看来，为了促成这种同一，为了对"国家决定市民社会"作出合乎理性的解释，黑格尔针对两者的对立关系还提出了"中项"的推理，阐释了理性在实现同一过程中的中介作用。马克思指出："黑格尔总是把推理理解为中项，理解为一种混合物。可以说，在他关于理性推理的阐释中，表现了他的体系的全部超验性和神秘的二元论。中项是木质的铁，是普遍性和单一性之间的被掩盖了的对立。"② 也就是说，在黑格尔"国家决定市民社会"的"分离—对立—同一"的理论逻辑中，市民社会从分离和对立走向同一并在同一中经历能够克服分离和对立的中项，中项就是对立面的居间者。在黑格尔看来，相互对立的国家与市民社会之间是由各种等级构成的"中介机关"，这种"中介机关"分别忠于国家的利益和市民社会的利益，从而在两者的同一中发挥中介作用。这种中项被黑格尔视为最重要的逻辑真理之一，处于中项的两个对立面，市民可以通过各种等级服从国家，不至于走向孤立自身的极端，同时国家也可以通过各种

---

① 张双利：《再论马克思对黑格尔法哲学的批判》，《哲学研究》2016年第6期。
② 《马克思恩格斯全集》第3卷，人民出版社，2002，第105页。

等级对待市民，不至于走向实行暴政的极端。"各等级的真正意义就是：国家通过它们进入人民的主观意识，而人民也就开始参与国事。"① 在黑格尔看来，倘若失去这种中项，那么国家与市民社会之间的对立就是实体性的对立。这样一来，理念也就无从发挥"国家决定市民社会"的绝对权力，甚至会招致国家的灭亡。因此，对立面需要居间者。"各等级是中项，通过它，'国家的和政府的意愿和信念'同'特殊集团的和单个人的意愿和信念'就会达到一致并结合起来。这两种'对立设定的意愿和信念'的同一性——国家本来就应该包含在这种同一性中——在各等级中有了象征性的表现。"② 这也就意味着，由于各种等级的中介作用，国家与市民社会之间的对立只是"被降格为假象"的对立，国家与市民社会之间的对立关系实质上是具有中项的有机环节，并通过这一有机环节达到同一。从理念的本质上看，在黑格尔的逻辑学及其伦理世界中，市民社会本身也是一个中介，是理念降格之后又"为了返回自身，成为自为的"的抽象环节，市民社会在家庭与国家之间发挥了重要的中介作用，并把自身这一环节作为解释国家的逻辑真理的"材料"，国家最终与家庭、市民社会达到整体性的同一。而且，在这种同一的过程中，作为理念的国家合乎理性地化身为君主，被中项发挥了中介作用的对立关系也就是市民社会与王权之间的关系，国家与市民社会之间的同一实际上是王权与市民社会的同一。这样一来，黑格尔就克服了君主与市民、王权与市民社会之间的对立，从而在形而上学的意义上为现代的君主制即君主立宪制作出了合乎理性的辩护。这种同一的逻辑充分展现了黑格尔法哲学的逻辑真理。"最重要的逻辑真理之一，就是作为对立面而处于极端地位的特定环节，由于它同时又是居间者，因而就不再是对立面，而是一种有机的环节。"③ 根据这一理解，黑格尔表述"国家决定市民社会"问题的思路"分离—对立—同一"可以更加具体地表述为"分离—对立—（中项）—同一"。"国家决定市民社会"可以表述为"国家同一于市民社会"，因为国家与市民社会在本质上是同一的（理念的本质），同时理念以

① 〔德〕黑格尔：《法哲学原理》，范扬、张企泰译，商务印书馆，1961，第364页。
② 《马克思恩格斯全集》第3卷，人民出版社，2002，第84~85页。
③ 〔德〕黑格尔：《法哲学原理》，范扬、张企泰译，商务印书馆，1961，第365页。

国家的实体形态、国家以理念的实体自由对市民社会施展同一的力量。从马克思的批判立场来看，黑格尔由此完成了对国家与市民社会之间关系的颠倒的解释，从理念的逻辑层面展示了"国家决定市民社会"这一颠倒的进程。

（二）马克思对"同一"的结论的颠倒

黑格尔一方面将国家与市民社会相分离、使国家与市民社会相对立，但另一方面则用"等级要素"作为"中项""中介"来克服二者在分离中产生的对立，为最终达到"国家决定市民社会"建立抽象逻辑。所谓"中项""中介"，只是服务于"同一"的逻辑范畴而已，而这实际上是通过与市民社会相同一的国家对"活的善"的伦理的真理性所作的一种论证，对自在自为的理念的绝对性所作的一种表现。对马克思来说，对法哲学的批判以及对市民社会的批判，恰恰就是要反思、反对黑格尔所论证和表现的这一切。这种反思和反对的重要任务之一就是把黑格尔颠倒的解释、颠倒的进程重新颠倒过来。因此，马克思要对黑格尔"国家决定市民社会"的观点进行颠倒，就必须对"中项"尤其是其所服务的"同一"进行批判，通过对"同一"的抽象逻辑的批判来否定国家对市民社会的决定作用。而且，马克思对黑格尔"中项""中介"及其所服务的"同一"的批判，恰恰就是要把国家和市民社会之间的对立充分暴露出来，揭示出国家与市民社会相分离、相对立的关系。这一批判不仅是马克思对理念的反思，也是马克思对现实的反映。"黑格尔的出发点是作为两个固定的对立面、两个真正有区别的领域的'市民社会'和'政治国家'的分离。当然，在现代国家中这种分离实际上是存在的。"① 在国家与市民社会的关系问题上，马克思不仅在哲学理论层面上从颠倒的视角和思路出发分析"国家决定市民社会"的观念，而且在这一基础上，在现存世界层面上逐渐从颠倒的方法和理论出发解释国家与市民社会的关系。

从哲学批判的层面上看，马克思先循着黑格尔表述"国家决定市民社会"问题的"分离—对立—同一"的逻辑思路进行分析，并相应地展现出"分离—对立—颠倒"的批判理路，其中关键的内容在于对"同一"的批

---

① 《马克思恩格斯全集》第 3 卷，人民出版社，2002，第 90~91 页。

判，尤其是借助费尔巴哈主宾颠倒的方法，把黑格尔的国家与市民社会的"同一"瓦解为市民社会是国家的基础。马克思对"国家决定市民社会"进行颠倒的论述，展现了从市民社会与国家相分离，到市民社会与国家相对立，再到"市民社会决定国家"的批判理路。

第一，分离是马克思"颠倒关系"的前提。黑格尔把国家视为家庭和市民社会的本质，家庭和市民社会则是与国家相分离的有限的抽象环节。因此理念的绝对性以及家庭和市民社会的有限性决定了家庭和市民社会最后将返回国家的精神概念中并实现分离的统一。马克思认为，分离是黑格尔法哲学中比较深刻的地方，马克思同样是从相互分离的维度看待国家与市民社会之间的关系，同样认为市民社会与国家是相互独立的两个不同领域。当然，马克思并不像黑格尔那样只是满足于解释二者之间相分离的表面现象，他更是要揭示出黑格尔的错误——满足于解决这种表面现象的问题并把表面现象的问题当作本质的问题。也就是说，黑格尔在这种表面现象上所做的分离只是在理念的、逻辑的、精神的范畴中将市民社会与国家相分离；而马克思真正要做的是把市民社会从观念的、精神的国家中分离出来，从"外在必然性"和"内在目的性"中分离、独立出来，类似于伊壁鸠鲁的原子从机械必然性的直接下落方向中偏离出来那样。马克思把批判的视野从逻辑学的精神表现转向现代社会的实际表现，从理念意义上的市民社会转向现实意义上的市民社会。马克思指出："这种设想并没有把市民生活和政治生活彼此分离开来；它只不过是关于实际存在的分离的设想。这种设想并没有把政治生活悬在空中，而是政治生活就是空中的生活，是市民社会的超越尘世的领域。"① 这意味着，在法哲学批判中，市民社会批判的重要内容是，不仅要使市民社会成为不同于国家的另一范畴和领域，更要使市民社会成为脱离国家理念的现实问题，把对法哲学的批判转向对苦难尘世的批判。在马克思的批判视域中，分离并非简单地表征着两个相对独立的领域，分离绝不是对等的、平衡的、无差别、同质的二重化，而是一种相互对立的分离状态。

第二，对立是马克思"颠倒关系"的推进。在颠倒的批判中，马克思

---

① 《马克思恩格斯全集》第3卷，人民出版社，2002，第99页。

不仅从黑格尔法哲学中比较深刻的地方看到了国家与市民社会之间的分离，而且看到了国家与市民社会之间的对立。分离中的对立，是颠倒关系的基础。反过来说，如果相互分离的二者之间并非对立，而是无差异的、对等的、同质的、调和的关系，那也就没有加以颠倒的意义，即便颠倒过来也还是其本身。正是这种分离中的对立，才会有某一者相对于另一者的不平衡关系，才能够形成某一者对另一者的决定关系。正是这种分离中的对立，使得对相互分离的二者进行颠倒具有必要性和现实性。简言之，正是因为市民社会与国家是相对立的两个领域，而不是相互对等的、同质的、调和的领域，才能够形成市民社会对国家或国家对市民社会的决定关系。马克思不仅看到了市民社会与国家之间在相互分离中的对立性，而且特别强调这种对立性，并根据这种对立性重新审视国家与市民社会之间的关系，重新反思黑格尔"国家决定市民社会"的观点。对黑格尔而言，在相互对立的关系中，国家表征着以普遍利益为实质的无限性的观念，而市民社会则是以私人利益为基础的有限性的"材料"。因此，这样一种对立就意味着国家是高于市民社会的实体性因素，意味着国家决定市民社会的历程，只有国家才能扬弃市民社会的有限性。按照理念的逻辑，两者之间的对立关系必然会推导出"国家决定市民社会"的结论，相互分离和对立的国家与市民社会（同时也包括家庭）最终要在国家的精神中达到"同一"。"它们是由现实的观念产生的。把它们结合成国家的不是它们自己的生存过程，而是观念的生存过程，是观念使它们从它自身中分离出来。"①因此，同一表征着与国家相对立的市民社会（连同家庭）合乎理性地结合成国家的过程。

第三，同一是马克思进行颠倒的核心对象。在黑格尔的伦理世界中，理念通过"分离""对立"并最终以同一的方式表述"国家决定市民社会"的真理。而对马克思而言，国家与市民社会固然是相互分离和对立的，但是二者的分离和对立并不意味着二者将要达到同一。国家与市民社会之间的对立关系并不意味着可以由此推导出"国家决定市民社会"的抽象结论。在这一问题上，马克思把对黑格尔的"分离"和"对立"的分析

---

① 《马克思恩格斯全集》第 3 卷，人民出版社，2002，第 11 页。

深化到对"同一"的批判，反对把市民社会（和家庭）结合成国家的抽象逻辑，实际上是以批判"同一"的立场来反对黑格尔"国家决定市民社会"的观点。在此，马克思在揭示黑格尔"分离—对立—同一"的逻辑思路的基础上展现出"分离—对立—颠倒"的批判理路。马克思对"同一"的批判就是表达"颠倒"的立场，颠倒就是对黑格尔的观念中的国家对市民社会的同一性意义的否定和瓦解，即"市民社会决定国家"而不是"国家决定市民社会"。"政治国家没有家庭的自然基础和市民社会的人为基础就不可能存在。它们对国家来说是必要条件。但是，制约者被设定为受制约者，规定者被设定为被规定者，生产者被设定为其产品的产品。"① 马克思在此把黑格尔颠倒的表述颠倒过来，将"国家决定市民社会"的关系颠倒为"市民社会决定国家"的关系。从哲学批判的维度上，他不仅为市民社会确立了与国家相分离和相对立的意义，而且通过这种颠倒使市民社会转变到基础性的位置上。

第四，中项是马克思进行颠倒的重要对象。在这一颠倒的批判过程中，马克思清楚地认识到黑格尔的理念从分离到对立再到同一的抽象逻辑，尤其是从对立到同一的过程，"企图用中介来调和它们"②，对国家与市民社会的同一发挥了重要的中介作用。如上所述，黑格尔表述国家决定市民社会问题的思路"分离—对立—同一"可以更加具体地表述为"分离—对立—（中项）—同一"，这种"中项"分别忠实于国家的利益和市民社会的利益，调和国家与市民社会之间的对立，并通过发挥中介作用促进国家与市民社会的同一。"中项"是黑格尔提出"国家决定市民社会"的重要范畴和支撑。这就意味着，要批判黑格尔的"同一"、颠倒黑格尔的结论，也必须批判这种"中项"，去除这种"中项"。这样一来，"国家决定市民社会"的"同一"性就失去了"两极相通"的中介，从而为颠倒"国家决定市民社会"打开了重要的突破口。

在马克思看来，从根本上说，黑格尔在国家与市民社会的同一过程中所建立的"中项"及其中介作用仅仅是合乎理性的逻辑而已。"黑格尔把

---

① 《马克思恩格斯全集》第 3 卷，人民出版社，2002，第 12 页。
② 《马克思恩格斯全集》第 3 卷，人民出版社，2002，第 112 页。

中介作用的这种荒谬性归结为它的抽象逻辑的因而也可谓非虚构的、别无异议的表现，同时还把这种中介作用说成是逻辑的思辨奥秘，是合乎理性的关系，是理性推理。真正的极端之所以不能互为中介，就因为它们是真正的极端。但是，它们也不需要任何中介，因为它们具有互相对立的本质。"① 从理论逻辑上看，一方面，这种"中项"只是理性推理当中的一种"驴桥"，况且相互对立的二者之对立性源自自身具有的本质，而非因"中项"才产生对立性。马克思在此实际上是通过否定"中项"来瓦解"同一"，从而强化市民社会与国家之间的对立性。另一方面，在马克思看来，黑格尔虽然把各等级视为国家（以及王权）与市民社会这两个极端之间的中介，但是又出于市民社会在"立法权"中没有地位的原因，而把王权作为各等级与政府之间的中介，以此调和国家与市民社会之间的对立。作为一个极端、内在目的的国家，既需要作为"中项"的各等级为自己搭建与市民社会相通的"驴桥"，同时自己又充当与市民社会之间的中介。马克思认为，这种理解显然暴露出了一种荒谬。再一方面，从两极与"中项"的关系来看，"中项"实际上也可以构成与任一级之间的对立关系，"中项"也可以成为具有对立性的一极。"最初被规定为两个极端之间的中项的东西，现在本身成为一个极端，而两个极端中以这个中项为中介而同另一个极端相联系的那个极端，现在（正是因为不同于另一极端）又成了自己的对立极端和这个中项之间的极端。"② 那么，这种"中项"的出现不仅没有调和国家与市民社会之间的对立，反而从新的极端的意义上加剧了国家与市民社会之间的对立，即国家与各等级之间的对立、市民社会与各等级之间的对立，由此类推。为了调和上述两种对立，则又要加入新的中项，那么更是增加了对立中的对立。由此可见，黑格尔的"中项"并不足以调和国家与市民社会之间的矛盾，这也就意味着所谓"中项"并不能促成国家与市民社会的"同一"，"国家决定市民社会"的抽象结论也就无从成立。这样一来，马克思对中项的批判，在颠倒"国家决定市民社会"的过程中发挥了重要作用："同一"失去了"中项"的中介和调和作用，作为无限的现实的国家精神就

---

① 《马克思恩格斯全集》第 3 卷，人民出版社，2002，第 110 页。
② 《马克思恩格斯全集》第 3 卷，人民出版社，2002，第 109~110 页。

被瓦解了，国家与市民社会就会重新回到分离和对立的状态，凸显出市民社会与国家之间作为两个不同领域的对立性，这就为重新颠倒国家与市民社会之间的关系确立了重要基础。这种对二者之间对立性的凸显贯穿《黑格尔法哲学批判》的基本论述中。正是在这一基础上，不同于黑格尔表述的从分离、对立过渡到同一的抽象逻辑，马克思所表述的是从分离、对立落实到颠倒的批判理路，用颠倒的批判方式代替了同一的解释方式，充分发挥主宾颠倒的方法对黑格尔"国家决定市民社会"的观点重新进行颠倒。

马克思指出，在黑格尔的伦理世界中，理念是主体和前提，而包括市民社会在内的各种内在差别是谓语和产物，市民社会就是理念以及国家这一机体所规定和产生的一种差别，这就是黑格尔对国家与市民社会关系所作的一种颠倒主宾的解释。"观念反而成了主体；各种差别及各种差别的现实性被设定为观念的发展，观念的产物。"① 与之相反，马克思则提出作为主体的理念实际上产生于现实的差别，他把市民社会视为主体和前提，而把国家视为谓语和产物，应该从市民社会出发推导出国家，应该用市民社会来解释国家，而不是用国家来解释市民社会，也就是说，不是国家产生了市民社会，而是市民社会产生了国家。"国家是从作为家庭的成员和市民社会的成员而存在的这种群体中产生的。"② 在此，马克思在揭露黑格尔"国家决定市民社会"理念本质的基础上提出了"市民社会决定国家"的观点，通过这一颠倒集中展现了《黑格尔法哲学批判》中市民社会批判的关键问题和核心内容，通过"分离—对立—颠倒"的批判理路解决了市民社会批判的核心问题。

第五，从《黑格尔法哲学批判》的整体思路来看，马克思对国家与市民社会关系的颠倒是与分析和批判黑格尔哲学同步推进的论述。正是在这种同步推进的论述中，马克思既批判黑格尔哲学又批判性地发挥黑格尔的哲学要素。马克思这种"颠倒关系"的思路和方法本质上充分发挥了辩证法的否定性精神，扬弃了黑格尔以神秘主义方式对国家与市民社会关系所作的颠倒的解释，展现出对颠倒的颠倒——对颠倒的理论进行颠倒的批判

① 《马克思恩格斯全集》第3卷，人民出版社，2002，第15页。
② 《马克思恩格斯全集》第3卷，人民出版社，2002，第12页。

方式，形成了"分离—对立—颠倒"的批判理路，这实际上是对辩证法的一种运用，而且在这种运用中，马克思不断脱离黑格尔辩证法之唯心主义的地基。在这一意义上，马克思不仅以"市民社会决定国家"的理论方式否定和扬弃了黑格尔"国家决定市民社会"，而且更重要的在于，以面向现存关系的实际理解方式否定和扬弃了黑格尔对现存关系的神秘主义解释。也就是说，马克思不仅看到了黑格尔哲学伦理世界中的市民社会与国家之间的对立（抽象的矛盾），更是意识到了现存世界中的市民社会与国家之间的对立（现实的矛盾）。在这一问题上，马克思否定了教条主义的做法："庸俗的批判陷入了相反的教条主义的错误。例如，它批判宪法。它注意各种权力的相互对立，等等。它到处发现矛盾。它甚至还是那种同自己的对象作斗争的教条主义批判，就像过去人们用'一'和'三'之间的矛盾来反驳神圣三位一体的教条一样。"① 倘若用教条主义的方式来解释市民社会与国家之间的关系，那么就只能从抽象的逻辑上看到二者之间的对立。对此，马克思提出相反的看法："对现代国家制度的真正哲学的批判，不仅揭露这种制度中存在着的矛盾，而且解释这些矛盾，了解这些矛盾的形成过程和这些矛盾的必然性。这种批判从这些矛盾的本来意义上来把握矛盾。"② 通过对黑格尔"国家决定市民社会"的颠倒，马克思对国家与市民社会之间的关系作出了相反的解释，并由此进一步揭露市民社会与国家之间必然存在的矛盾关系。

第六，马克思在《黑格尔法哲学批判》中实现了对黑格尔"国家决定市民社会"的颠倒，并从这一颠倒中充分表达了对黑格尔法哲学及其所依据的逻辑学的批判，揭示了理性化的神学对市民社会所作的抽象解释，也由此促使自身的批判转向市民社会的现实基础。但是，《黑格尔法哲学批判》作为马克思"在批判旧世界中发现新世界"过程中的早期思想发展阶段，马克思在对黑格尔哲学的批判中尚未完全摆脱黑格尔哲学的范畴，至少有两个较为明显的问题有待后续的反思和解答。

对于第一个问题，如前所述，马克思针对黑格尔"分离—对立—同

---

① 《马克思恩格斯全集》第 3 卷，人民出版社，2002，第 114 页。
② 《马克思恩格斯全集》第 3 卷，人民出版社，2002，第 114 页。

一"的表述思路提出了"分离—对立—颠倒"的批判理路，马克思循着黑格尔市民社会与国家相对立的思路并最终用"颠倒"代替了黑格尔的"同一"。据此，黑格尔最终是通过"同一"的范畴来解决国家与市民社会之间的关系问题，以同一的方式（同时也借助了中项的作用）扬弃了国家与市民社会之间的对立状况。在"同一"的必然逻辑下，国家与市民社会之间的对立性最终过渡成为伦理的整体性。当然，这一问题的解决本来就包含在问题的提出当中，问题的提出和问题的解决实质上是理念"它把自身分为……以便……""为了返回自身，成为自为的"这一逻辑进程。① 这就是黑格尔解决国家与市民社会之间对立关系问题的"逻辑的、泛神论的神秘主义"的语言表达方式。相对于黑格尔而言，马克思以"颠倒"的方式解释了黑格尔以"同一"的方式所解决的问题，通过批判中项的方式凸显出具有同一性的国家与市民社会之间的对立性。从对立性的维度出发，他把处于同一范畴中的国家与市民社会分离出来，并进一步把市民社会解释为国家产生的前提和基础，即"市民社会决定国家"。也就是说，在马克思的批判视野中，市民社会是一个与国家相对立的、代表特殊利益的领域，而如何解决市民社会与国家之间的对立问题，马克思在此尚未作出解答，他只是反对黑格尔以同一的范畴来抽象地消融二者的对立关系。在此，马克思市民社会批判的直接结果就是通过凸显国家与市民社会之间的对立性确立市民社会之于国家的前提性地位，颠倒黑格尔对市民社会的抽象定位。然而相对于黑格尔以同一的方式解决二者的对立问题，马克思只是以"国家决定市民社会"的方式解释了二者的对立问题。这一问题其实正是马克思这一时期"为了解决使我苦恼的疑问"的一种表现，马克思虽然不认同黑格尔同一性的解释方式，但也没有提出自己解决问题的途径。当然，马克思在实现世界观的变革后，用唯物史观解决了这一令人苦恼的问题——从最高意义上说，就是以革命的方式解决国家与市民社会之间的对立问题。也就是说，实现资产阶级社会向共产主义社会的革命转变是解决这一问题的根本方式。用马克思在《哥达纲领批判》中的话来说就是："不同的文明国度中的不同的国家，不管它们的形式如何纷繁，却有一个

---

① 《马克思恩格斯全集》第 3 卷，人民出版社，2002，第 10 页。

共同点：它们都建立在现代资产阶级社会的基础上，只是这种社会的资本主义发展程度不同罢了。所以，它们具有某些根本的共同特征。在这个意义上可以谈'现代国家制度'，而未来就不同了，到那时'现代国家制度'现在的根基即资产阶级社会已经消亡了。"① 在这一意义上，马克思以二者"消亡"的方式解决了黑格尔以二者"同一"的范畴所解决的对立问题，甚至根本不需要用"国家"与"市民社会"这两个范畴来表述二者之间的问题。那是因为在共产主义社会，国家已成为消亡了的历史，而且这也就意味着决定其存在的基础——市民社会本身发生了变革。从马克思后续的政治经济学批判的意义上说，就是资产阶级生产所关心的变革必然导致国家的变革及其最终的消亡。在《黑格尔法哲学批判》之后尤其是在唯物史观形成和政治经济学批判的意义上，马克思对黑格尔"国家决定市民社会"的颠倒最终转变为对新的生产力与新的生产关系的统一的理解，以这种现实意义上的统一代替了黑格尔理念意义上的同一，以新的生产力与新的生产关系相统一的共产主义社会的解释方式从理论上解决了国家与市民社会之间的对立问题。

对于第二个问题，从《黑格尔法哲学批判》的整体思路和论述来看，马克思深入地批判了黑格尔的国家观和市民社会观，并借助多种哲学要素尤其是费尔巴哈的主宾颠倒方式和黑格尔的否定辩证法，把理念意义上的"国家决定市民社会"的结论颠倒为"市民社会决定国家"，从法哲学批判的意义上展现了市民社会批判的基本思想，马克思由此在"为了解决使我苦恼的疑问"的新世界观形成道路上迈出了重要一步。但同时在这一步中，马克思仍然未能完全解决苦恼的疑问。简言之，马克思在对黑格尔法哲学的批判性分析中包含了对黑格尔法哲学的批判性运用，从而在市民社会与国家关系的问题上遗留了一个有待此后继续深入批判性分析的疑问。这里所指的第二个问题，就是马克思通过颠倒提出的"市民社会决定国家"的观点，很明显，他此时并非从政治经济学的维度上对国家与市民社会的颠倒关系进行颠倒，而是从法哲学的维度上对颠倒的关系进行颠倒。

综观整个《黑格尔法哲学批判》，马克思对"市民社会决定国家"的

---

① 《马克思恩格斯选集》第3卷，人民出版社，1995，第313~314页。

论证是一种哲学上的批判性分析。严格来说，就是"沿着"黑格尔法哲学中"国家决定市民社会"的抽象逻辑进行分析，并同时针锋相对地进行批驳，从而作出与之相反的"市民社会决定国家"的哲学论证。不难看出，马克思在《黑格尔法哲学批判》中并没有对市民社会的物质现实状况作出较多的描述，几乎没有从现实的物质关系上对市民社会进行剖析，而主要是从与国家相对应和相对立的意义上对市民社会进行理解和分析。对于此时的马克思而言，市民社会主要是一个与国家相对立的、个人以追求私利为目的的领域，而且这里对市民社会的论述也主要是运用了黑格尔的哲学范畴及其语言表达方式，用黑格尔提出的国家和市民社会的哲学范畴对黑格尔的抽象逻辑进行批判和颠倒，颇有以其人之道还治其人之身的意味。简言之，马克思在法哲学批判中所运用的市民社会主要是一个哲学范畴，是在对黑格尔法哲学的理论框架的分析、与黑格尔法哲学的理论话语的对话中所运用的哲学范畴，马克思此时的市民社会批判主要是一种哲学批判，更深入地说，主要表现为意识形态批判，即对基于观念解释现实的头足倒置的思维方式和理论逻辑所做的颠倒性批判，而市民社会与国家的关系只是头足倒置的意识形态所颠倒的一种具体问题而已。这意味着，马克思在《黑格尔法哲学批判》中对颠倒的颠倒主要是在法哲学意义上对哲学范畴所作的一种批判性颠倒，把黑格尔论述的一个哲学范畴（国家）决定另一个哲学范畴（市民社会）进行了颠倒，并提出与之相反的"市民社会决定国家"的观点。马克思尚未从现实意义上回答市民社会如何决定国家的问题，尚未阐明市民社会何以成为国家的现实基础，并且尚未从物质的、经济的矛盾运动的角度来解释"市民社会决定国家"的结论，更多的是用具有现实意义的市民社会来展现在摆脱黑格尔影响过程中的历史唯物主义的初始话语。那么，这种哲学范畴上的颠倒促使马克思不断解决使其苦恼的疑问，尤其是揭示和批判黑格尔"国家决定市民社会"背后的以理念为实质的神秘主义和唯心主义，使马克思从黑格尔唯心主义哲学的影响中不断摆脱出来，更加深入地关注作为抽象国家之彼岸世界的市民社会——抽象思维所反映的现实的人的世界。正如马克思在《〈黑格尔法哲学批判〉导言》中所说："对这种哲学的批判既是对现代国家和对同它相联系的现实所作的批判性分析，又是对迄今为止的德国政治意识和法意识的整个形式的坚决否定，而这种意识的最主要、最普遍、上升为科学的表现正是思辨的法哲学本身。如果思辨的法哲学，这种关于现代国家——它的现实仍然是彼岸世界，虽然这个彼岸世界也只在莱茵河彼岸——的抽象而不切实际的思维，只是在德国才有可能产生，那么反过来说，德国人那种置现实的人于不顾的关于现代国家的思想形象之所以可能产生，也只是因为现代国家本身置现实的人于不顾，或者只凭虚构的方式满足整个的人。"①

也正是由于对颠倒的颠倒以及由此对市民社会的关注，马克思才能够不断地从对市民社会的哲学批判切换到对市民社会的现实剖析，不断地把批判的焦点从哲学中的市民社会转换到现实中的市民社会。而且马克思此时虽然是在哲学上运用市民社会的范畴，但是也注意到了市民社会中具有物质意义的财产、劳动等。马克思在《黑格尔法哲学批判》中指出："丧失财产的人们和直接劳动的即具体劳动的等级，与其说是市民社会中的一个等级，还不如说是市民社会各集团赖以安身和活动的基础。"② 马克思在对颠倒的颠倒中已经初步转向而且也将必然转向另一种意义上的市民社会批判。也就是说，马克思在这里局限于哲学范畴的"颠倒关系"隐含了一个重要的跨越：将黑格尔"国家决定市民社会"的关系头足倒置之后，一方面发挥辩证法的否定精神，并运用颠倒的批判方式和思路；另一方面通过这种颠倒把市民社会置于决定性的地位进行哲学思考，为后续的哲学批判建立重要的现实立足点，至少与黑格尔理念式的神秘主义解释方式相分离、相对立，从而以市民社会的维度为新的解释方式——政治经济学批判打开空间。这就是后来马克思在《〈政治经济学批判〉序言》中所说的那样："法的关系正像国家的形式一样，既不能从它们本身来理解，也不能从所谓人类精神的一般发展来理解，相反，它们根源于物质的生活关系，这种物质的生活关系的总和，黑格尔按照 18 世纪的英国人和法国人的先例，概括为'市民社会'，而对市民社会的解剖应该到政治经济学中去寻求。"③ 对市民社会的政治经济学解剖实际上展现了马克思在唯物史观形成过程中推进法哲学批判时期所采用的颠倒的批判方式。

---

① 《马克思恩格斯选集》第 1 卷，人民出版社，1995，第 8~9 页。
② 《马克思恩格斯全集》第 3 卷，人民出版社，2002，第 100~101 页。
③ 《马克思恩格斯选集》第 2 卷，人民出版社，1995，第 32 页。

| 第四章 |

颠倒的推进：马克思市民社会批判的发展进路

从马克思早期思想发展来看，《黑格尔法哲学批判》是马克思颠倒的批判视角和运用颠倒的批判方式的一次集中体现，马克思以法哲学批判的方式充分展现了市民社会批判的内在逻辑——颠倒，这种颠倒在法哲学批判中实际上是对颠倒的颠倒，集中于对黑格尔哲学中颠倒的伦理世界的批判，将伦理世界中国家与市民社会的颠倒关系重新颠倒过来，更是在这一颠倒中对造成国家与市民社会关系颠倒的理念世界进行批判，揭示出黑格尔基于理念对"国家决定市民社会"的神秘主义解释。马克思此时的颠倒实质上是对唯心史观的批判，同时也是解决使自己苦恼的疑问、清算自己从前的哲学信仰的批判，是不断解剖自己重新颠倒过来的市民社会的批判。"马克思越是决定自己与黑格尔的市民社会概念有联系，就越想用政治经济学批判来否定黑格尔对市民社会与国家的区分，尤其是否定黑格尔国家中蕴含的唯心史观。马克思明显转换了黑格尔的市民社会概念。"① 马克思正是在对颠倒的颠倒中促进了新世界观的形成发展，并在新世界观的指导下深化了市民社会批判——从借用黑格尔哲学的市民社会概念所作的那种市民社会批判转变为基于新唯物主义的生产关系所作的政治经济学批判。

---

① Z. A. Pelczynski, *The State & Civil Society: Studies in Hegel's Political Philosophy* (Cambridge: Cambridge University Press, 1984), pp. 274-275.

在这一转变过程中，马克思继续对具有颠倒特征的问题作出思考和回应，在不断形成的唯物史观的指导下推进了在《黑格尔法哲学批判》中所运用的颠倒的批判方式。也就是说，"颠倒"不仅仅是马克思法哲学批判时期的一种重要视角和重要方式，而且是法哲学批判之后继续批判旧世界的重要视角和重要方式，颠倒是马克思批判唯心史观、创建唯物史观，以及改变现存世界、实现人类解放的一条重要线索和逻辑。况且，唯物史观的形成发展本身就是对唯心史观的一次革命性颠倒，与唯心史观相反，唯物史观不是从抽象的理念来解释现存的世界，也不是用虚幻的观念来解释现实的个人，而是从现存的世界来解释理念的基础，是从现实的个人来解释观念的存在。更重要的是，马克思在法哲学批判之后的"颠倒"已不再是批判黑格尔法哲学的"国家决定市民社会"的那种颠倒，不再是简单地对国家与市民社会之间关系进行哲学范畴的颠倒，不再是从哲学层面上对颠倒的哲学结论进行颠倒，而是超出了法哲学批判的范畴、超出了哲学批判的视野，更加深入地考察被黑格尔法哲学所消融的市民社会的现实，当然也包括对与黑格尔哲学密切相关的或与黑格尔哲学颇为相似的意识形态的批判。而且马克思此后对颠倒问题的颠倒也不只是用"颠倒"一词进行表述，不只是直接表达"颠倒"的话语方式，还拓展为具有颠倒逻辑的批判话语，内在于对意识形态问题、异化劳动问题、资本运动问题的批判性分析。马克思在对颠倒进行颠倒的基础上达到了对颠倒的推进，把对颠倒的批判推进到对颠倒的意识形态的批判、对颠倒的异化劳动的批判、对颠倒的资本运动的批判，从而展现出对观念意义上颠倒的世界及其现实基础——物质生活关系意义上的市民社会的批判，马克思摆脱了黑格尔带来的苦恼疑问，颠倒了黑格尔哲学的抽象逻辑，并由此把市民社会批判转向政治经济学批判。"马克思对自由主义的黑格尔主义进行了修正，将其内容和主体颠倒了。马克思用人类社会劳动替换了黑格尔的思辨内容和主体，并且他还对否定辩证法进行了重新定位，将其中的精神置换为政治经济条件。"① 马克思在颠倒黑格尔"国家决定市民社会"的基础上不断深

① 〔美〕诺曼·莱文：《马克思与黑格尔的对话》，周阳等译，中国人民大学出版社，2016，第265页。

入对现实存在的市民社会中现实的个人及其实践活动的研究，深入对以资产阶级私有制为基础的生产关系的研究，由此对产生抽象观念的现实基础、对改变现存世界的真实条件、对实现人类解放的未来进路作出了科学的解释，在唯物史观的革命立场上坚持科学地解释世界与实践地改变世界的统一。在这一意义上，马克思最重要的"颠倒"是革命——对颠倒的抽象观念所歪曲反映的、赖以产生的颠倒的现存世界的变革。

第一节　对颠倒的意识形态的批判

从《黑格尔法哲学批判》来看，对马克思而言，"国家决定市民社会"这一观点实质上是一种神秘主义的理念、观念得出的结论，这一观点背后的神秘主义犹如一种虚幻地反映现实世界的幻想。"由这种幻想所翻译成的理论意味着一种把历史视为神灵与魔鬼的战场或相互对立的原理的观点，又或者把历史视为观念的天意般的进化。在这一意义上，意识形态家看到的是意外结果的重要性，它们强调道德观念的意外效应，正如黑格尔的'理性的狡计'。"[1] 在黑格尔哲学中，"国家决定市民社会"所潜藏的深层逻辑是理念解释现实，现实的存在源自观念的力量，一切现实的事物只是理念自为的一种片面性，并最终在理念自为的逻辑中实现自己的真实性，现实的世界犹如一种天意，是观念进化的结果。黑格尔哲学由此颠倒了观念与现实的关系，而"国家决定市民社会"只是这种颠倒关系的集大成之作而已。黑格尔哲学是一种以颠倒的方式解释世界的意识形态。"马克思所用的'颠倒'意味着，意识形态的理论假设：观念和意识决定存在，而不是相反。"[2] 意识形态之所以是一种幻想，就在于其具有颠倒的特征，从观念出发解释现实的世界从而构造出一个颠倒的世界、观念的世界，用马克思在《德意志意识形态》中的话来说就是"从天国降到人间"。这就意味着，意识形态是一种颠倒的理论。在马克思的批判视域中，意识

① John Torrance, *Karl Marx's Theory of Ldeas* (Cambridge：Cambridge University Press，2008)，p. 204.

② John Torrance, *Karl Marx's Theory of Ldeas* (Cambridge：Cambridge University Press，2008)，p. 201.

形态有着特殊的含义，是一种虚假的、虚幻的观念，而意识形态之所以是一种虚假的、虚幻的以及从思想上支配人的观念，其重要原因在于意识形态具有颠倒的特征。所谓颠倒，就是意识形态是以头足倒置的方式解释观念与现实之间的关系，把抽象的观念视为现实的事物的依据，把现实的事物视为抽象的观念的产物，意识形态对人的理解同样如此，把人界定为观念中的抽象的人，而不是把观念视为现实的人的头脑中的反映，倘若用马克思在《德意志意识形态》中的话语逻辑来表达的话就是：对颠倒的意识形态而言，不是生活决定意识，而是意识决定生活。"在这种情况下，从人的概念、想象中的人、人的本质、一般人中能引伸出人们的一切关系，也就很自然了。思辨哲学就是这样做的。"① 对马克思而言，这样一种意识形态诸如黑格尔哲学以及青年黑格尔派的哲学思想其实就是思辨哲学，尤其是从法哲学批判时期到《共产党宣言》发表，马克思对颠倒的意识形态的批判的首要内容和主要任务就是批判思辨哲学。而且，在马克思看来，正是由于对观念与现实关系的颠倒，意识形态能够把抽象的观念及其产物描绘成合乎理性的、具有普遍意义的过程，亦即以抽象的观念对现实进行虚假的、虚幻的描述，从而遮蔽乃至美化现存世界的冲突和现实的人的困境，尤其是能够成为占统治地位的阶级用作阶级统治的且越来越抽象的思想。因此，在马克思早期思想发展中，尤其是从《黑格尔法哲学批判》到《共产党宣言》这一时期，对意识形态的批判是马克思建立颠倒的视角、对颠倒进行推进的重要体现，也是不断形成的唯物史观对唯心史观进行颠倒的重要体现。在这一意义上，马克思对颠倒的意识形态的批判就是要将意识形态所颠倒的观念与现实的关系重新颠倒过来，从而对现存生活作出科学的描述，以至提出"使现存世界革命化"的实践问题。

在马克思看来，宗教就是这样一种颠倒的意识形态，正如他在《〈黑格尔法哲学批判〉导言》中所说的那样："这个国家、这个社会产生了宗教，一种颠倒的世界意识，因为它们就是颠倒的世界。"② 当然，马克思此

① 《马克思恩格斯选集》第 1 卷，人民出版社，1995，第 101 页。
② 《马克思恩格斯选集》第 1 卷，人民出版社，1995，第 1 页。

时的批判任务不在于已经基本结束的宗教批判。与此同时，马克思的批判任务也不仅仅在于此前已经批判的黑格尔哲学，还在于批判从黑格尔哲学中分离出来又似乎彻底地批判了宗教的青年黑格尔派。正如恩格斯所说："从黑格尔学派的解体过程中还产生了另一个派别，唯一的真正结出果实的派别。这个派别主要是同马克思的名字联系在一起的。"① 马克思早期活跃于青年黑格尔派之中，受到青年黑格尔派宗教批判、国家批判等批判活动的影响，然而，马克思又能够看到青年黑格尔派的批判只是一种"批判的武器"，还是以颠倒的方式解释世界，只是相对于黑格尔哲学以另一种颠倒的方式解释世界——以自我意识的唯心论代替黑格尔绝对理念的唯心论，把抽象的自我意识视为现存世界的基础。在这一意义上说，青年黑格尔派的哲学也是一种具有颠倒特征的意识形态，马克思把这些哲学称为"德意志意识形态"。"马克思所批判的'颠倒'在这一阶段具有更广泛的意义，如果说在第一阶段他对颠倒的批判主要局限在宗教和黑格尔国家观领域，现在同样的批判则指向了青年黑格尔派，因为在马克思看来，青年黑格尔派的批判主要依赖的都是黑格尔式的范畴。"② 批判和脱离青年黑格尔派的自我意识唯心论，使马克思形成了敢于突破思辨哲学、颠倒唯心史观的问题意识和理论自觉。在《黑格尔法哲学批判》之后，马克思发现，除了哲学领域的青年黑格尔派，经济学领域的蒲鲁东，在其经济学思想中也出现了一种颠倒的解释方式——将经济学的原理或范畴视为生产活动的基础。也正是在对这种颠倒的经济学的批判中，马克思更加深入地了解和研究市民社会的问题，为政治经济学批判打下了重要基础，不断地把原来法哲学意义上的"市民社会"批判性地转变为物质生活意义上的"生产关系"。马克思由此在经济学研究的新高度上推进了市民社会批判的思想，从而更加深刻地揭示出青年黑格尔派的哲学、蒲鲁东的经济学在理论与现实关系上所作的颠倒，更是从现实的"市民社会"的物质生活基础出发科学地解释这些产生意识形态的根源。

---

① 《马克思恩格斯选集》第 4 卷，人民出版社，1995，第 242 页。
② 〔英〕乔治·拉雷恩：《马克思主义与意识形态：马克思主义意识形态论研究》，张秀琴译，北京师范大学出版社，2013，第 15~16 页。

一 对青年黑格尔派的批判

马克思指出："正如德国的玄想家们所宣告的，德国在最近几年里经历了一次空前的变革。从施特劳斯开始的黑格尔体系的解体过程发展为一种席卷一切'过去的力量'的世界性骚动。"① 青年黑格尔派宣告的这种"空前的变革"，一个是对宗教的批判，另一个是对黑格尔哲学的批判。

第一，青年黑格尔派对宗教的哲学批判。在马克思看来，青年黑格尔派就是相对于固守黑格尔哲学传统的老年黑格尔派的一种批判力量，以黑格尔的辩证法作为"批判的武器"对宗教乃至现存的国家制度发起批判。在宗教问题上，青年黑格尔派的重要人物鲍威尔、施蒂纳、施特劳斯以及费尔巴哈从各自的立场出发作出了体现"英雄们的真正业绩"的"种种努力"。② 尽管这些人物彼此之间出现了各种思想对立和交锋甚至相互倾轧，但仍然对宗教神学作了斗争和批判，尤其是施蒂纳和鲍威尔犹如"神圣的宗教裁判所的骑士团长"对宗教神学发起战斗，但实质上又像宗教神学那样充满神秘主义的幻想，展现出一种神秘主义的批判方式。

对施蒂纳而言，在宗教批判上所作的努力是一种以"我"为根基的神圣的"批判的狂呼"。"他总是习惯地说：我就是一切，而且是高于一切的某物。我是这种无的一切，也是这种一切的无。他有一些庄严的'轻浮'，并且不时用'批判的狂呼'来打断自己的严肃的沉思，这就是他优越于他的抑郁沉闷的对手的地方。"③ 在马克思看来，施蒂纳对宗教的批判实质上只是用抽象的"我"代替了绝对的"神"，宗教把神解释为一切的创造者，用绝对的神解释现实的人及其生活的世界，而施蒂纳则把神这一创造者替换成"我"，把"我"解释为一切的创造者，用抽象的"我"解释现实的人及其生活的世界。马克思指出："他将世界作为他心目中的世界，这就是说，作为他必须如此地把握的世界来把握，这样他就把世界据为己有

---

① 《马克思恩格斯选集》第 1 卷，人民出版社，1995，第 62 页。
② 《马克思恩格斯选集》第 1 卷，人民出版社，1995，第 64 页。
③ 《马克思恩格斯全集》第 3 卷，人民出版社，1960，第 89 页。

了，把世界变成他的所有物了。"① 这样一来，施蒂纳宗教批判的结果就是用抽象的自我意识（"我"）取代了颠倒的世界意识（宗教），施蒂纳构建了一种以"唯一者及其所有物"为根本逻辑的唯心主义哲学，所谓"唯一者"无非神化了的"我"，就是创造者，实际上就是神化了的施蒂纳本人，他在马克思眼中就是拿着"圣书"（唯一者及其所有物）的"德国教书匠"，那么所谓"所有物"也无非"我"的创造物。施蒂纳把这些"所有物"称为"圣物"，是由"我"放出自身又与"我"相区别的异物："这个有别于'我'并且是精神的某物是什么？——现在已经这样回答了：这是圣物，即与'我'相异的东西；一切有别于我的异物，今后将通过一些尚未讲出来的同位语、'自在的'同位语，被直截了当地了解为精神。"② 施蒂纳由此提出了利己主义的原则，毕竟"我"创造了"圣物"而且又"满怀着"这些"圣物"从而"本人就成为神圣的了"——被喻为圣麦克斯。也就是说，如果说宗教是神的世界，展示了神创造一切的精神意义上的历史，那么施蒂纳的哲学则是"我"的世界，把宗教的上帝转变为利己主义的"我"，展示了"我"创造一切的精神意义上的历史。"我把一切都归于我。"③ 那么，整个世界是以"我"为本质的、由"我"和"我"的异物共同构成的世界。在马克思看来，这是神学家的"历史观的光辉范例"。这里所指的"范例"，就是思辨哲学，无非像宗教从某种抽象的精神（神）出发对世界作出颠倒的解释那样，圣麦克斯也从某种抽象的精神（"我"）出发对世界作出颠倒的解释，把历史描述为自我意识发展的哲学史，历史的动力在于抽象的精神、意识、观念。施蒂纳的宗教批判展现出一种神圣的颠倒的意识形态。

对鲍威尔而言，他与施蒂纳一同被马克思视为"神圣的宗教裁判所的骑士团长"，其在宗教批判上所作的努力也是一种神秘主义的批判，如果说施蒂纳对宗教的批判是用抽象的"我"代替了绝对的"神"，那么鲍威尔对宗教的批判则是用抽象的"自我意识"代替了绝对的"神"，把"自

---

① 《马克思恩格斯全集》第 3 卷，人民出版社，1960，第 127 页。
② 《马克思恩格斯全集》第 3 卷，人民出版社，1960，第 166 页。
③ 《马克思恩格斯全集》第 3 卷，人民出版社，1960，第 127 页。

我意识"当作反对宗教的"批判的武器"。"他的头上罩着'纯粹批判'的灵光。他披着'自我意识'的法衣，睥睨世界的万物。他以最高的自我意识的名义肆意摆布'实体'概念，从而'摧毁了完整的宗教和具有各种表现的国家'。"① 在马克思看来，鲍威尔的宗教批判实际上也就是施蒂纳那种圣师般的批判，这种批判反映了作为圣麦克斯的施蒂纳和作为圣布鲁诺的鲍威尔都是圣师的"最后的标本"。鲍威尔用神圣化的"自我意识"反对宗教的神圣意识，还把自己当作自我产生和自我规定的精神"拿破仑"，所谓圣布鲁诺也就是"靠神学糊口"的鲍威尔"自我意识"的产物，表现出"他好像上帝"的一种神圣地位。不难发现，作为圣麦克斯的施蒂纳和作为圣布鲁诺的鲍威尔都构建了各自的"实体"，并把这种"实体"解释为现存世界的创造者，所谓实体无非他们各自包装过的抽象的自我意识，按照这种"实体"的哲学对宗教进行批判并不能到达对颠倒的世界意识即宗教的颠倒，反而在这种批判中暴露出神秘主义的哲学，在马克思眼中，鲍威尔是"名副其实的神学家"，鲍威尔的宗教批判也展现出一种神圣化的颠倒的意识形态。

施特劳斯在反宗教斗争上作了努力，《耶稣传》可谓是反宗教的一个"批判的武器"，对耶稣的历史进行反思性的描述，并通过揭示出耶稣历史的本质——神话故事的方式对宗教发起质疑和挑战。施特劳斯指出："教会信仰中所特别强调的耶稣一生的事实和遭遇，即神迹和超自然之类的事情，更为确定的是它们并未发生过。而人类幸福竟要依靠相信这类部分地肯定并未发生过，部分地无法肯定其是否发生过，只有最小一部分无疑发生过的事情，其荒谬透顶。"② 然而，施特劳斯在宗教批判上所作的努力也是一种神秘主义的批判，因为他提出了以"实体"为核心的哲学思想，企图用他的"实体"来理解现存世界。这无非鲍威尔"实体"的另一个版本，施特劳斯的宗教批判也展现出一种神圣化的颠倒的意识形态。

对费尔巴哈而言，虽然他与鲍威尔、施蒂纳同为青年黑格尔派，却被鲍威尔和施蒂纳控诉为"异教徒"。毕竟相比之下，费尔巴哈不仅在宗教

---

① 《马克思恩格斯全集》第 3 卷，人民出版社，1960，第 88 页。
② 〔德〕大卫·弗里德里希·施特劳斯：《耶稣传》第 2 卷，吴永泉译，商务印书馆，2010，第 908 页。

批判上揭示了宗教之秘密在于人的本质的异化，而且建立了唯物主义的思维，这种带有唯物主义思维的批判无疑是与作为圣麦克斯的施蒂纳和作为圣布鲁诺的鲍威尔相颠倒的一种批判方式。因此，鲍威尔对费尔巴哈发起了神圣的征讨，并把费尔巴哈视为"认识不了宗教的本质""不能完成人的事业"的"奴才"。鲍威尔则以"个性"的方式表达"自我意识"的意义——用抽象的"个性"概念来表现抽象的"自我意识"。"鲍威尔的'个性'的本质就是概念的概念，抽象的抽象。布鲁诺对费尔巴哈的批判如果有什么新东西，也只不过是把施蒂纳对费尔巴哈和鲍威尔的责难虚伪地述说成鲍威尔对费尔巴哈的责难。例如，他说'人的本质是一般本质和某种圣物'，'人是人的上帝'，人类是'绝对的东西'。"① 鲍威尔这种"个性"之外的"实体"都是上帝的宾词，即在观念上被天国化了的人们的经验关系。而施蒂纳则把费尔巴哈在宗教批判中颠倒过的主词和宾词重新颠倒了，也就是说，圣麦克斯把被费尔巴哈颠倒为宾词的神又颠倒为主词，此时作为主词的神只是相对于"我"的"圣物"，因此反对这种"圣物"的方式可以消灭宗教的幻想。反对费尔巴哈所颠倒的宾词对施蒂纳的宗教批判而言具有重要意义，但实际上只是一种颠倒的错误方法。马克思指出："他真正相信意识形态的各种抽象思想统治着现代世界，他深信他在其反对'宾词'、反对概念的斗争中攻击的已不是幻想，而是统治世界的现实力量。由此可以看出他的头脚倒置的手法。"② 在这一问题上，马克思赞同费尔巴哈以主宾颠倒的方式对宗教进行批判，费尔巴哈对宗教的颠倒性的批判比起施蒂纳的颠倒性的手法更能认识到宗教的本质，相比圣师们能够看到宗教的世俗基础。尽管如此，费尔巴哈并没有看到这个世俗基础的矛盾，更没有发现消灭这种矛盾的现实条件。《关于费尔巴哈的提纲》就表达了马克思对这一问题的批判："费尔巴哈是从宗教上的自我异化，从世界被二重化为宗教世界和世俗世界这一事实出发的。他做的工作是把宗教世界归结于它的世俗基础。但是，世俗基础使自己从自身中分离出去，并在云霄中固定为一个独立王国，这只能用这个世俗基础的自我分裂

---

① 《马克思恩格斯全集》第 3 卷，人民出版社，1960，第 94~95 页。
② 《马克思恩格斯全集》第 3 卷，人民出版社，1960，第 263 页。

和自我矛盾来说明。因此，对于这个世俗基础本身应当在自身中、从它的矛盾中去理解，并在实践中使之革命化。因此，例如，自从发现神圣家族的秘密在于世俗家庭之后，世俗家庭本身就应当在理论上和实践中被消灭。"① 按照这一理解，尽管有别于圣师们，但费尔巴哈对宗教的批判、对主宾的颠倒，主要还是一种从观念出发的批判方式，是在纯粹观念中颠倒被宗教颠倒的世界，从而也就无法从现实条件上消灭宗教这一颠倒的世界意识。对这一问题的认识和反思，促进了马克思在新世界观意义上对宗教的批判，以及促进了马克思不仅从颠倒的宗教世界中发现尘世的现实基础，更是看到了人类从颠倒的宗教世界中实现解放的实践条件，从而对颠倒的宗教世界及其现实基础进行革命性的颠倒。"追随路德维希·费尔巴哈和青年黑格尔主义者的早期分析，马克思挑选宗教进行敏锐而尖刻的批判，因为宗教能使我们相信，（精神）灵魂是一种先天的而不是通过实践才成为可能的历史地发生的自我意识的存在的现实性。如果人类要想体验自身为自由的和自我创造的，那么，一个首要条件就是从马克思看为颠倒了的宗教逻辑中解放出来。"② 经过青年黑格尔派对宗教的哲学批判，马克思已深刻意识到宗教是一种颠倒的世界意识，亦即一种把现存社会视为宗教产物的意识形态，而且是一种从精神上支配人的意识形态。青年黑格尔派的宗教批判以及马克思对这种宗教批判的批判，成为马克思对颠倒的推进的重要动力。

第二，青年黑格尔派对黑格尔哲学的批判。在马克思看来，青年黑格尔派所宣告的"空前的变革"，不只是对宗教的批判，更重要的是对与这一派别本身密切联系的黑格尔哲学的批判，青年黑格尔派对宗教的批判实际上就是在黑格尔哲学解体、从黑格尔哲学中分离的过程中对宗教问题所作的"种种努力"，而这一解体和分离的过程，正是青年黑格尔派在批判黑格尔哲学上展示的"英雄们的真正业绩"。

在马克思看来，青年黑格尔派声称以各自的方式超出了黑格尔哲学并抓住了黑格尔哲学的某一方面对其进行批判，而这里所谓的超出和抓住，

① 《马克思恩格斯选集》第 1 卷，人民出版社，1995，第 55 页。
② 〔美〕温迪·林恩·李：《马克思》，陈文庆译，清华大学出版社，2019，第 13 页。

就是他们对黑格尔哲学进行伪造后提出的诸如"实体""唯一者""我"
"自我意识"等抽象范畴。也就是说，青年黑格尔派是通过伪造黑格尔哲
学的方式来批判黑格尔哲学，从而展示这些"英雄"们在这次"革命"中
的"真正业绩"，而这种批判实质上是一种颠倒的批判。一方面，从表面
上看，青年黑格尔派对黑格尔哲学的批判，无非把黑格尔恢宏的、成体
系的绝对理念颠倒为圣师们狭隘的某一面的自我意识，当然，黑格尔哲
学也有自我意识的范畴，只不过这是理念认识自己的历史的自我意识，
而青年黑格尔派的自我意识是圣师们自己的自我意识，不妨说青年黑格
尔派的这种批判是把黑格尔的绝对理念自我意识化的一次"世界性骚
动""哲学叫卖"。另一方面，从本质上看，既然青年黑格尔派对黑格尔
哲学的批判是对黑格尔哲学的一种自我意识化，那么这种批判的"真正
业绩"就在于伪造了黑格尔哲学从而以抽象的自我意识反对抽象的绝对
理念。这就意味着，青年黑格尔派并没有超出黑格尔哲学，反而始终停
留在且依赖着黑格尔哲学的体系。"这个批判虽然没有研究过自己的一
般哲学前提，但是它谈到的全部问题终究是在一定的哲学体系即黑格尔
体系的基地上产生的。不仅是它的回答，而且连它所提出的问题本身，
都包含着神秘主义。对黑格尔的这种依赖关系正好说明了为什么在这些
新出现的批判家中甚至没有一个人试图对黑格尔体系进行全面的批判，
尽管他们每一个人都断言自己已经超出了黑格尔哲学。"① 既然如此，青
年黑格尔派对现存世界的理解不可避免地是一种神秘主义的解释，他们用
抽象的自我意识来解释现存的世界，把现存世界、现实的人视为自我意识
的结果，那么这种批判所达到的"业绩"就是对现存世界作出了颠倒的解
释。"在桑乔的历史虚构中，按照黑格尔的方法，最近的历史现象变成了
原因，变成了较早的历史现象的创造者，同样，在自我一致的利己主义者
那里，今天的施蒂纳变为昨天的施蒂纳的创造者，虽则用他的话来说，今
天的施蒂纳乃是昨天的施蒂纳的创造物。但是反思却把这一切颠倒过来，
在反思中作为反思的产物、作为观念，昨天的施蒂纳成为今天的施蒂纳的
创造物。同样，在施蒂纳那里，客观世界的关系在反思中成为他的反思的

---

① 《马克思恩格斯选集》第1卷，人民出版社，1995，第64页。

创造物。"① 在施蒂纳的反思中，现存世界是观念的结果，历史现象是"我"的历史，历史变成了施蒂纳自我意识进行反思和创造的对象。

在马克思看来，如果说黑格尔哲学是以理念为实体的一种意识形态，那么青年黑格尔派施蒂纳的哲学思想则是以"我"为实体的一种意识形态。在黑格尔哲学中，理念就是一切，一切从理念分离而来并将最终返回理念自身。黑格尔哲学从抽象的理念出发对整个世界作出了理念式的解释，实质上是一种理性化的宗教，一种颠倒的意识形态。相对而言，在施蒂纳的哲学中，"我"就是一切，"我"就像神一样创造一切，施蒂纳从抽象的"我"出发对整个世界作出了神圣化的解释，实质上是绝对理念经过自我意识伪造而成的另一种神学。施蒂纳在对黑格尔思辨哲学的批判中恰恰暴露出自己陷入了思辨哲学的泥潭。"黑格尔主义者统治非黑格尔主义者。这样，施蒂纳就把关于思辨观念统治历史的思辨看法变成了关于思辨哲学家本身统治历史的看法。施蒂纳迄今所持的历史观——观念的统治——在'教阶制'中变成目前实际存在着的关系，变成思想家对世界的统治。这表明施蒂纳在思辨中陷得多么深啊。"② 在马克思看来，施蒂纳的哲学思想是一种以"我"为本体、主体的纯粹思辨的独断主义和神秘主义。

在马克思看来，施蒂纳不仅在哲学层面上的世界观、历史观方面提出了颠倒的观点，而且在事实层面的经济问题上也提出了颠倒的观点。"由于圣桑乔竭诚接受把一切经验关系颠倒过来了的那些政治家、法学家和其他思想家的幻想，而且还以德意志方式又加上了一些他自己的东西，因此私有财产在他那里就变成了国家财产，从而变为合法的财产。"③ 施蒂纳把"自我一致的利己主义者"的逻辑拓展到私有财产的问题上，把抽象的自我意识对接到个人的私有财产上，并由此构造出"私有财产变成国家财产"、政治国家分配私人财产的"哲学幻觉"。"资产者只是作为属于资产者类的一分子而占有财产，而这个资产者类的总称就是国家，它把财产作为采邑分给个别的人。这里事情又弄颠倒了。在资产阶级中，如在其他任

---

① 《马克思恩格斯全集》第 3 卷，人民出版社，1960，第 300~301 页。
② 《马克思恩格斯全集》第 3 卷，人民出版社，1960，第 135 页。
③ 《马克思恩格斯全集》第 3 卷，人民出版社，1960，第 411 页。

何阶级中一样，只有本阶级的每一单个成员赖以占有和生活的那些发展了的个人条件才成为共同的、一般的条件。如果说这种哲学幻觉过去在德国还能流行，那末在现在，当世界贸易已经充分证明资产阶级的发财致富丝毫也不决定于政治，而是政治完全决定于资产阶级的发财致富的时候，这种幻觉就是十分可笑的了。"① 在马克思看来，施蒂纳在私有财产的问题上颠倒了经济与政治的关系，犹如黑格尔颠倒了市民社会与国家的关系那样，其把政治国家视为资产阶级获得私有财产的基础，而实际上资产阶级私有财产才是建立政治国家的基础。这种颠倒的哲学幻觉归根结底取决于施蒂纳以"我"为实体的颠倒的意识形态。在这一基础上，施蒂纳把资产阶级私有财产的增长等同于国家财产的增长，即资产者越富有，国家越富有。但是，马克思根据意大利和荷兰在商业发展中出现的国家负债的事实指出，这是一种颠倒历史关系的理解。"如果个人在资产阶级私有财产的基础上发财致富了，只是意味着国家发财致富了；或者，迄今任何私有财产都是国家财产。这种想法又把历史关系颠倒了。随着资产阶级财产的发展与积累，即商业和工业的发展，个人越来越富，而国家则弄得到处负债。"② 在个人致富和国家致富的关系问题上，施蒂纳以"我"为实体的颠倒的意识形态决定了其必然从"个人致富"的维度对历史关系作出颠倒的解释。

"同圣麦克斯·施蒂纳对不满者的安抚之词没有区别，施蒂纳说，这种矛盾是他们自己的矛盾，这种恶劣环境是他们自己的恶劣环境，而且他们可以或者安于这种环境，或者忍住自己的不满，或者以幻想的方式去反抗这种环境。同样，这同圣布鲁诺的责难也没有区别，布鲁诺说，这些不幸情况的发生是由于那些当事人陷入'实体'这堆粪便之中，他们没有达到'绝对自我意识'，也没有认清这些恶劣关系产生于自己精神的精神。"③ 同样，在施蒂纳用神圣的"我"批判黑格尔哲学之际，鲍威尔也在达到同样的"业绩"——用经黑格尔哲学伪造过的自我意识来批判黑格尔哲学。马克思指出："我们在圣布鲁诺那里发现的第一样东西，就是他对黑格尔

---

① 《马克思恩格斯全集》第 3 卷，人民出版社，1960，第 415~416 页。
② 《马克思恩格斯全集》第 3 卷，人民出版社，1960，第 418 页。
③ 《马克思恩格斯选集》第 1 卷，人民出版社，1995，第 98 页。

的经常的依赖。当然，对于他从黑格尔那里抄袭来的见解，我们无需多加议论。我们只是搜集一些句子，从中可以清楚地看出他是如何迷信哲学家的威力，如何赞同他们的幻想：改变了的意识、对现存诸关系的稍新的解释，能够把整个现存世界翻转过来。"① 显而易见，鲍威尔的哲学思想与施蒂纳的哲学思想属于同一类"哲学的叫卖"，尽管他们像"世界性骚动"那样批判黑格尔哲学，但实际上也没有超出黑格尔哲学，更没有颠倒黑格尔哲学对现存世界的颠倒解释，反而在"迷信哲学家的威力"中对现存世界作出了进一步的颠倒解释，把现实问题本身视为现实问题的哲学词句，把对哲学词句的批判当作对现实问题的解决，更是把纯粹的哲学批判视为人们运用自我意识来消除矛盾、实现自身解放的根本途径。"把所有的观念诉诸批判，人们就可以形成自我意识，人们将沉着地恢复自己的理性。"② 鲍威尔以抽象的自我意识为核心的哲学思想同样是一种颠倒的意识形态。

除此之外，对于施特劳斯，马克思指出："施特劳斯和鲍威尔之间关于实体和自我意识的论争，是一场在黑格尔的思辨范围之内进行的论争。"③ 施特劳斯对黑格尔哲学的批判也同样没有超出黑格尔的体系，只是"抓住黑格尔体系的某一方面"——实体，并加以伪造成自己的"实体"。这种"实体"仍然只是抽象的观念、抽象的哲学范畴，甚至是一种神学的范畴。"在德国理论家中间，用原因来称呼结果，把所有渊源于神学但又还没有完全达到这些德国理论家的原理的高度的东西，如黑格尔的思辨、施特劳斯的泛神论等等，都归结为神学的范畴，已经成为时髦的事了。"④ 相比之下，尽管施特劳斯的哲学内容源自黑格尔又批判黑格尔，但实际上还达不到他所批判的黑格尔哲学的高度，甚至在自我意识的"批判的武器"中把理性的哲学范畴降低为神学的"时髦"。施特劳斯提出的"实体"并没有颠倒黑格尔哲学对现存世界的颠倒解释，反而在泛神论的意义

---

① 《马克思恩格斯全集》第 3 卷，人民出版社，1960，第 95 页。
② Leopold Labedz, *Revisionism: Essays on the History of Marxist Ideas* (George Allen and Unwin Ltd, 1963), p. 198.
③ 《马克思恩格斯文集》第 1 卷，人民出版社，2009，第 341 页。
④ 《马克思恩格斯全集》第 3 卷，人民出版社，1960，第 189 页。

上对现存世界作出了进一步的颠倒解释。

最后，马克思指出："施特劳斯立足于斯宾诺莎主义的观点，鲍威尔立足于费希特主义的观点，两人各自在神学的领域内彻底地贯彻黑格尔体系。他们两人都批判了黑格尔，因为上述两个要素之中的每一个要素在黑格尔那里都由于另一个要素的渗入而遭到歪曲；可是他们使每一个要素都进一步获得了片面的、因而是彻底的阐释。——因此，他们两人在自己的批判中都超出了黑格尔体系，但同时他们两人都继续停留在黑格尔思辨的范围内，而他们之中无论哪一个都只是代表了黑格尔体系的一个方面。只有费尔巴哈才立足于黑格尔的观点之上而结束和批判了黑格尔的体系，因为费尔巴哈消解了形而上学的绝对精神，使之变为'以自然为基础的现实的人'；费尔巴哈完成了对宗教的批判，因为他同时也为批判黑格尔的思辨以及全部形而上学拟定了博大恢宏、堪称典范的纲要。"相对于施蒂纳、鲍威尔、施特劳斯这些圣师，费尔巴哈对黑格尔哲学的批判可谓是一种"多少向前迈进了几步"的意见，用唯物主义的"批判的武器"反对唯心主义的绝对理念。费尔巴哈不仅揭示了黑格尔哲学体系的秘密并对这一体系加以摧毁，还以"人"代替"自我意识"的方式摧毁了被圣师们的批判所滥用的哲学范畴。但是，在马克思看来，费尔巴哈连同他批判的施蒂纳等人的批判都是"没有离开过哲学的基地"的一种神秘主义的批判，仍然局限在思辨哲学颠倒的观念中。费尔巴哈在批判上的"种种努力"同样也伪造了黑格尔的哲学范畴——把黑格尔的哲学范畴世俗化之后提出诸如"类""人"等名称。费尔巴哈用来批判思辨哲学的唯物主义实质上是直观的、撇开历史进程的、脱离人的实践的旧唯物主义，所谓的"人"只是抽象的、孤立的个人。也就是说，费尔巴哈在批判思辨哲学的同时陷入了思辨哲学的范畴，在这种费尔巴哈直观唯物主义中的人是本质上的人或人的本质，即抽象观念中的人而不是现实生活中的人，人们之间的关系也只是意识的产物。费尔巴哈对人及其现实生活作出了颠倒的理解，费尔巴哈哲学同施蒂纳等圣师们的哲学思想一样，成为马克思批判的"德意志意识形态"。"老年黑格尔派认为，只要把一切归入黑格尔的逻辑范畴，他们就理解了一切。青年黑格尔派则通过以宗教观念代替一切或者宣布一切都是神学上的东西来批判一切。青年黑格尔派同意老年黑格尔派的这样一个信念，即认为宗教、概念、普遍的东西统治着现存世界。不过一派认为这种统治是篡夺而加以反对，另一派则认为这种统治是合法的而加以赞扬。"① 那么，对于以改变世界为根本问题的马克思而言，即便青年黑格尔派的批判是充满"'震撼世界的'词句"的批判，但其颠倒的哲学思想决定了这种批判是一种颠倒的批判——把反对抽象世界的词句作为批判的任务，而不是把反对现实的现存世界作为批判的任务。

二 对蒲鲁东经济学的批判

在法哲学批判时期，通过对黑格尔"国家决定市民社会"的颠倒，马克思从哲学层面上更多地触及作为国家之基础的市民社会，更多地把思辨哲学中的市民社会批判转向对现实生活中的市民社会的研究。这既促进了唯物史观的形成，又在唯物史观的指导下把批判的立足点从市民社会转向人类社会，从政治经济学层面上不断深入研究资产阶级社会的物质生产关系，用物质生产关系来解释国家以及意识形态的现实基础，从而展现出对法哲学批判时期颠倒的推进。在这一推进过程中，马克思不仅发现青年黑格尔派哲学对现存世界作出了颠倒的解释，也发现蒲鲁东经济学对现实关系作出了颠倒的理解，蒲鲁东经济学犹如意识形态那样带有颠倒的特征。在此，马克思对蒲鲁东的批判是政治经济学批判与意识形态批判相结合的一种驳斥。"现在我们是在德国！我们在谈论政治经济学的同时还要谈论形而上学。而在这方面，我们也只是跟着蒲鲁东先生的'矛盾'走。"② 跟着这种"矛盾"走，对于理解马克思在研究经济关系问题时如何推进法哲学批判时期的颠倒、如何在唯物史观的层面上推进市民社会批判，具有重要意义。

对马克思而言，蒲鲁东是对私有财产进行"第一次具有决定意义的、无所顾忌的和科学的考察"从而引起国民经济学革命的国民经济学家。马克思对蒲鲁东经济学的批判，首先包含了对蒲鲁东关于私有财产的一些基本观点的肯定。在马克思看来，蒲鲁东的经济学著作《什么是财产》在财

---

① 《马克思恩格斯选集》第 1 卷，人民出版社，1995，第 65 页。
② 《马克思恩格斯选集》第 1 卷，人民出版社，1995，第 136 页。

产关系问题上揭示了国民经济学的矛盾，反驳了国民经济学家。蒲鲁东认为，国民经济学的矛盾就在于"合乎人性的和合理的"财产关系与私有财产所造成的对立关系之间的矛盾。国民经济学把以私有财产为基本前提的财产关系视为一种合乎人性的和合理的关系，然而恰恰相反。"这种矛盾正像神学家所碰到的矛盾一样：神学家经常从合乎人性的观点来解释宗教观念，而正因为如此，他们就不断地违背自己的基本前提——宗教的超人性。"① 也就是说，在私有财产的基础上形成的财产关系不是合理的关系而是对立的关系，在蒲鲁东的批判视野中，国民经济学以颠倒的方式对财产关系进行解释，从而掩盖了私有财产所造成的对立关系。正如国民经济学把工人的工资和资本家的资本之间的关系描述为合乎人性的、友好互惠的关系，似乎由资本带来的物品的社会效用决定了工人的工资数额，似乎资本越有效用则工资数额越有增长。但蒲鲁东发现摆在国民经济学面前的是真正非人性的情况。"工人是被迫让资本家去确定工资，而资本家则是被迫把工资压到尽可能低的水平。"② 这就是国民经济学的"人性的假象"，国民经济学描述的假象就是一种颠倒的关系。蒲鲁东批判国民经济学的重要意义就在于把这种颠倒的关系重新颠倒过来，看到了资本与工人之间的对立关系。这一点对马克思从"市民社会"中深入研究以资产阶级私有制为基础的阶级对立具有重要意义。

尽管如此，批判国民经济学的蒲鲁东，其经济学本身的矛盾促使马克思既要谈论政治经济学又要谈论形而上学。在这一意义上，蒲鲁东的经济学既是一种政治经济学的理论，同时又是一种类似于意识形态的理论，因为这种经济学虽然对国民经济学进行了颠倒，但其自身也呈现出一种颠倒的特征，即对经济的现实乃至历史的发展作出了颠倒的解释。马克思专门引用了蒲鲁东的一个基本观点进行批评："这里我们论述的不是与时间次序相一致的历史，而是与观念顺序相一致的历史。各经济阶段或范畴在出现时有时候是同时代的，有时候又是颠倒的……不过，经济理论有它自己的逻辑顺序和理性中的系列，值得夸耀的是，经济理论的这种次序已被我们发现了。"③

---

① 《马克思恩格斯文集》第 1 卷，人民出版社，2009，第 256 页。
② 《马克思恩格斯文集》第 1 卷，人民出版社，2009，第 256~257 页。
③ 《马克思恩格斯选集》第 1 卷，人民出版社，1995，第 137 页。

这种经济理论的逻辑和理性已经显露出蒲鲁东经济学中的黑格尔影子。

在马克思看来，蒲鲁东经济学的理论实际上是如法炮制了"黑格尔为宗教、法等做过的事情"，黑格尔成为蒲鲁东经济学中重要的形而上学因素。蒲鲁东对经济问题的研究是用抽象的经济范畴来解释现实的经济关系，把现实的经济关系归为抽象的逻辑关系，类似于黑格尔在逻辑学中运用的绝对方法，即理念在自在自为的发展中所经历的抽象逻辑。"把这个方法运用到政治经济学的范畴上面，就会得出政治经济学的逻辑学和形而上学，换句话说，就会把人所共知的经济范畴翻译成人们不大知道的语言，这种语言使人觉得这些范畴似乎是刚从纯理性的头脑中产生的，好像这些范畴仅仅由于辩证运动的作用才互相产生、互相联系、互相交织。"① 按照这种绝对方法，蒲鲁东从既定永恒的经济范畴出发描述抽象形态的运动，即自我规定的正—反—合的纯理性运动，市民社会的经济活动和生产过程变成了经济范畴的辩证运动。从颠倒的逻辑来看，蒲鲁东以类似于黑格尔的形而上学的理论方式解释了他所发现的经济矛盾，这些矛盾犹如黑格尔哲学中理性自我对立、自我结合的思想"生育过程"以及由此"产生出思想群"。蒲鲁东的经济学理论呈现为一种按照黑格尔的绝对方法、遵循理性范畴的辩证运动所构建的颠倒的观念体系。在这一颠倒的观念体系中，现实的生产关系、物质的生产过程、资本的运动过程是实质"思想群"意义上的经济范畴的表现，经济生活中的矛盾只是经济范畴之间所固有的矛盾。就此而言，蒲鲁东经济学是一种以思辨哲学为基础的政治经济学，把现实的经济关系和经济矛盾描述为理性本身的表现和进化。对此，马克思指出："经济范畴只不过是生产的社会关系的理论表现，即其抽象。真正的哲学家蒲鲁东先生把事物颠倒了，他认为现实关系只是一些原理和范畴的化身。这位哲学家蒲鲁东先生还告诉我们，这些原理和范畴过去曾睡在'无人身的人类理性'的怀抱里。"② 如同黑格尔等德国哲学家的做法，蒲鲁东也颠倒了观念与现实之间的关系，蒲鲁东的经济学具有明显的颠倒特征，在经济学问题上，他颠倒了经济原理的范畴与现实的社会关系

---

① 《马克思恩格斯选集》第 1 卷，人民出版社，1995，第 141 页。
② 《马克思恩格斯选集》第 1 卷，人民出版社，1995，第 141 页。

之间的关系。按照这种颠倒的逻辑，蒲鲁东对历史的解释同样是一种颠倒的描述，即用观念的历史、范畴的历史代替并描述现实的历史、世俗的历史，而现实的历史只是在时间上与观念的历史相一致的次序。"现实的历史，与时间次序相一致的历史是观念、范畴和原理在其中出现的那种历史顺序。"① 蒲鲁东既是哲学家，也是政治经济学家，其基本理论是基于思辨哲学的政治经济学，如果说宗教是一种颠倒的世界意识、黑格尔哲学是一种颠倒的哲学体系，那么蒲鲁东这种思辨的经济学则是一种颠倒的经济原理。蒲鲁东的经济学犹如一种颠倒的意识形态，对经济现实作出了颠倒的解释。蒲鲁东虽然揭示了国民经济学的矛盾，但其自身充满了矛盾。

　　马克思除了揭示蒲鲁东的整个经济原理具有颠倒的特征之外，还进一步揭示蒲鲁东诸多具体经济观点也具有颠倒的特征，即颠倒地反映现实的生产过程。在这一问题上，马克思主要从生产过程中的分工这一角度对蒲鲁东的经济学观点作出了批判。首先，"在蒲鲁东先生看来，分工是一种永恒的规律，是一种单纯而抽象的范畴。所以，抽象、观念、文字等就足以使他说明各个不同历史时代的分工"②。蒲鲁东对分工的这种理解实际上正是其以思辨哲学为基础的政治经济学对经济现实作出颠倒解释的具体表现。其次，正是因为把分工视为"永恒的规律"，蒲鲁东对分工与作坊之间的关系作出了颠倒的解释。在马克思看来，对资本积累而言，为了实现较大规模的生产就需要把许多劳动者集合在厂房即作坊之中，并由此造成劳动者在作坊内部的分工。作坊是分工存在的条件。但是，蒲鲁东对这一问题的理解是相反的。"如果说蒲鲁东先生能看见事物的话，他是把它们颠倒过来看的。在他看来，亚当·斯密所说的分工出现在作坊之前，可是实际上这种作坊却是分工存在的条件。"③ 从蒲鲁东经济学的思辨哲学基础来看，正是类似于黑格尔哲学的方法和逻辑——用理念解释现实，他运用"分工"的抽象范畴来解释其他经济现象，在具体问题上就会提出"分工是作坊存在的条件"的结论。在马克思看来，实际上，作坊是分工存在和发展的条件。"劳动者集合在一个作坊是分工发展的前提。无论在 16 世纪

---

① 《马克思恩格斯选集》第 1 卷，人民出版社，1995，第 146 页。
② 《马克思恩格斯选集》第 1 卷，人民出版社，1995，第 156~157 页。
③ 《马克思恩格斯选集》第 1 卷，人民出版社，1995，第 165 页。

或是 17 世纪，我们都找不出这样的例子：同一手艺的各部门已经互相分离到这样的程度，以致只要把它们集合在一个场所就可以形成一个完全现成的作坊。但是只要人和工具被集合到一个场所，过去以行会形式存在过的那种分工就必然会再度出现并在作坊内部反映出来。"① 在这一意义上，资产阶级社会的发展是早期市民社会向现代工业社会的转变，是具有分工效能的作坊不断向大规模生产的工厂发展的过程，资产阶级的工业城市集合了越来越多的作坊，作坊集合了越来越多的劳动者。这样一来，资产阶级和无产阶级日益成为市民社会中最突出的两类人，两大阶级及其对立关系是马克思解剖市民社会的重要立足点。最后，在分工问题上，蒲鲁东还颠倒了机器与分工之间的关系，把机器视为分工的对立面，认为机器消除了分工。马克思指出："真正的机器只是在 18 世纪末才出现。把机器看作分工的反题，看作使被分散了的劳动重归统一的合题，真是荒谬之极。"② 从唯物史观来看，分工是机器出现的基础，机器是用于加强分工的一种劳动工具。市民社会的分工发展到 18 世纪末才产生了机器应用的需求。机器是劳动工具的集合，但决不是工人本身的各种劳动的组合。机器不是工人劳动的组合，而是以工具的形式进一步把工人集合在分工的场所中从事大规模的工业生产，机器的出现标志着分工的深化，因此，机器不是分工的反题，而是早期市民社会工场手工业中传统劳动的反题，也不是分工的合题。蒲鲁东颠倒地理解了现实的分工问题。

总之，蒲鲁东的经济学虽然也是一种批判国民经济学的理论，但同时也是一种以黑格尔的思辨哲学为基础的经济理论。就像思辨哲学对现存世界作出了颠倒的解释那样，蒲鲁东对经济关系、经济问题也作出了颠倒的解释。如果说青年黑格尔派在批判黑格尔的颠倒的哲学中暴露出自己的哲学是一种没有超出黑格尔哲学的颠倒的意识形态，那么蒲鲁东在批判国民经济学中也暴露出自己的经济学也是一种没有超出黑格尔哲学的颠倒的意识形态。对马克思而言，批判蒲鲁东经济学的重要任务之一就是，将其颠倒的经济关系重新颠倒过来，即将从抽象的经济范畴出发、把现实的经济

---

① 《马克思恩格斯选集》第 1 卷，人民出版社，1995，第 165 页。
② 《马克思恩格斯选集》第 1 卷，人民出版社，1995，第 165 页。

关系归结为理性的辩证运动的解释方式，颠倒为从现实的经济关系出发、把抽象的经济范畴归结为描述现实经济关系的解释方式，从而把经济关系描述为历史的、发展的、世俗的过程。而且，马克思更是在这一批判中认识到生产力与生产关系的矛盾运动，认识到经济关系实际上是人们在创造生产力的过程中形成的社会关系。"这些一定的社会关系同麻布、亚麻等一样，也是人们生产出来的。社会关系和生产力密切相联。随着新生产力的获得，人们改变自己的生产方式，随着生产方式即谋生的方式的改变，人们也就会改变自己的一切社会关系。"① 通过对蒲鲁东经济学的批判，马克思不仅加深了早前对物质利益的考察，而且进一步深化了对以物质利益为基础的经济关系、以生产力为基础的生产关系的研究，把批判性视域从市民之间的物质利益关系推进到现实的个人之间的物质生产关系，从政治经济学批判的意义上推进了市民社会批判思想，把此前对市民社会的研究不断转换和推进到对生产关系的研究上。正是在这一意义上，马克思此时在政治经济学研究的基础上推进了法哲学批判时期对黑格尔"国家决定市民社会"的颠倒，把法哲学批判意义上的"市民社会决定国家"推进到政治经济学批判意义上生产关系决定观念的新思路。从新世界观的变革意义上说，马克思在批判蒲鲁东经济学中所推进的颠倒，是法哲学批判时期的小"颠倒"到大"颠倒"的一次发展。

第二节 对颠倒的异化劳动的批判

通过对意识形态的颠倒性的批判，马克思更加深入地触及被颠倒在意识形态之中同时又是产生意识形态的物质关系，在意识形态批判中不断推动政治经济学批判的深化。在批判蒲鲁东经济学的同时，马克思也批判了蒲鲁东所批判的国民经济学，尤其是在《1844 年经济学哲学手稿》中揭示出以斯密等人为代表的英法政治经济学在经济问题解释上的颠倒。马克思正是在这种政治经济学的研究和批判中不断实现"对市民社会的解剖"，不断突破法哲学批判意义上的市民社会观，推进了此前的市民社会批判。

---

① 《马克思恩格斯选集》第 1 卷，人民出版社，1995，第 141~142 页。

他从黑格尔的"市民社会"的抽象范畴中不断解剖出现实的生产关系，深入地研究人们的物质关系、经济关系、生产关系以及形成这些现实关系的劳动过程，深刻地揭示出资产阶级社会的生产关系的所有制基础，揭示出工人阶级在资产阶级社会的生产关系中所从事的颠倒的异化劳动。

一 对国民经济学的批判

马克思在法哲学批判的基础上谈到"国民经济学同国家、法、道德、市民生活等等的联系"，借助费尔巴哈哲学对国民经济学进行"认真的批判研究"。通过这一研究，马克思发现国民经济学对诸多问题的解释是一种颠倒的理解，尤其是歪曲地描述了工人阶级在资产阶级社会中的经济处境。

第一，马克思对国民经济学的批判，首先是批判了国民经济学的一个重要论点："工人完全像每一匹马一样，只应得到维持劳动所必需的东西。国民经济学不考察不劳动时的工人，不把工人作为人来考察。"① 在国民经济学的研究视域中，工人更重要的是作为一种劳动的存在而非人的存在，工人更似"物"而非"人"，这种研究视域体现了一种见"物"不见"人"的倾向。对国民经济学而言，无产者不是作为人而是作为"工人"存在，无产者仅仅是把劳动作为谋生活动的人，即工人。工人对国民经济学的意义就在于其劳动而不在于工人本身。或者说，当国民经济学把无产者视为人的时候，仅仅是因为无产者作为工人而存在，仅仅因为无产者是一种劳动的动物。"国民经济学把工人只当做劳动的动物，当做仅仅有最必要的肉体需要的牲畜。"② 简而言之，国民经济学以一种"不把工人作为人"的颠倒方式看待和研究无产者，把人颠倒为物，把作为人的无产者仅仅视为劳动过程所需的动物。

第二，马克思对国民经济学的批判，涉及对地租问题的批判性分析。对斯密来说，工业资本家是通过工业生产获得利润，而土地所有者则通过租借土地获得利润，这种利润就自然而然落到土地所有者手中的地租，地

---

① 〔德〕马克思：《1844年经济学哲学手稿》，人民出版社，2018，第13页。
② 〔德〕马克思：《1844年经济学哲学手稿》，人民出版社，2018，第14页。

租取决于土地的肥力程度和地理位置。但在马克思看来，这是一种颠倒的概念。"斯密的这些论点之所以重要，是因为它们在生产费用和资本额相等的条件下把地租归结为土地富饶程度的大小。这就清楚地证明了国民经济学颠倒概念，竟把土地富饶程度变成土地占有者的特性。"① 在马克思看来，国民经济学把地租最终归结为由土地所有者决定，而实际上地租形成于土地所有者和租地农场主之间的现实斗争关系，土地所有者无法单独决定地租的多少。从整个资产阶级社会的发展来看，租地农场主通过地租利用土地，同时通过工资利用工人，地租的提高则意味着租地农场主对工人工资的压低，这样一来，土地所有者和租地农场主之间现实的斗争关系说到底还是土地所有者、工业资本家同工人之间的敌对关系。而且，不同的土地所有者之间也会出现竞争关系，这种竞争必然引起大地产吞并小地产，实现土地集中，资本家也在竞争中获得一部分地产，大地产所有者也可以成为工业资本家。在马克思看来，地租以及地产的商品化所引发的最终结果就是不断消除土地所有者和工业资本家之间的差别，明显加剧资产阶级和无产阶级之间的分化。马克思通过对国民经济学颠倒概念的批判，深入地认识到被黑格尔所颠倒的市民社会中充满对立的生产关系，认识到现存社会中的阶级对立关系。

第三，马克思对国民经济学的批判，最重要的是对国民经济学所研究的资产阶级工业社会的批判，他通过批判国民经济学来揭示资产阶级社会的矛盾。国民经济学虽然把工人视为"无资本又无地租"的人，能够描述出资本与劳动、资本家与工人之间的对立关系，但是，在国民经济学研究视野中的工业社会"最喜爱的状态"，是以一国财富增长为前提的资本增长，而且资本占优势的地方往往决定了普遍勤劳的情况。这种普遍勤劳的情况充分体现在资本积累的竞争和工人劳动的过度上。"国民经济学家对我们说，本来，依照概念来说，劳动的全部产品是属于劳动者的。"② 国民经济学也指出，工人实际上得到的只是维持自己作为资本的奴隶所必要的那一部分而已。这意味着，资产阶级社会财富的增长恰恰是工人贫困

---

① 〔德〕马克思：《1844 年经济学哲学手稿》，人民出版社，2018，第 33～34 页。
② 〔德〕马克思：《1844 年经济学哲学手稿》，人民出版社，2018，第 11 页。

的增长，对国民经济学的批判能够使人们更加深刻地认识到资产阶级社会是一个颠倒的社会，即颠倒了人与物、工人与财富之间的关系，使工人的劳动成为最不幸的商品。"而在社会的增长状态中，工人的毁灭和贫困化是他的劳动的产物和他生产的财富的产物。就是说，贫困从现代劳动本身的本质中产生出来。社会的最富裕状态，这个大致还是可以实现并且至少是国民经济学和市民社会的目的的理想，对工人来说却是持续不变的贫困。"① 马克思对国民经济学的批判实际上是对资产阶级社会的批判，是对工业社会及其资本积累所造成的工人奴隶般的生存困境的批判，国民经济学批判成为马克思推进市民社会批判、进入异化劳动批判的重要基础和通道。

二　对工人的异化的批判

在批判国民经济学的过程中，马克思深入地接触并认识到市民社会中的一个极其重要的因素——劳动，即被国民经济学视为"机器""资本的奴隶"的工人所从事的劳动。而这种劳动的实际状态，就已经在国民经济学对工人的描述——"不把工人作为人来考察"，只作为"劳动的动物"中呈现出来。"不把工人作为人来考察"这一概念就已反映了无产者在资产阶级工业社会中的劳动状态。工人的劳动使人被贬低为机器，像机器一样从事片面化的、生产产品的分工，工人的劳动仅仅是为了取得通过精神和肉体上的牺牲换来的、维持自己作为奴隶阶级所必需的工资。在马克思看来，在资本家的工资的支配下，工人的劳动使劳动产品变成了与工人相对立的"异己的东西"，工人的劳动就是在不断地创造这种"异己的东西"。这是马克思从国民经济学批判中揭示的一个国民经济现实。"我们的出发点是国民经济事实即工人及其生产的异化。我们表述了这一事实的概念：异化的、外化的劳动。"② 异化劳动是马克思在工业化的现代"市民社会"中发现的一种颠倒的事实。

早在法哲学批判时期，马克思已在对黑格尔哲学的批判中对异化的问

---

① 〔德〕马克思：《1844 年经济学哲学手稿》，人民出版社，2018，第 13 页。
② 〔德〕马克思：《1844 年经济学哲学手稿》，人民出版社，2018，第 55 页。

题作出了反思。马克思指出，黑格尔把与国家相分离的家庭和市民社会视为对国家具有"从属性"和"依存性"的两个领域，在逻辑用语的意义上就是国家对市民社会具有"外在必然性"的权力。在黑格尔的法哲学中，市民社会只是国家的"从属性"和"依存性"的体现。"在'从属性'和'依存性'这两个概念中，黑格尔进一步发展了双重同一性中的一个方面，即进一步发展了统一性内部的异化这个方面。"① 在马克思看来，根据黑格尔的自在自为的绝对理念在伦理世界的发展逻辑，市民社会是理念的一种异化，理念创造出了一种与自身相区别的"材料"，在理念的外化、异化过程中，市民社会是与国家相分离、相对立的范畴。市民社会是从伦理之整体性中外化出来、与伦理之整体性相偏离的范畴，是从绝对的整体性范畴中分化而来的片面性范畴。市民社会的形成不是现实的经济活动过程，而是抽象的理念异化过程。在这一意义上，理念的自我外化、过渡、区别即异化，异化是理念自在自为的逻辑的一种具体表现。在伦理世界中，市民社会是一种既偏离了家庭也偏离了国家的中介。当然，理念本身决定了这种对立性、片面性、特殊性的异化具有自我规定的统一性，即理念具有扬弃异化、克服异化的发展逻辑。在这种逻辑的支配下，市民社会所表征的特殊的个人利益必须以国家成员的方式才能得到普遍性、真理性、伦理性意义上的规定，市民社会必须向自己的普遍性范畴即国家过渡，从而达到自在自为的普遍目的。也正是在这一意义上，黑格尔得出了"国家决定市民社会"的结论，国家对市民社会的决定作用实际上是理念对异化的扬弃，马克思对"国家决定市民社会"的颠倒实际上也批判了理念的异化及其对异化的扬弃这一抽象逻辑。

通过对"国家决定市民社会"的颠倒，马克思逐渐把研究和批判的焦点转向了被国家理念所颠倒的市民社会，从而更多地接触到市民社会中与物质利益密切相关的个人，不断深入解剖市民社会中追求物质利益的个人及其在生产活动中形成的现实关系和现实矛盾，并进一步从市民社会中发现异化问题。马克思在《黑格尔法哲学批判》中指出："我们的时代即文明时代，却犯了一个相反的错误。它使人的对象性本质作为某种仅仅是外

---

① 《马克思恩格斯全集》第 3 卷，人民出版社，2002，第 8 页。

在的、物质的东西同人分离，它不认为人的内容是人的真正现实。"① 马克思在法哲学批判中已经开始把关注点从黑格尔的理念异化转向人的异化，建立起批判异化的理论视域，不断深入认识资产阶级社会中人与物相颠倒的现实，不断认识到劳动在资产阶级市民社会中的特殊意义——劳动变成了一种使人丧失真正现实内容的异己力量。到了《1844 年经济学哲学手稿》对国民经济学进行批判的时期，马克思发挥了费尔巴哈人本学的理论逻辑，进一步对颠倒过来的市民社会以及由市民社会中工人的劳动所造成的颠倒关系进行分析，把对理念异化的批判转变和推进为对异化劳动的批判。

对费尔巴哈而言，"他的哲学的基本内容，即对宗教异化及其所导致的利己主义和个人主义（这是集体生活的障碍）的批判，是以颠倒的方式批判资本主义条件下的把工人的劳动变成商品的异化"②。对黑格尔而言，劳动是在市民社会中作为个人与需要的体系之间的中介，在直接意义上，劳动是人们改造自然界和创造消费品的活动。"劳动通过各色各样的过程，加工于自然界所直接提供的物资，使合乎这些殊多的目的。这种造形加工使手段具有价值和实用。这样，人在自己消费中所涉及的主要是人的产品，而他所消费的正是人的努力的成果。"③ 在马克思看来，劳动是作为类存在物的人有意识地创造生活的自由活动，劳动本质上是实现人的自由的手段，也是人自由自觉的本质的体现，人通过劳动满足生命活动的需要，实现生命活动的自由。也就是说，劳动象征着人的自由，劳动本质上是人的自由，人本身就是劳动的目的，劳动也是实现人的自由的目的。然而，在市民社会中，劳动等同于维持生存，人本身反而成为劳动的手段，劳动只是人维持生存的手段。"正因为人是类存在物，他才是有意识的存在物，就是说，他自己的生活对他来说是对象。仅仅由于这一点，他的活动才是自由的活动。异化劳动把这种关系颠倒过来，以致人正因为是有意识的存

---

① 《马克思恩格斯全集》第 3 卷，人民出版社，2002，第 102 页。
② 〔法〕奥古斯特·科尔纽：《马克思的思想起源》，王瑾译，中国人民大学出版社，1987，第 58 页。
③ 〔德〕黑格尔：《法哲学原理》，范扬、张企泰译，商务印书馆，1961，第 238 页。

在物，才把自己的生命活动，自己的本质变成仅仅维持自己生存的手段。"① 工人所从事的异化劳动不是为了展现自由的本质，而只是为了维持个体的生存。从人的类本质来看，劳动是目的，异化了的劳动却是手段。国民经济学研究视域中的工人之为"工人"的重要条件就在于这种异化劳动。

在马克思看来，异化劳动是一种颠倒的劳动，即颠倒了目的和手段、人与物的关系。一方面，异化劳动颠倒了目的和手段的关系，异化劳动是一种与人的类生活相违背、相对立的手段。"异化劳动把自主活动、自由活动贬低为手段，也就把人的类生活变成维持人的肉体生存的手段。"② 异化劳动颠倒了人的本质，把自由的活动变为异己的活动，即丧失自由的活动。工人通过异化劳动只能获得狭隘意义上的生活资料，使工人达到"奴隶状态的顶点"，只是维持"作为肉体的主体"的存在。在异化劳动过程中，人通过自然界表现"他的作品和他的现实"的对象化的劳动，却沦为运用自身动物机能的活动。另一方面，异化劳动颠倒了人与物的关系。异化劳动在仅仅为"作为肉体的主体"的工人带来狭隘的生活资料的同时，还带来了作为异己的存在物的商品。"工人生产的财富越多，他的生产的影响和规模越大，他就越贫穷。工人创造的商品越多，他就越变成廉价的商品。物的世界的增值同人的世界的贬值成正比。"③ 根据这一理解，异化劳动与工人之间的对立关系直接体现为两个世界之间的对立——物质的世界与人的世界之间的对立。如果说宗教这一颠倒的世界所反映的是神的世界对人的世界的支配，那么异化劳动这一颠倒的活动所形成的就是物的世界对人的世界的支配。从类生活的本质上看，劳动是人价值的实现、需要的满足，越多的劳动本应越能够实现人的世界的增值、对外部世界和生活资料的占有，然而异化劳动造成了相反的结果：工人越劳动，越造成自身的贬值、丧失对外部世界和生活资料的占有。这样一来，工人日益成为丧失对象的、非现实化的奴隶，而由工人所创造出来的产品却日益成为异己

---

① 〔德〕马克思：《1844 年经济学哲学手稿》，人民出版社，2018，第 53 页。
② 〔德〕马克思：《1844 年经济学哲学手稿》，人民出版社，2018，第 54 页。
③ 〔德〕马克思：《1844 年经济学哲学手稿》，人民出版社，2018，第 47 页。

的、统治人的对象。产品由满足工人需要的生活资料颠倒为统治工人劳动的异己力量，工人创造产品的劳动过程颠倒为产品统治工人的过程，从而形成了人与物之间的对立关系。工人的劳动过程犹如一个物化的颠倒的世界，颠倒的劳动创造出颠倒的世界。

马克思对异化劳动的批判不仅揭示了"异化劳动把这种关系颠倒过来"的后果，而且进一步揭示了形成这种颠倒的异化劳动的现实基础——私有财产。马克思在《1844年经济学哲学手稿》"笔记本Ⅰ"中一开始就指出："资本、地租和劳动的分离对工人来说是致命的。"① 这种致命的后果之一就是工人的异化劳动。资本家与工人之间的对立关系实际上是资本和劳动之间的对立关系。同时，在这种分离中，资本对劳动具有一种需求，资本家以工资的形式成为工人的买主，从而使工人从属于资本增殖的需要。工人的异化劳动作为积累起来的资本，变成了聚集在资产阶级手中的私有财产。"私有财产一方面是外化劳动的产物，另一方面又是劳动借以外化的手段，是这一外化的实现。"② 劳动作为自由自主的类生活被贬低为异化劳动的经济原因，就在于资产阶级的私有财产。正是在资产阶级私有财产的主宰下，工人越是劳动，就越是丧失对外部世界和生活资料的占有，而这一切丧失的占有就变成资产阶级的私有财产。资产阶级的私有财产使劳动变成了异化劳动，异化劳动又不断地为资产阶级创造和积累私有财产。在资产阶级私有财产的主宰下，工人的整个劳动过程才形成了目的与手段、人与物的颠倒关系，才形成了物的世界对人的世界的统治。对工人而言，私有财产是自己创造的异己力量，资产阶级占有这种异己力量，并运用这种异己力量支配工人的劳动过程，这是一个物化的、颠倒的世界。正是作为异己力量的异化劳动和私有财产，造就了一个颠倒的社会。"劳动为富人生产了奇迹般的东西，但是为工人生产了赤贫。劳动生产了宫殿，但是给工人生产了棚舍。劳动生产了美，但是使工人变成畸形。"③ 如果说，宗教给人带来的影响是颠倒现实关系的"处境的幻觉"，那么异化劳动给工人造成的影响则是颠倒劳动结果的

---

① 〔德〕马克思：《1844年经济学哲学手稿》，人民出版社，2018，第6页。
② 〔德〕马克思：《1844年经济学哲学手稿》，人民出版社，2018，第57页。
③ 〔德〕马克思：《1844年经济学哲学手稿》，人民出版社，2018，第49页。

"非现实化"。① 由异化劳动造成的资本家和工人之间的两极分化使整个社会呈现出一种颠倒的经济事实。在这一意义上说，马克思对异化劳动的批判，就是要把这种颠倒的关系、颠倒的世界重新颠倒过来。通过这种颠倒，劳动将从谋生的手段恢复为类生活的目的，不再以异化的方式维系个人的肉体生存，而是以类生活的方式展现个人的自由活动。人运用自身动物机能的活动恢复为人通过自然界表现"他的作品和他的现实"的对象化劳动。从事异化劳动的工人，将恢复为从事自主活动的人，人重新占有自己类生活的本质，重新支配由自己创造出来的产品，把物对人的统治颠倒为人对物的使用，把外在于人的异己力量颠倒为人的对象化的自我确证。更深入地看，要把异化劳动所颠倒的关系、颠倒的世界重新颠倒过来，就必须批判作为异化劳动的原因同时更是作为其结果的私有财产。没有私有财产的主宰，就不会出现异化劳动，从而也就不会产生颠倒的经济事实。马克思从对异化劳动的批判深化到对私有财产的批判。

马克思对资产阶级私有财产的批判，并非简单地否定私有财产，从而达到消灭异化劳动的目的。在这一问题上，马克思再次借助并发挥了黑格尔辩证法的"扬弃"。"把否定和保存即肯定结合起来的扬弃起着一种独特的作用。例如，在黑格尔法哲学中，扬弃了的私法＝道德，扬弃了的道德＝家庭，扬弃了的家庭＝市民社会，扬弃了的市民社会等于国家，扬弃了的国家＝世界历史。在现实中，私法、道德、家庭、市民社会、国家等等依然存在着，它们只是变成环节，变成人的存在和存在方式。"② 马克思以扬弃的方式对私有财产以及异化劳动进行批判。当然，马克思对私有财产的扬弃，并非黑格尔式的理念自我发展的扬弃。如果说，黑格尔是通过理念本身来扬弃异化（毕竟异化本身就是理念的外化），那么马克思则是通过共产主义来扬弃异化，这种共产主义是对私有财产的积极扬弃。具体来说，马克思在《1844 年经济学哲学手稿》中对这种扬弃的方式作了明确的论述：

---

① 〔德〕马克思：《1844 年经济学哲学手稿》，人民出版社，2018，第 47 页。
② 〔德〕马克思：《1844 年经济学哲学手稿》，人民出版社，2018，第 108 页。

共产主义是对私有财产即人的自我异化的积极的扬弃，因而是通过人并且为了人而对人的本质的真正占有；因此，它是人向自身、也就是向社会的即合乎人性的人的复归，这种复归是完全的复归，是自觉实现并在以往发展的全部财富的范围内实现的复归。这种共产主义，作为完成了的自然主义，等于人道主义，而作为完成了的人道主义，等于自然主义，它是人和自然界之间、人和人之间的矛盾的真正解决，是存在和本质、对象化和自我确证、自由和必然、个体和类之间的斗争的真正解决。它是历史之谜的解答，而且知道自己就是这种解答。①

从这段论述可以看出，马克思既运用了黑格尔的扬弃，同时又转换了这种扬弃的方式。对黑格尔而言，扬弃就是理念经历了外化、异化的环节后，最终实现向理念自身的复归。异化的本质即绝对理念，它决定了异化的产物具有复归的必然逻辑。这实质上只是颠倒的意识形态对异化所作的一种颠倒的解释。那么，据此解释异化劳动的扬弃，也就是一种理念在抽象意义上的本质的复归。与黑格尔相反，马克思揭穿了黑格尔"在哲学中扬弃的存在""对思想上的本质的扬弃"的教条，用共产主义的扬弃方式消解异化劳动产生的对立关系。在马克思看来，共产主义以否定和肯定相结合的方式对私有财产发挥消融的作用，也就是说，要颠倒异化劳动所颠倒的关系，不可用绝对否定的方式对待私有财产，否则就相当于白白地废弃了工人通过牺牲肉体和精神所创造的财富；当然，也不可用绝对肯定的方式对待私有财产，否则就相当于维持了作为工人买主的资产阶级占有财富的现状。因此，只有共产主义才能达到对这一矛盾的真正解决，对异化劳动产生的私有财产进行既否定又肯定的扬弃，通过共产主义的扬弃，人将颠倒异化劳动的发展方向，即劳动创造的财富由向资产阶级的积累反转为向真正人的生命的归还，从而颠倒了被异化劳动所颠倒的目的与手段、人与物之间的关系，使人的世界重新支配物的世界并把物的世界融入人的世界。在这种扬弃性的颠倒之后，对工人而言，异化劳动实现了向自主活

---

① 〔德〕马克思：《1844 年经济学哲学手稿》，人民出版社，2018，第 77~78 页。

动的复归，异化劳动产生的一切异己力量实现了向人的本质力量的复归，工人不再是"工人"而是真正的人，在人道主义意义上重建了自由的类生活。

马克思这段关于共产主义扬弃私有财产的论述，以及对异化劳动的批判隐现出法哲学批判时期在颠倒黑格尔"国家决定市民社会"时所具有的"分离—对立—颠倒"的批判理路。马克思在《1844年经济学哲学手稿》中把这种"分离—对立—颠倒"的思路运用到了政治经济学关于异化劳动的批判性分析以及对共产主义的初步论证当中。第一，异化劳动是一种分离的过程，它以资本和劳动的分离为前提，以劳动产品和工人的分离为结果。第二，异化劳动是一种对立的力量，工人创造出与自身相对立的异己的产品。马克思特别注意异化劳动的对立性："劳动所生产的对象，即劳动的产品，作为一种异己的存在物，作为不依赖于生产者的力量，同劳动相对立。"① 异化劳动所表征的事实是，产品与人的分离并且成为与人相对立的存在物，颠倒了人与物的关系，使得物形成了对人的奴役和统治，而这种物对人的奴役和统治实质上是人对人的统治，即作为买主的资本家对工人的统治。可见，马克思对这种颠倒的异化关系的批判，极力凸显了异化劳动中的阶级对立关系（使颠倒异化关系极为必要）。物的世界，即资本的增殖，导致人的世界的贬值，物的世界以私有财产的形式对工人进行统治，由此形成了异化劳动与人的本质、物与人之间的对立关系。在异化劳动与人相分离的基础上形成的是异化劳动统治人、劳动产品统治人、私有财产统治人的颠倒的世界。第三，异化劳动是一种要被颠倒的对象。既然异化劳动颠倒了目的与手段、人与物质之间的关系，那么对异化劳动的批判就要落脚于对这些颠倒的关系进行颠倒，而实现这一颠倒的方式就是扬弃，即通过扬弃实现与工人相分离、相对立的劳动、产品、财富的重新复归。在共产主义的积极扬弃下，与黑格尔复归国家伦理精神相反，分离和对立所复归的是人本身，从而扬弃了相对于人而言的各种对立面。这种复归的扬弃方式实质上也展现了一种世界观的批判，展现了马克思借助费尔巴哈的人本唯物主义批判黑格尔的客观唯心主义，促进了唯物史观的形

---

① 〔德〕马克思：《1844年经济学哲学手稿》，人民出版社，2018，第47页。

成，从而有助于更加深入地解剖市民社会中的物质生活关系和阶级对立关系。然而，在马克思批判异化劳动中提出的共产主义，不是社会形态意义上的共产主义，也不是相对于资产阶级社会而言的"共产主义社会"，而主要是对私有财产进行扬弃的一种"积极表现"。当然，这种作为扬弃的"积极表现"的共产主义已经包含了社会形态意义上的共产主义社会的重要因素——对资产阶级私有财产的否定和扬弃，对人的自由的本质的肯定，而且马克思还把共产主义理解为具有革命意义的实践。

这种意义上的颠倒无疑超越了法哲学批判时期的颠倒。马克思在法哲学批判之后不断在政治经济学的研究中深化和推进这种颠倒的批判方式。可见，《1844年经济学哲学手稿》中的异化理论以及共产主义扬弃异化的思想，是法哲学批判时期对颠倒的颠倒之批判逻辑在唯物史观形成进程中的一次推进和发挥。这种颠倒的推进和发展，从一个侧面展现了马克思在新世界观的早期形成过程中深化了"在批判旧世界中发现新世界"的革命立场。

第三节　对颠倒的资本运动的批判

随着对国民经济学的"认真的批判研究"，马克思从"国民经济学同国家、法、道德、市民生活等等的联系"中更加深入地接触和分析国民经济学所研究的市民社会中的物质条件，看到了资本家主宰的市民社会，即资产阶级社会中人与人之间的物质的生活关系——商品生产过程中资本家与工人之间的关系。在政治经济学批判中，他不断深入认识和研究资本的运动及其规律，并从资本的运动中进一步揭示资本家对工人的剥削、奴役和统治，揭示出作为资本的一种形态的货币所具有的颠倒作用，揭示出资本增殖的过程，即剩余价值的生产过程，呈现为一种颠倒的世界。马克思在对货币和剩余价值的批判中，进一步运用和发挥了颠倒的批判方式，在资本批判的意义上深入地解剖市民社会中的生产关系，把此前对市民社会的批判推进到对生产关系的研究、对资本主义生产关系的批判，揭示出工人在资本主义生产关系中的劳动状况以及由此造成的生存困境，更是从资本运动中发现资本自我否定的现实逻辑以及实现人类解放的现实条件。

一　对货币颠倒作用的批判

在异化劳动造成的物统治人的颠倒的世界中，不仅私有财产、劳动产品成为与工人相对立的异己力量，还有一种与私有财产、劳动产品密切相关的"有形的神明"——货币。在市民社会中，货币以私有财产和异化劳动为基础，发挥着异化的力量，展开了异化的表现。"正如我们通过分析从异化的、外化的劳动的概念得出私有财产的概念一样，我们也可以借助这两个因素来阐明国民经济学的一切范畴，而且我们将重新发现，每一个范畴，例如买卖、竞争、资本、货币，不过是这两个基本因素的特定的、展开了的表现而已。"① 对异化劳动以及对资本运动的批判，就必然涉及对作为"展开了的表现"的货币的批判。马克思对货币的批判，首先是揭示其颠倒事物的作用。

在马克思看来，货币对资本家而言是一种重要的私有财产，因为在资本和劳动相分离的条件下，它可以让工人"幸运"地找到自己的买主，即成为从事异化劳动的商品，货币以工资的形式表现出资本对工人劳动的需求。在这一意义上，"幸运"实际上就是不幸，意味着这种需求"取决于富人和资本家的兴致"，从而造成工人这个阶级本身为"避免同归于尽"而必须牺牲自己的一部分，即"一部分工人饿死或行乞"。换句话说，货币以工资的形式满足了资本家对工人的兴致。这样一来，对工人而言，达到"奴隶状态的顶点"的异化劳动的不幸反而变成了"幸运"，特别是资本家如果为工人增加这种货币，那么工人甚至连一切自由都放弃了，以缩短寿命的方式"在挣钱欲望的驱使下从事奴隶劳动"②。而且，由这种货币的驱使所导致的工人寿命缩短的有害状况，却同时也是整个工人阶级能够得到来自资本的新需求的有利状况。可见，在资产阶级社会，货币作为一种与工人相对立的异化力量，能够把工人的不幸变为幸运，能够把工人的有害状况变为有利状况，当然也通过这种幸运使工人变得更加不幸，通过

---

① 〔德〕马克思：《1844 年经济学哲学手稿》，人民出版社，2018，第 58 页。
② 〔德〕马克思：《1844 年经济学哲学手稿》，人民出版社，2018，第 8 页。

所谓有利状况使整个工人阶级陷入更为严重的有害状况。对工人乃至市民社会而言，货币发挥着一种独特的颠倒作用。"对于个人和对于那些以独立本质自居的、社会的和其他的联系，货币也是作为这种起颠倒作用的力量出现的。它把坚贞变成背叛，把爱变成恨，把恨变成爱，把德行变成恶行，把恶行变成德行，把奴隶变成主人，把主人变成奴隶，把愚蠢变成明智，把明智变成愚蠢。"① 在马克思看来，货币是一种具有"使事物普遍混淆和颠倒"的独特作用的力量，货币的颠倒作用是一种"真正的创造力"，这种"真正的创造力"能够创造出与现实存在相反的对立物，是一种能够使人异化的神力。马克思在此专门借用了莎士比亚的话来描述货币的颠倒作用："它是有形的神明，它使一切人的和自然的特性变成它们的对立物，使事物普遍混淆和颠倒；它能使冰炭化为胶漆。"② 如果说，宗教以虚幻的方式对现存世界作出了一种颠倒的解释，从而创造出一个颠倒的抽象世界，用"处境的幻觉"来掩盖"幻觉的处境"，把人们反抗现实处境的意识颠倒为安于现实处境的幻觉，把人的意识置于由神所创造的颠倒的世界之中；那么货币则以中介的方式创造出一个颠倒的现实世界，使人的现实生活置于由货币所创造的颠倒的世界之中。货币能把观念变为现实，也能把现实变为观念；能把现实的本质力量变成痛苦的幻象，也能把痛苦的幻象变为现实的本质力量。"仅仅按照这个规定，货币就已经是个性的普遍颠倒：它把个性变成它们的对立物，赋予个性以与它们的特性相矛盾的特性。"③ 货币不像宗教那样只是一种颠倒的解释，而是一种颠倒的本领，创造出各种对立物是货币的特性。"因为货币作为现存的和起作用的价值概念把一切事物都混淆了、替换了，所以它是一切事物的普遍的混淆和替换，从而是颠倒的世界，是一切自然的品质和人的品质的混淆和替换。"④ 在资本和劳动分离的条件下，货币充当着资本家和无产者之间的中介，即以工资的形式重新把资本和劳动结合起来，货币由此与人的价值和人的贬值之间形成了本质联系，亦即与人的异化形成

---

① 〔德〕马克思：《1844 年经济学哲学手稿》，人民出版社，2018，第 141 页。
② 〔德〕马克思：《1844 年经济学哲学手稿》，人民出版社，2018，第 140 页。
③ 〔德〕马克思：《1844 年经济学哲学手稿》，人民出版社，2018，第 141 页。
④ 〔德〕马克思：《1844 年经济学哲学手稿》，人民出版社，2018，第 141 页。

了本质联系。

在资本运动的过程中，货币对一切事物的普遍的颠倒作用集中体现为对目的与手段、人与物之间关系的颠倒：人创造的劳动产品反而变成统治人的异己力量，人在劳动中创造生活资料的过程反而变成失去生活资料的过程，人在劳动中展现类生活特征的过程反而变成奴隶般生存的过程。作为"自然的品质"的自然界变成与人相对立的存在物，作为"人的品质"的本质力量变成与人相对立的物化力量。由货币所创造的社会是颠倒的世界。货币的颠倒作用实际上是资产阶级私有财产以及以此为基础的异化劳动对工人产生颠倒作用的"展开了的表现"而已。马克思对货币颠倒作用的批判实质上是对异化劳动和私有财产的批判，要消除货币的颠倒作用，并通过这种批判更加深入地接触和分析市民社会中人与人之间的关系，从对市民社会的解剖中进一步发现资产阶级与无产阶级的对立关系及其产生的物质条件，从政治经济学批判的角度揭示出以货币为中介的两大阶级在资本运动中的利益分化和矛盾，最重要的是揭示出在货币所创造的颠倒的世界中无产阶级所遭受的各种与自身相对立的异己力量。

二　对剩余价值生产的批判

随着对政治经济学研究的深入，马克思对市民社会的批判逐渐从哲学范畴中的批判转向和推进到对市民社会中的现实关系，即资产阶级社会的物质生活关系的解剖；从法哲学批判中对"国家决定市民社会"的颠倒转向政治经济学批判中对作为国家基础的物质生产过程的研究，开始着力于研究资产阶级社会的物质生产过程特有的经济规律——剩余价值规律。从根本上说，《1844 年经济学哲学手稿》中批判的异化劳动，对资产阶级而言就是一种创造剩余价值的生产过程，私有财产实际上也是剩余价值生产的结果。在《1844 年经济学哲学手稿》的早期政治经济学研究基础上，马克思在《资本论》中深入分析了资本主义生产关系中工人创造剩余价值的生产过程。资本运动的过程实质上就是以剩余价值生产为根本内容的发展过程。"购买劳动力，不是为了用它的服务或它的产品来满足买者的个人需要。买者的目的是增殖他的资本，是生产商品，使其中包含的劳动比他支付了报酬的劳动多，也就是包含一个不花费他什么、但会通过商品的出售得到实现的价值部分。生产剩余价值或赚钱，是这个生产方式的绝对规律。"① 马克思通过研究这种独特的经济规律发现，剩余价值生产的过程是一种颠倒的生产过程。

马克思指出："资本的循环过程是流通和生产的统一。"② 在整个资本运动的过程中，资本家要实现资本增殖即获得剩余价值的目的，就必须以货币资本的形式购买从事商品生产的劳动力，工人的劳动力由此转化为供资本家使用的特殊商品；对这种特殊商品的使用意味着资本家购买劳动力的货币已经转化为追求剩余价值的资本。资本家购买劳动力的货币以工资的形式支付给工人，同时以货币资本的形式购买生产资料，从而实现人与物的结合，通过劳动与资本、劳动力与生产资料相结合的方式进行商品生产。"一个货币额转化为生产资料和劳动力，这是要执行资本职能的价值量所完成的第一个运动。这个运动是在市场上，在流通领域内进行的。运动的第二阶段，生产过程，在生产资料转化为商品时就告结束，这些商品的价值大于其组成部分的价值，也就是包含原预付资本加上剩余价值。接着，这些商品必须再投入流通领域。必须出售这些商品，把它们的价值实现在货币上，把这些货币又重新转化为资本，这样周而复始地不断进行。这种不断地通过同一些连续阶段的循环，就形成资本流通。"③ 在马克思看来，资本运动是生产和流通相统一的循环发展过程，即资本按照一定的职能所实施的周期更新，在一个周期更新的意义上看，资本运动是从货币资本到生产资本再到商品资本的价值增值过程，资本循环的公式是"G—W…P…W′—G′"。货币资本是资本周期更新的第一阶段，即流通阶段，资本家以货币购买劳动力和生产资料的方式为价值增值建立物质前提。"货币资本的循环，是产业资本循环的最片面、从而最明显和最典型的表现形式；产业资本的目的和动机——价值增殖，赚钱和积累——表现得最为醒目（为贵卖而买）。"④ 生产资本是资本周期更新的第二阶段，

① 《马克思恩格斯全集》第 23 卷，人民出版社，1972，第 678~679 页。
② 《马克思恩格斯选集》第 2 卷，人民出版社，1995，第 284 页。
③ 《马克思恩格斯全集》第 23 卷，人民出版社，1972，第 619 页。
④ 《马克思恩格斯选集》第 2 卷，人民出版社，1995，第 284 页。

即生产阶段，资本家以劳动力与生产资料相结合的方式为价值增值发挥实质作用，资本家通过对购买的劳动力进行消费，使消耗的劳动力和生产资料不断转化为具有更高价值的产品。商品资本是资本周期更新的第三阶段，即流通阶段，资本家把已发生价值增值的产品即以商品形式出售，为价值增值开辟后续道路，资本家通过卖掉商品使之转化为供资本周期再次更新所需的货币。资本家就是按照货币资本（流通过程）→生产资本（生产过程）→商品资本（流通过程）前后相继的资本运动过程（资本循环）来实现对剩余价值的追求的，资本循环公式中的 G′ 相对于 G 而言，包含了一个增加的价值量，即剩余价值。

　　从资本运动的整个过程来看，价值增值的决定性环节是资本周期更新的第二阶段。因为在这一生产阶段，工人通过劳动对生产资料进行加工、改造，使之成为能够满足特定社会需要的商品。资产阶级购买的生产资料本身绝不会"自在自为"地变成具有特定使用价值的商品，现有的价值本身不会自动产生一个增加额。必须通过工人的劳动（无论这种劳动被贬低为何种手段），才能把生产资料的价值转移到产品上，进而使其变成具有特定使用价值的商品。也只有这样，资本家才能用这种商品换取货币，从而达到追求剩余价值的目的。因此，马克思又把资本的周期更新视为"再生产"。资本运动实质上是以工人的劳动为基础的剩余价值生产和再生产的过程：资本家用货币购买劳动力进行剩余价值生产并获得更多的货币。马克思指出，这是资本家的"戏法"，并揭示了价值增值的具体过程。在剩余价值生产过程中，以不变资本的形式发挥作用的生产资料，在工人的劳动过程中并不会发生增值。"相反，变为劳动力的那部分资本，在生产过程中改变自己的价值。它再生产自身的等价物和一个超过这个等价物而形成的余额，剩余价值。"① 在此，超出的余额是指工人无偿为资本家劳动所创造的价值。剩余价值生产的过程由必要劳动时间和剩余劳动时间构成，资本家购买劳动力的货币即支付给工人的工资等于工人在必要劳动时间创造的价值——劳动力价值。工人在必要劳动时间内创造出维持自己生存所必需的生活资料的价值，也就是说，工人维持自身的生存只需付出必

---

① 《马克思恩格斯全集》第 23 卷，人民出版社，1972，第 235 页。

要劳动时间。那么，工人在剩余劳动时间即"超出必要劳动时间界限做工的时间"为资本家创造剩余价值，因此商品的价值就用公式表示为"W＝c+v+m"，这表明资本家通过预付不变资本 c（生产资料）和可变资本 v（劳动力）获得了剩余价值 m。其中，正是以可变资本的形式发挥作用的劳动力（商品）在使用过程中创造了剩余价值。可见，资本运动实质上是工人在剩余劳动时间为资本家生产和实现剩余价值的过程，剩余价值来源于工人的劳动，工人的劳动是价值增值的源泉。因此，在马克思看来，资本家通过工资对工人在剩余劳动时间生产的剩余价值进行占有就是剥削，这种剥削的程度用剥削率即剩余价值率（剩余价值率＝剩余劳动时间/必要劳动时间）来表示。这意味着，减少工人的必要劳动时间、增加工人的剩余劳动时间是资本家追求更多剩余价值的必然选择。对资本家而言，剩余价值是预付资本的一个增加额，而不是可变资本——工人的劳动——所带来的增加额，而且资本家并不区分不变资本和可变资本，把一切进入价值增值过程的要素都视为预付资本，那么由预付资本所产生的增加额也就不是剩余价值而是利润，这也就意味着资本家通过付出成本换来利润。这样一来，剩余价值就转化为利润，由工人创造的商品的价值"W＝c+v+m"就转化为"W＝k+p"，商品价值转化为成本价格（k）和利润（p）的总和（而不是不变资本、可变资本、剩余价值的总和）。在马克思看来，资本运动中的这种转化是一种颠倒的过程。"剩余价值借助利润率而转化为利润形式的方式，只是生产过程中已经发生的主体和客体的颠倒的进一步发展。我们已经在生产过程中看到，劳动的全部主观生产力怎样表现为资本的生产力。一方面，价值，即支配着活劳动的过去劳动，人格化为资本家；另一方面，工人反而仅仅表现为物质的劳动力，表现为商品。从这种颠倒的关系出发，还在简单的生产关系本身内，就必然会产生出相应的颠倒的观念，即歪曲的意识，这种意识由于真正流通过程的各种转化和变形而进一步发展了。"① 以生产和实现剩余价值为实质内容的资本运动在现实意义上，具有鲜明的颠倒逻辑。

根据马克思的理解，资本运动中的颠倒，一方面是指主体和客体之间

---

① 《马克思恩格斯选集》第 2 卷，人民出版社，1995，第 403 页。

关系的颠倒。从资本运动的整个循环更新过程来看，工人的劳动创造了剩余价值，这是资本家眼中最清楚的利润来源，工人通过加工和改造把各种物质生产资料转化为具有特定使用价值的产品，既满足了市场对产品的需求，也实现了资本家对财富的追求。资产阶级社会创造出超越过去一切世代的巨大生产力，工人是整个资产阶级工业社会发展最重要的主体力量。工业的力量是展开了的工人阶级的力量，工业的历史是工人创造生产力的历史。工人阶级是现代工业文明的创造主体。然而，作为积累起来的劳动，资本从货币资本的职能形式到生产资本的职能形式，再到商品资本的职能形式及其持续的循环发展，只是把工人当作实现价值增值的一种工具，工人的存在被物化，就像工业机器一样，为生产产品、创造利润而劳动，成了奴隶般的存在。工人在整个资本运动中只是供资本家使用的"机器人"而已。"到最后就把人变成机器人了。工人存在的全部价值只不过在于他是一种生产力而已；资本家就是这样来对待工人的。"① 资本的运动颠倒了主体和客体之间的关系，颠倒了工人和资本（商品、机器、财富）之间的关系，把作为主体的工人颠倒为客体，而把作为客体的资本颠倒为主体。资本上升为主体并人格化为资本家，工人则被贬低为纯粹具有劳动能力的物，并且要服从资本等物质力量的支配。在工业生产中，作为主体的工人沦为资本的附属物，而不是创造者。从颠倒的视角来看，剩余价值生产是资本人格化和工人物化相统一的颠倒过程。马克思还发现，除了生产劳动过程是一个颠倒关系的过程，就连生产劳动过程之外的社会生活过程也同样如此。"从社会角度来看，工人阶级，即使在直接劳动过程以外，也同死的劳动工具一样是资本的附属物。甚至工人的个人消费，在一定限度内，也不过是资本再生产过程的一个要素。不过，这个过程关心的是，在它不断使工人的劳动产品从工人这一极移到资本那一极时，不让这种有自我意识的生产工具跑掉。"② 对工人阶级而言，资产阶级社会是一个颠倒的世界，无论是生产还是生活，工人阶级都陷入一种颠倒的处境。

---

① 《马克思恩格斯选集》第 1 卷，人民出版社，1995，第 227 页。
② 《马克思恩格斯全集》第 23 卷，人民出版社，1972，第 629 页。

另一方面指生产和流通之间关系的颠倒。从资本实现增殖的运动过程来看，资本增殖是生产和流通相统一的剩余价值创造和实现的过程。其中，货币资本和商品资本发挥作用的流通环节，是资本实现增殖的外在条件；而生产资本发挥作用的生产环节，是资本实现增殖的决定因素。这是因为，工人在生产环节的剩余劳动时间里创造出比自身价值（劳动力价值）更高的价值，并通过自身的劳动把生产资料加工改造成满足市场需求的产品。这说明，生产环节决定了整个资本运动的循环发展。剩余价值的创造和实现需要流通环节，但它并非产生于流通环节，只有生产环节才能创造出被资本家视为利润的剩余价值。因此，流通环节对于生产环节（以及再生产过程）而言只是一种中介。"真正的流通，只是表现为周期更新的和通过更新而连续进行的再生产的中介。"① 脱离了生产环节的流通不是真正的流通，流通的目的是实现商品的生产和再生产。然而，如前所述，当剩余价值转化为利润（用马克思的话来说两者实际上是一回事），用利润的形式来解释剩余价值，剩余价值就变成了资本家全部预付资本的一个增加额，而不是可变资本，即劳动力带来的增加额。这样一来，以剩余价值生产为实质内容的资本运动就产生了一种假象：工人创造剩余价值的生产过程变成了资本带来利润的流通过程。也就是说，资本家获得的并不是在生产过程中剥削而来的剩余价值，而是从流通过程中实现的利润，资本家手中不断增加的财富来自流通环节。"虽然商品价值超过它的成本价格的余额是在直接生产过程中产生的，但它只是在流通过程中才得到实现。由于这个余额在现实中、在竞争中、在现实市场上是否实现，实现到什么程度，都要取决于市场的状况，因此这个余额更容易具有一种假象，好像它来自流通过程。"② 对资本家而言，利润归根结底源于自己的预付资本。在流通过程中，资本家通过货币与工人的交换、商品与市场的交换获得利润，工人也通过交换获得了工资，再用工资购买商品。这样一种"流通过程"实际上掩盖了工人创造剩余价值（利润）的主体地位，掩盖了资本家对工人劳动的支配和剥削。利润（剩余价值）只是资本家用货币换取更多

---

① 《马克思恩格斯选集》第 2 卷，人民出版社，1995，第 285 页。
② 《马克思恩格斯选集》第 2 卷，人民出版社，1995，第 402 页。

货币的结果，私有财产的增长是交换的结果而不是生产的结果。在这一问题上，马克思还发现了一种采纳"政治经济学关于需求和供给的最庸俗的原理"得出的"社会主义结论"：在生产与消费之间加入某种概念，从而把生产过程与消费过程割裂开来，模糊了消费过程与生产过程的必然联系，把消费而不是生产作为研究政治经济学以及考察现存社会的出发点。"格律恩的社会主义结论是更具代表性的，它仍然是他的德国先辈们所说过的话的结结巴巴的转达。生产和消费是各自分开存在的，因为我们的颠倒的世界把它们彼此割裂开来。我们的颠倒的世界怎样作到这一点的呢？它在二者之间插入了某种概念。因而把人分为两半。它不以此为满足，还把社会、即把它自身也分为两半。"① 这种割裂实质上掩盖了生产阶段的决定意义，按照这种"社会主义结论"来考察工业社会，就会只看到所谓"人的消费"和"消费的真正本质"，看不到生产过剩造成的危机，从而呈现出一个"空想式地把现存制度神圣化"的颠倒的世界。对于马克思所批判的生产与流通的颠倒关系，托兰斯指出："资产阶级社会的社会范式是一种交换的范式……交换的范式'颠倒'了社会的生产模式，因为它在一个开放的、无阶级的市场社会所产生的表现为一种幻想的观念。"② 资本运动的过程就变成了商品与货币相交换、资本与市场相连通的过程。按照这种过程来解释市民社会会产生一种颠倒的观念：市民社会是一个人们在市场中以平等交换、自愿交换的方式追求个人经济利益的现代社会。这种颠倒会造成严重的幻想，从政治经济学的意义上看，工人受奴役、被剥削的不平等生产关系被解释为合理合法的平等交易关系。用流通环节取代生产环节作为剩余价值的源泉以及用利润取代剩余价值作为流通的结果，就必然抹杀了现代商业社会、工业社会中资本与劳动、资产者与无产者之间的对立关系，反而把对立的关系颠倒为平等的关系，把吸血鬼一样的资本及其经济制度颠倒为"天赋人权的真正乐园"。资本家可以凭借自己的自由意志，"作为自由的、在法律上平等的人"，用货币与工人进行交换并由此缔结平等的劳动契约；工人同

① 《马克思恩格斯全集》第 3 卷，人民出版社，1960，第 613 页。
② John Torrance, *Karl Marx's Theory of Ideas* (Cambridge：Cambridge University Press, 2008)，p. 173.

样可以凭借自己的自由意志，"作为自由的、在法律上平等的人"，用劳动力与资本家进行交换并由此缔结平等的劳动契约。这种以平等交换为基础的资本主义生产关系"在全能的神的保佑下，完成着互惠互利、共同有益、全体有利的事业"①。在这一意义上，资本主义生产关系可谓是一个颠倒的世界。在这种虚假的平等基础上建立的资本主义生产关系实质上是"资本先生"为了获取更多利润而"兴妖作怪"，以物化的社会关系支配工人阶级的颠倒的世界。

因此，马克思对资本运动的批判的重要意义在于揭示出剩余价值生产是一个颠倒的过程。通过对剩余价值生产过程的批判性研究，马克思揭穿了资产阶级社会在剩余价值问题上制造的假象，揭示出资产阶级主宰的现代工业社会是一种物化了的颠倒的世界。"在资本—利润（或者，更好的形式是资本—利息），土地—地租，劳动—工资中，在这个表示价值和财富一般的各个组成部分同财富的各种源泉的联系的经济三位一体中，资本主义生产方式的神秘化、社会关系的物化，物质生产关系和它的历史社会规定性直接融合在一起的现象已经完成：这是一个着了魔的、颠倒的、倒立着的世界。在这个世界里，资本先生和土地太太，作为社会的人物，同时又直接作为单纯的物，在兴妖作怪。古典经济学把利息归结为利润的一部分，把地租归结为超过平均利润的余额，使这二者在剩余价值中合在一起。"② 这个颠倒的世界是"经济三位一体"的资产阶级社会，即资产者、土地所有者共同瓜分工人阶级创造的剩余价值的世界。然而，物化的资本主义生产关系把资产者、土地所有者以及工人阶级之间的对立关系神秘化为平等交换的财富关系，资产者与土地所有者进行平等交换的同时，又与无产者进行平等交换，由此构建了一种资产者、土地所有者、无产者"三位一体"相容相生的现代工业社会。因此，马克思对剩余价值的批判旨在揭穿这种被神秘化的对立关系，揭示工人被颠倒的生存困境。资本主义生产关系是资产者剥削无产者的经济关系，而整个资产阶级社会则是"资本先生和土地太太"共同剥削无产阶级的物化世界。在这一意义上，所谓市

---

① 《马克思恩格斯选集》第 2 卷，人民出版社，1995，第 176 页。
② 《马克思恩格斯选集》第 2 卷，人民出版社，1995，第 578～579 页。

民社会，就是资产阶级追逐剩余价值、工人阶级日益陷入贫困的现代工业社会、商业社会、市场社会。

基于资本运动的维度对市民社会进行政治经济学研究，马克思更加深入地从市民社会中解剖出资本增殖所造成的资产阶级与无产阶级之间相互对立的生产关系，揭示出这一生产关系中资产阶级通过剥削无产阶级实现发家致富的现实逻辑，找到了资产阶级对无产阶级进行统治的物质基础。正是如此，马克思从政治经济学批判的意义上推进了市民社会批判，从而对国家与市民社会关系作出了更加深入的解释，从对资本运动的批判性研究中科学地解释了"市民社会决定国家"的观点。首先，资产阶级社会的生产力实质上是无产阶级在资产阶级支配下通过劳动创造物质财富的能力，生产力的发展由此变成了资产阶级以私有制为基础实现财富日益集中的过程，资产阶级的现代文明实质上是通过剥削工人创造的剩余价值而建立起来的工业文明。为了维系这种剥削剩余价值的工业文明、维系支配工人劳动的生产关系，资产阶级就必须在生产力发展的物质基础上建立一种维护整个"市民社会"的政治条件，即建立资产阶级的国家制度，使资产阶级支配无产阶级劳动的资本主义生产关系合法化，使资本运动能够在政治制度的规范和保障下有序发展。由此，资产阶级支配无产阶级的经济关系产生了资产阶级统治无产阶级的政治关系，人剥削人的资产阶级经济制度上升为人统治人的资产阶级政治制度，即市民社会产生国家。同时，也正是资产阶级支配了工人的劳动过程以及这一劳动过程"平等交换"的财富分配方式，主宰着整个市民社会的经济运行模式，因此具备经济上的权力和资源，能够建立起与之相适应的国家制度。对于这一问题，马克思在《德意志意识形态》新世界观的理论视域中重新论述了国家与市民社会的问题，用唯物史观推进了此前对黑格尔"国家决定市民社会"的颠倒：

> 市民社会包括各个人在生产力发展的一定阶段上的一切物质交往。它包括该阶段的整个商业生活和工业生活，因此它超出了国家和民族的范围，尽管另一方面它对外仍必须作为民族起作用，对内仍必须组成为国家。"市民社会"这一用语是在 18 世纪产生

的，当时财产关系已经摆脱了古典古代的和中世纪的共同体。真正的市民社会只是随同资产阶级发展起来的；但是市民社会这一名称始终标志着直接从生产和交往中发展起来的社会组织，这种社会组织在一切时代都构成国家的基础以及任何其他的观念的上层建筑的基础。①

从这段论述来看，马克思在法哲学批判时期所颠倒的国家与市民社会关系在此已经更为明确地在"生产和交往"的经济学视域中展现出来。这一论述的核心意义就是"市民社会决定国家"。同时，马克思在此进一步颠倒了这一命题中所涉及的世界观及其核心范畴，将自身残余的唯心史观颠倒为从中分离出来并与之对立的唯物史观，用社会组织决定国家的理解方式颠倒了黑格尔的"国家决定市民社会"。而且，随着《资本论》时期政治经济学批判的深入，马克思推进了在经济学视域中对"国家决定市民社会"的颠倒，从物质生活的生产关系出发，解释法、政治、国家制度形成的现实基础和现实过程。因此，他同时也抛弃了"市民社会"这一传统用语，而转用"生产关系"这一新的表述，更是在这种政治经济学批判意义上的颠倒中把黑格尔法哲学所关注的市民社会与国家之间的对立关系，转向市民社会中无产阶级与资产阶级之间的对立关系。也就是说，在资本运动的现代工业社会中，资本主义生产关系决定资产阶级政治国家。这种"决定"关系实际上就是资产阶级在经济上和政治上统治无产阶级的关系，资产阶级占有资本的经济关系决定了资产阶级掌握国家权力的政治关系，甚至经济关系中"平等交换"的假象决定了政治关系中"自由平等"的虚构，而"自由平等"的政治关系又维持着"平等交换"的经济关系。"罗马的奴隶是由锁链，雇佣工人则由看不见的线系在自己的所有者手里。他这种独立的假象是由雇主的经常更换以及契约的法律虚构来保持的。"② 资本运动的发展决定了政治国家的建构，并最终决定了无产阶级沦为现代工业文明的奴隶。"市民社会决定国家"在资产阶级社会中所体现的正是两

---

① 《马克思恩格斯选集》第 1 卷，人民出版社，1995，第 130~131 页。

② 《马克思恩格斯全集》第 23 卷，人民出版社，1972，第 629~630 页。

大阶级日益分化的对立关系。在这一意义上，马克思市民社会批判的核心问题，不仅仅是对黑格尔"国家决定市民社会"的颠倒，而且是对决定国家的资本主义生产关系的变革。也只有这样，才能达到对其所决定的资产阶级政治国家的变革。那么，以无产阶级革命的方式对颠倒的资产阶级社会进行颠倒，无疑是马克思市民社会批判的根本实践取向。

第五章

颠倒的发挥：马克思市民社会
批判的独特延续

在马克思之后，市民社会依然是西方一些革命家、理论家关注的重要问题，马克思在批判市民社会以及旧世界和旧哲学的过程中所分析的颠倒问题，也成为这些革命家、理论家关注的重要内容。他们以各自的方式延续了马克思对市民社会的批判性研究，对市民社会作出了独特的理解和阐释，发挥了马克思在市民社会批判、意识形态批判以及资本运动批判中的颠倒方法，由此展现出既源自马克思思想又偏离马克思思想的颠倒逻辑。早期西方马克思主义以西方革命的发展形势为依据，对市民社会问题作出了独特的批判性思考，在改变资产阶级社会的革命立场上展现出了一种既传承马克思批判精神又不同于马克思唯物史观的文化转向，即从对物质层面上的生产关系的革命性理解转向对精神层面上的思想文化的革命性理解。其中，卢卡奇坚持无产阶级革命的立场，紧随马克思政治经济学批判的思路，从阶级意识出发分析资本主义市民社会中的物化现象，揭示出资本主义生产过程以及资产阶级社会出现的颠倒的异化问题，阐明了无产阶级的阶级意识对变革资产阶级社会的决定性意义。卢卡奇在市民社会批判的问题上既揭示出资本主义生产关系的颠倒特征，也展现出从经济革命转向意识革命的颠倒逻辑，即用"批判的武器"代替"武器的批判"的颠倒取向，呈现出从物质生产意义上的革命向思想文化意义上的革命的转变。葛兰西则对马克思的市民社会概念作出了独特阐释，把马克思从哲学范畴转向政治经济学批判范畴所阐释的"市民社会"概念再次颠倒，把从物质关系意义上理解的市民社会又颠倒回一种具有思想文化内涵的市民社会，把作为物质生产和交往领域的市民社会重新解释为意识形态和文化领域，阐明了无产阶级的"文化革命"对变革资产阶级社会的决定性意义。此外，阿尔都塞和拉雷恩把马克思的颠倒作为理论研究的重要问题，从颠倒的视角展示了马克思的思想理论和批判精神。阿尔都塞在反对把马克思主义人道主义化的"保卫马克思"的批判中，从马克思哲学与黑格尔哲学之间的关系切入，对颠倒问题进行了深刻剖析，以结构主义的方式阐释了马克思对黑格尔辩证法进行颠倒的实质意义。拉雷恩则基于意识形态研究的视野，从多个维度阐释了马克思在批判旧世界中所体现的颠倒观，发挥了马克思的颠倒观，对市民社会问题作出了批判性思考，并通过对马克思颠倒观的多维阐释展现了马克思批判旧世界的科学思想和革命立场。

第一节　早期西方马克思主义的颠倒逻辑

以卢卡奇、葛兰西等为代表的西方无产阶级革命家，在发达资本主义国家的革命实践中开创了早期西方马克思主义的理论逻辑和批判进路。早期西方马克思主义的理论逻辑在于，以马克思的某一思想为基础，对现代资产阶级社会进行文化研究和文化批判，力求找出一条从意识革命、"文化革命"层面上促成西方无产阶级革命、变革现代资产阶级社会的批判进路，在一定程度上偏离了马克思从物质关系解剖资产阶级社会的唯物史观视域，转向了从思想文化层面解剖资产阶级社会的文化批判方式，即将马克思用"武器的批判"代替"批判的武器"的批判方式颠倒为用"批判的武器"代替"武器的批判"。"西方马克思主义视野中的市民社会问题具有两面性：一方面，西方马克思主义继承了马克思对资本主义市民社会——市场型社会——的批判张力；另一方面，西方马克思主义又偏离了传统马克思主义的经济学批判路径。"[①] 当然，早期西方马克思主义也在这种偏离中独特地发挥了马克思的思想理论和批判精神。卢卡奇在以"阶级意识"作为

①　王浩斌：《市民社会的乌托邦：马克思主义的社会历史哲学阐释》，江苏人民出版社，2011，第230页。

"批判的武器"对资产阶级社会进行物化批判的过程中，展现出了独特的颠倒逻辑；葛兰西在以"文化霸权"作为"批判的武器"对资产阶级社会进行文化批判的过程中，同样展现出了独特的颠倒逻辑。

一 卢卡奇阶级意识的颠倒逻辑

卢卡奇根据 21 世纪西方无产阶级革命的实际，延续了马克思"在批判旧世界中发现新世界"的革命精神，展现了早期西方马克思主义批判资产阶级社会的革命立场。在卢卡奇的批判视域中，马克思研究的市民社会就是由商品关系构成的资本主义社会。马克思描述整个资本主义社会并揭示其基本性质的两部伟大成熟著作，都从分析商品开始，这绝非偶然。因为在人类的这一发展阶段上，没有一个问题不最终追溯到商品这个问题，没有一个问题的解答不能在商品结构之谜的解答中找到。[①] 在卢卡奇看来，资本主义生产关系是人与人之间以商品为基础的经济关系，而且商品已经成为现代资产阶级社会的"普遍范畴"，从而产生了颠倒人的主体存在的物化现象。

如果说，马克思在政治经济学批判的意义上从市民社会中解剖出了资产阶级支配无产阶级的生产关系，那么卢卡奇则运用马克思的异化劳动思想以及《资本论》中的商品经济理论，从资本主义社会中解剖出了商品支配工人的物化关系。在卢卡奇看来，工人在资产阶级社会的"典型的命运"就是生活在商品范畴普遍化的社会当中，"自由的"工人把自己"拥有"的劳动力作为商品出卖到市场上，资产阶级以商品交换的方式把工人当作商品那样进行购买，使得相互分离的生产资料和生产者重新结合起来，并按照"合理机械化"的方式精确地构建和计算工人的劳动过程。工人的命运就是商品化的命运，工人存在的价值在于成为资本家消费的商品，工人由此从人的生存状态颠倒为物的存在形式即物化的商品形式。而且，工人一旦进入资本主义的商品生产过程，就获得了一种"幽灵般的对象性"的物的性质。那是因为，现代资本主义的生产过程已经达到榨取剩余价值的手段更加发达的阶段，整个生产过程已被准确地分解为专门化的

---

① 〔匈〕卢卡奇：《历史与阶级意识》，杜章智等译，商务印书馆，2017，第 130 页。

分工劳动，从而使商品化的工人在现代机械系统中从事合理化和机械化的劳动分工，工人在资本主义工厂中的劳动，实质上就是以机械分工和合理计算为基础的物化劳动。资产阶级通过机械分工和合理计算的科学方式能够更大限度地榨取工人创造的剩余价值，但"科学地加强"的机械化和合理化实际上意味着工人的客体化和原子化，致使工人自身分裂为主体与客体相对立的异化状态。作为工人主体能力的劳动力物化为与自身相对立的客体存在，工人生产商品的创造性的主体能力沦为服从商品的自律性的物化形式，人的主体性被颠倒为物的客观性。"在主观方面——在商品经济充分发展的地方——，人的活动同人本身相对立地被客体化，变成一种商品，这种商品服从社会的自然规律的异于人的客观性，它正如变为商品的任何消费品一样，必然不依赖于人而进行自己的运动。"① 在这一问题上，卢卡奇与马克思对异化劳动的批判可谓同出一辙，他们都描述了工人在资本主义生产过程中不断创造异己力量的困境：工人创造产品的劳动过程颠倒为产品统治工人的过程，从而形成了人与物之间的对立关系。工人陷入被商品以及被"合理机械化"的分工所奴役的物化状态。工人的劳动空间是一个颠倒主体与客体关系的物化世界，颠倒的劳动创造出颠倒的世界。即使工人处于自我客体化的"已经非人化和正在非人化"的商品关系中，这也正是整个资本主义现存社会结构——商品结构的典型意义。

通过对资本主义社会商品关系的解剖，卢卡奇不仅发现了工人在出卖劳动力以及劳动力在使用过程中被颠倒的物化状态，还像马克思那样揭示出资本运动中的颠倒问题。卢卡奇从资本再生产和利润的转化中看到了马克思所说的"生产关系的最高度的颠倒和物化"，他专门引用马克思在《资本论》中关于资本增殖与剩余价值的一整段论述，对这种颠倒和物化现象进行批判性分析。卢卡奇指出，在资本主义的经济学视域中，资本家获得的利润源于资本，也就是投入一定的货币就会生出更多的货币。这种资本增殖的机制被马克思描述为"自动的拜物教"，即资本仿佛自己创造了自己——货币，资本为资本家提供了利润，资本成为从再生产过程中独立出来并自我创造的形式。这就掩盖了利润的实质：资本家从工人劳动中

---

① 〔匈〕卢卡奇：《历史与阶级意识》，杜章智等译，商务印书馆，2017，第134页。

榨取的剩余价值，工人的劳动是资本增殖的源泉。"生产过程中任何一次决定性变化都在实践上揭示了，资本主义经济结构的真正的范畴体系完全是头足倒置的。"① 资本主义经济学停留于这种具有"毁坏人性的作用"的物化现象上，完全把工人具有生命形式的劳动过程解释为资本派生利润的物化过程，把人的主体创造过程歪曲为物的自我表现形式。因此，卢卡奇认为，这正是马克思所说的资本"兴妖作怪"的颠倒的世界。② 那么，按照这种颠倒的逻辑来解释资本主义的生产关系，就会产生颠倒的观念、物化的意识形态，歪曲地反映资本的运动。

在揭示颠倒的世界的基础上，卢卡奇进一步分析了资本主义商品关系在社会生活中不断演变的过程，揭示出一种从物化的经济基础中分离出来的、能够使资本主义生产在"生产关系的最高度的颠倒和物化"中不断发展的表现形式，即马克思所说的由市民社会构成其现实基础的法、政治、国家。"资本主义的发展就创造了一种同它的需要相适应的、在结构上适合于它的结构的法律、一种相应的国家等等。"③ 卢卡奇关于国家的这一观点，用马克思在法哲学批判中的话语来表述就是"市民社会决定国家"。可见，卢卡奇对资本主义社会的批判思路与马克思市民社会批判的基本立场相一致，是对马克思颠倒黑格尔"国家决定市民社会"的一种延续和发挥，即用人与人之间的物质关系来解释政治国家产生的现实基础。

对卢卡奇而言，对资本主义社会中颠倒的物化现象进行批判的最大特点，就在于凸显无产阶级的阶级意识对克服物化现象乃至变革资本主义社会的决定性意义。换句话说，卢卡奇批判资本主义社会的重要任务是把资本主义商品生产过程中颠倒的关系重新颠倒过来，对资本"兴妖作怪"的颠倒的世界进行革命。在卢卡奇看来，资本主义生产过程不仅颠倒了主体与客体的关系，从而使人的劳动被物化，最严重的是这一颠倒使人的意识也被物化。"正像资本主义制度不断地在更高的阶段上从经济方面生产和再生产自身一样，在资本主义发展过程中，物化结构越来越深入地、注定

① 〔匈〕卢卡奇：《历史与阶级意识》，杜章智等译，商务印书馆，2017，第 245 页。
② 〔匈〕卢卡奇：《历史与阶级意识》，杜章智等译，商务印书馆，2017，第 143 页。
③ 〔匈〕卢卡奇：《历史与阶级意识》，杜章智等译，商务印书馆，2017，第 143 页。

地、决定性地沉浸入人的意识里。"① 物化的危害性不仅体现在工人被整合在"合理机械化"的生产过程中从事物化劳动，而且体现在工人在"合理机械化"的物化劳动中形成了物化意识。物化意识实际上就是不加批判地接受物化劳动的支配，乃至遵循资本主义生产"规律"的一种意识形态。物化意识压抑着工人对自身陷入被商品和"合理机械化"的分工所奴役的物化状态的批判性认识。这样一来，工人既不会意识到自身的劳动过程处于物化的形式中，也不会意识到物化劳动会对自身产生"毁坏人性的作用"。"合理机械化"的劳动分工形成了按照"合理机械化"逻辑来理解自身劳动状况的物化意识。工人透过物化意识看到的是自己的劳动是合理性的，而不是对立性的。颠倒的劳动过程由此产生了颠倒的物化意识——一种支配无产阶级的虚假、僵化的意识。物化意识的产生，必然是对工人阶级的反抗意识、斗争意识、革命意识的压抑，必然是对无产阶级形成阶级意识的严重阻碍，最终的后果必然是无产阶级以非人的、物化的存在形式服从资本主义生产方式乃至顺从整个资本主义社会，西方无产阶级革命将无从实现。因此，卢卡奇强调要彻底改变工人的物化状况、消除工人的物化意识甚至改变现存的物化世界，就必须让工人形成革命性的阶级意识。无产阶级的阶级意识作为一种改变现存社会的总体性力量，是批判和消除物化意识的武器。如果说资产阶级社会在文化上支配无产阶级的力量是物化意识，那么无产阶级在文化上批判资产阶级社会的力量就是阶级意识。"因为它的阶级意识，作为人类历史上最后的阶级意识，一方面必须要和揭示社会本质联系起来，另一方面，必须实现理论和实践的越来越内在的统一。对无产阶级来说，它的'意识形态'不是一面扛着去进行战斗的旗帜，不是真正目标的外衣，而就是目标和武器本身。"② 对这一问题，卢卡奇指出，要用马克思的历史唯物主义来争取无产阶级的意识，从而使无产阶级形成"洞见社会本质"、掌握"决定性的武器"的阶级意识。

首先，无产阶级通过阶级意识能够认识到自己的历史地位，即认识到自己不仅是资本主义的产物，而且是否定资本主义的力量，是作为资产阶

---

① 〔匈〕卢卡奇：《历史与阶级意识》，杜章智等译，商务印书馆，2017，第141页。
② 〔匈〕卢卡奇：《历史与阶级意识》，杜章智等译，商务印书馆，2017，第117~118页。

级的对立面而存在的主体。其次，无产阶级通过阶级意识能够认识到资本主义商品生产的"规律"，即认识到物化劳动对主体与客体关系的颠倒。物化劳动是"合理机械化"分工导致工人自身分裂为主体与客体相对立的异化状态，资本主义生产过程的"合理机械化"实际上是工人非人化、客体化的异化过程，工人只是资本家用于创造剩余价值的一种消费品，工人自身只是商品的一种存在形式。因此，阶级意识的形成能够促进无产阶级从本质上认识到自身的物化处境从而改变物化处境。无产阶级不仅要批判性地意识到自身在物化劳动中沦为一种客体，更要自觉地意识到自己就是扬弃这种"客体"的主体。再次，无产阶级通过阶级意识能够认识到资本主义的经济危机，即认识到无产阶级革命的必然趋势和现实条件，阶级意识成为经济危机时期无产阶级变革现存社会的决定因素。"当最后的经济危机击中资本主义时，革命的命运（以及与此相关联的是人类的命运）要取决于无产阶级在意识形态上的成熟程度，即取决于它的阶级意识。"① 最后，阶级意识不是一种纯粹思想层面上的意识，而是一种总体性意义上的力量，当无产阶级通过阶级意识认识到自己的历史地位、物化状态以及社会的经济危机时，实际上就是恢复无产阶级自身的主体性，即主体创造客体、主体支配客体、主体把握客体的能力。无产阶级既是现代工业社会的产物（客体），同时也是现代工业社会的创造者（主体），阶级意识的形成能够把物化劳动所颠倒的主体和客体的关系重新颠倒过来，从而能够解决主体与客体相对立、工人的劳动与工人的生存相分裂的问题。在此，如果说黑格尔是通过理念逻辑的同一来克服劳动过程中主体与客体之间的对立关系，马克思是通过生产关系的革命来克服劳动过程主体与客体之间的对立关系，那么卢卡奇则是通过阶级意识的形成来克服劳动过程中主体与客体之间的对立关系。卢卡奇提出的阶级意识具有批判旧社会的颠倒逻辑。"《历史与阶级意识》试图把《精神现象学》的逻辑一形而上学结构颠倒过来，从而声言无产阶级在其阶级意识中成为历史上真正同一的'主体—客体'。"② 当然，无产阶级的阶级意识具有的颠倒逻辑不仅仅是在形而上

---

① 〔匈〕卢卡奇：《历史与阶级意识》，杜章智等译，商务印书馆，2017，第 117 页。
② 吴晓明：《论〈历史与阶级意识〉的辩证法研究》，《马克思主义与现实》2017 年第 2 期。

学批判意义上对颠倒的黑格尔逻辑学进行颠倒，也不仅仅是沿着马克思政治经济学批判的思路揭示资本主义生产过程中的颠倒问题，更重要的是在形而上学批判的基础上推动无产阶级以主客体相统一的总体性方式对颠倒的资产阶级社会进行颠倒，使无产阶级从资本主义的商品结构和物化劳动中解放出来。卢卡奇把无产阶级的阶级意识当作克服物化、改变世界、实现解放的"批判的武器"——以主体性为实质的总体性是改变物支配人、人的物化的颠倒状况的根本出路，总体性展现了无产阶级实现主客体相统一的批判逻辑，也展现了无产阶级创造历史的辩证法。卢卡奇在批判古典哲学的辩证法时指出无产阶级的辩证法："因此古典哲学给以后的（资产阶级的）发展所能留下的遗产只是这些没有解决的二律背反……把这种转变继续下去，并把辩证的方法当作历史的方法则要靠那样一个阶级来完成，这个阶级有能力从自己的生活基础出发，在自己身上找到同一的主体—客体，行为的主体，创世的'我们'。这个阶级就是无产阶级。"① 在这一意义上，卢卡奇把变革现存社会的问题归结于阶级意识的形成，把主体性因素视为变革现存社会的决定性力量，无产阶级取得革命胜利的关键在于形成成熟的阶级意识。卢卡奇在批判颠倒的现存社会时展现出另一种颠倒逻辑——从马克思用"武器的批判"代替"批判的武器"反转为用"批判的武器"代替"武器的批判"。

二　葛兰西文化霸权的颠倒逻辑

同卢卡奇一样，葛兰西根据 20 世纪西方无产阶级革命的实际延续了马克思"在批判旧世界中发现新世界"的革命精神，展现了早期西方马克思主义批判资产阶级社会的革命立场。葛兰西把市民社会作为分析西方革命形势的重要问题，沿着马克思市民社会批判的思路深入地考察国家与市民社会的关系，从文化上对市民社会作出了异于马克思的独特阐释。在葛兰西的研究视域中，市民社会不仅是资产阶级将劳动者组织起来进行物质生产的活动领域，反映了资产阶级雇佣劳动者的经济关系，也是资产阶级将劳动者组织起来进行意识驯化的活动领域，反映了资产阶级获取

① 〔匈〕卢卡奇：《历史与阶级意识》，杜章智等译，商务印书馆，2017，第 205 页。

劳动者"信任"的思想关系。"资本主义企业家同自身一起创造出工业技师、政治经济专家、新文化和新法律体系的组织者等人员……他必须是群众的组织者，他又必须是组织起其业务的投资者、其产品的雇主等人给予他'信任'的人物。"① 资本家不仅要发挥榨取剩余价值的经济职能，还要在发挥经济职能的过程中发挥思想意识教化的文化职能，对资产阶级主导的现代社会而言，资本家无非是具有双重职能的市民社会的代表。对资产阶级文化职能——文化霸权的批判展现了葛兰西市民社会批判的鲜明特点，并且，葛兰西在这一批判中展现出颠倒的逻辑。

如果说，马克思在政治经济学批判的意义上从市民社会中解剖出了资产阶级支配无产阶级的生产关系，卢卡奇运用马克思的异化劳动思想以及《资本论》中的商品经济理论从资本主义社会中解剖出了商品支配工人的物化关系，那么葛兰西则根据马克思的市民社会思想从资本主义社会中解剖出了资产阶级支配无产阶级的思想关系。在马克思的政治经济学视域中，市民社会是相对于政治国家并作为政治国家之基础的生产关系。在资本主义工业社会，这种生产关系是以资产阶级私有制为基础的、通过支配无产阶级劳动过程实现资本增殖的剥削关系。资产阶级支配无产阶级劳动过程的这种生产关系造成了资产阶级统治无产阶级的权力关系。追逐资本增殖的私人利益的市民社会构成了资产阶级建立现代国家大厦的经济基础，而现代国家大厦则是与市民社会相适应的政治机构，即从政治上维护资产阶级私人利益的上层建筑。生产力的发展实际上是由政治国家所维护的资产阶级在支配无产阶级劳动的生产关系中实现资本增殖的过程。这是对市民社会所作的一种政治经济学的解释。也正是基于这一解释，无产阶级要夺取推翻资产阶级社会的革命胜利，首要的根本任务就是彻底改造以资产阶级私有制为基础的生产关系，生产关系的彻底改造就必然会对矗立于生产关系之上的政治国家产生变革作用（也必然会对矗立于生产关系之上的意识形态产生变革作用）。因此，对马克思而言，生产关系、经济基础的变革是改变资产阶级统治的现存社会、实现无产阶级解放乃至人类解放的首要的、根本的条件。然而，对葛兰西而言，市民社会并不完全是生

---

① 〔意〕安东尼奥·葛兰西：《狱中札记》，曹雷雨等译，河南大学出版社，2016，第1页。

产劳动的领域，不完全是基于生产劳动形成的经济关系，而主要是意识形态和思想文化的领域。市民社会既不同于作为生产关系的经济基础，也不同于作为政治国家的上层建筑，而是作为思想文化的上层建筑存在。"我们目前可以确定两个上层建筑'阶层'：一个可称作'市民社会'，即通常称作'私人的'组织的总和，另一个是'政治社会'或'国家'。这两个阶层一方面相当于统治集团通过社会行使的'霸权'职能，另一方面相当于通过国家和'司法'政府所行使的'直接统治'或管辖职能。"① 葛兰西偏离并超出了马克思市民社会批判的视域，把马克思研究的物质生活意义上的市民社会解释为思想文化意义上的市民社会，把市民社会的定位从经济基础的维度颠倒为上层建筑的维度，把物质生产活动的领域颠倒为思想文化活动的领域。

葛兰西在市民社会上所作的颠倒，源自对东西方市民社会特点的比较及其对无产阶级革命影响的分析。葛兰西指出："在俄国，国家就是一切，市民社会处于原始状态，尚未开化；在西方，国家和市民社会关系得当，国家一旦动摇，稳定的市民社会结构立即就会显露。国家不过是外在的壕沟，其背后是强大的堡垒和工事。"② 在葛兰西看来，市民社会是国家得以维系的思想文化基础。对东方国家（如俄国）而言，统治阶级的国家秩序主要依赖于强制性的暴力手段，即通过政治压迫、暴力镇压、强权支配的方式维护统治阶级的统治地位，稳定整个社会的现存秩序。因此，东方国家的革命必然是以暴力革命的方式推翻统治阶级的政治统治，唯有通过政治革命才能彻底改变整个社会的现存秩序，以暴力革命反对政治国家是东方革命取得胜利的根本出路。然而，相比之下，西方国家在暴力的政治统治基础上，还充分发挥了非暴力的文化统治的作用，即从意识形态上对民众进行教化和同化，从而使之形成对资产阶级国家的认同，由此建立起统治阶级的文化霸权。西方市民社会成为统治阶级运用文化霸权维护政治统治的活动领域，是人们从事宗教、哲学、教育以及其他意识形态活动的文化领域，市民社会能够以"强大的堡垒和工事"对统治阶级的国家秩序发

① 〔意〕安东尼奥·葛兰西：《狱中札记》，曹雷雨等译，河南大学出版社，2016，第7页。
② 〔意〕安东尼奥·葛兰西：《狱中札记》，曹雷雨等译，河南大学出版社，2016，第193页。

挥着稳定作用。西方国家的资产阶级采取了以暴力为基础的政治统治和以认同为基础的文化霸权相结合的统治方式。这意味着，西方无产阶级要取得革命胜利，就不能单纯依靠暴力的政治革命，而是要在政治革命的同时反对资产阶级的文化霸权，在反对资产阶级文化霸权的斗争中建立无产阶级的"霸权"，这种"霸权"是对抗资产阶级社会的教化和同化的一种积极的意识形态。在市民社会中，与资产阶级争夺文化领导权是无产阶级推翻现存社会的首要任务。在这一意义上，与马克思相比，同样坚持无产阶级革命的立场，葛兰西对文化霸权的批判展现出一种颠倒的逻辑：把物质的作为经济基础的市民社会颠倒为观念的作为上层建筑的市民社会，从而把无产阶级革命的突破点置于"文化革命"而不是经济革命上，"文化革命"的意义在于批判资产阶级在市民社会中建立的文化霸权，通过文化批判和意识形态斗争来对抗资产阶级意识形态的教化和同化，从而建立无产阶级在市民社会中的"文化霸权"，夺取意识形态活动领域中的文化领导权，通过"文化革命"来推动无产阶级革命的实现。

　　既然把反对文化霸权视为无产阶级革命的决定性因素，那么就必然需要一种专门在市民社会中反对文化霸权、从事文化批判和意识形态斗争的特殊主体。在葛兰西看来，批判资产阶级文化霸权、推动市民社会"文化革命"的主体力量莫过于有机知识分子。作为观念上层建筑的市民社会之所以能够以"强大的堡垒和工事"对统治阶级的国家秩序发挥着稳定作用，就在于现代的知识分子在市民社会中发挥着文化职能。"知识分子便是统治集团的'代理人'，所行使的是社会霸权和政治统治的下级职能。"①对西方资本主义社会而言，一方面资产阶级建立了用于镇压无产阶级反抗和革命的暴力机关，另一方面资产阶级掌握了能够教化无产阶级并使之认同现存社会的知识分子。这类知识分子实际上是马克思曾经批判的、作为统治阶级的思想家出现的、专门构造意识形态的"玄想家"，正是这类知识分子对现存社会作出了颠倒的解释，从抽象的观念出发来解释现存的社会，为占统治地位的资产阶级编造出诸如自由、平等之类的概念和幻想。倘若按照这种平等的幻想和概念来解释资本运动，那么人们看到的景象就

---

① 〔意〕安东尼奥·葛兰西：《狱中札记》，曹雷雨等译，河南大学出版社，2016，第7页。

会从资本家通过货币对无产者进行支配的剥削关系颠倒为资本家通过货币与无产者进行交换的平等关系，犹如颠倒的世界意识（宗教）把处于"幻觉的处境"中的人们置于虚幻的幸福、"处境的幻觉"之中。在这一问题上，葛兰西揭示了宗教的本质就是一种以最宏大的努力来"调和历史生活中现实矛盾"的"最大的乌托邦"。① 资产阶级知识分子一旦用这种颠倒的观念、理论和意识对无产阶级实施教化，就能够从思想文化上使无产阶级同化于资产阶级的统治秩序。因此，为了能够变革资产阶级社会、批判文化霸权，葛兰西明确指出，必须建立不同于传统知识分子的无产阶级知识分子——有机知识分子。有机知识分子的根本特征就在于坚持理论与实践的有机统一。"只有在知识分子和普通人之间存在着与应当存在于理论和实践之间的统一同样的统一的时候，人们才能获得文化上的稳定性和思想上的有机性质。"② 在葛兰西看来，坚持理论与实践相统一的有机知识分子要把无产阶级的革命理论与人民群众的实践活动相结合，而且有机知识分子本身就是革命政党从人民群众中培养出来的、与人民群众保持联系的精英，因此他们能够有效地在市民社会中与资产阶级知识分子进行思想文化斗争，揭露资产阶级知识分子编造出来的意识形态是一种颠倒的观念，并抵制资产阶级知识分子用颠倒的观念对无产阶级和广大群众进行思想教化。只有这样，才能为无产阶级推翻现存社会的革命进程建立至关重要的文化领导权。而在无产阶级文化领导权之"文化"中，核心内容是实践哲学。实践哲学是以马克思主义为基础、以传统文化为前提、以革命的实践为中心的文化力量。"实践哲学有两项工作要做：战胜形式精致的现代意识形态，以便组成自己独立的知识分子集团；教育在文化上还处于中世纪的人民大众。"③ 这说明，关于无产阶级争夺文化领导权的斗争，必须以实践哲学为文化武器与资产阶级的意识形态进行斗争，以实践哲学为文化力量把人民群众的思想武装起来。有机知识分子的重要使命在于把实践哲学与人民群众有机结合，用马克思的话来说，就是通过"理论一经掌握群众，也会变成物质力量"的方式来推动整个革命的进程。可见，葛兰西在

---

① 〔意〕安东尼奥·葛兰西：《狱中札记》，曹雷雨等译，河南大学出版社，2016，第316页。
② 〔意〕安东尼奥·葛兰西：《狱中札记》，曹雷雨等译，河南大学出版社，2016，第239页。
③ 〔意〕安东尼奥·葛兰西：《狱中札记》，曹雷雨等译，河南大学出版社，2016，第303页。

市民社会批判中得出了反对文化霸权、推动"文化革命"从而促成无产阶级革命的结论。当然这一结论同时展现出一种颠倒的逻辑——把马克思用"武器的批判"代替"批判的武器"的批判方式颠倒为用"批判的武器"代替"武器的批判"的批判方式。

第二节　对马克思颠倒方式的研究和阐释

早期西方马克思主义即使在市民社会批判的问题上具有各自的理解方式，也偏离了马克思在唯物史观形成基础上所作的市民社会批判的基本思想，但是这些理解都把市民社会批判的视域聚焦于如何实现无产阶级革命的问题上，力求从市民社会中解剖出促成无产阶级革命的文化因素。对卢卡奇和葛兰西而言，对市民社会的批判和研究归根结底是要达到对资本主义现存社会的变革，使无产阶级从现存社会的异化状态和文化霸权中解放出来。卢卡奇对异化问题的颠倒性分析、葛兰西对市民社会的颠倒性定位始终融会在革命的视野之中。与之相比，阿尔都塞和拉雷恩对马克思思想的研究并不聚焦于无产阶级革命的问题，而是从革命的视野转向理论的研究，以各自的方式重新发挥了马克思的基本思想和批判精神，对马克思运用的"颠倒"作出了独特的延续，这种延续并非局限于马克思对黑格尔"国家决定市民社会"的颠倒，而是从更加广阔的视野研究和阐释马克思在法哲学批判后对颠倒的推进，深入研究马克思在整个思想变革进程中运用的颠倒方法。对阿尔都塞而言，"颠倒"涉及马克思如何批判旧哲学以及如何实现思想变革的重要问题，尤其是如何对黑格尔哲学进行颠倒，这构成了马克思从德意志意识形态的襁褓中解脱出来并重新建立科学原则的关键问题。对拉雷恩而言，颠倒构成了马克思批判旧世界的一种独特的思维方式和理论逻辑。拉雷恩在研究马克思思想的基础上，沿着马克思在颠倒问题上的思路，阐释和展示了马克思对颠倒的意识形态的批判、对颠倒的异化劳动的批判、对颠倒的资本运动的批判。

一　阿尔都塞对马克思颠倒方式的研究

阿尔都塞在一种"认识论断裂"的解读方式中，发现了马克思早期的一次"极其严峻的经历"——对黑格尔哲学的颠倒。这一"颠倒"对马克思早期思想发展以及"认识论断裂"具有独特意义。因此，如何认识马克思对黑格尔哲学的颠倒，如何认识这一颠倒对马克思建立新世界观的意义，是研究马克思思想、传承马克思批判精神必须面对和解答的重要问题。

阿尔都塞对马克思颠倒方式的研究，立足马克思的著作尤其是被其称为"断裂时期的著作"的《关于费尔巴哈的提纲》和《德意志意识形态》，以及这一断裂前后密切相关的著作如《1844年经济学哲学手稿》《资本论》等。在阿尔都塞看来，马克思早期思想的发展经历了一个"认识论断裂"的转变——通过与意识形态的决裂创立了历史唯物主义。在认识论断裂前，马克思思想的发展处于意识形态阶段，虽然批判旧哲学，但依然受到旧哲学的深刻影响，尤其是借助"费尔巴哈的假唯物主义"对黑格尔哲学进行颠倒，从而在这一过程中对黑格尔哲学和费尔巴哈哲学作出了"天才综合"。马克思也正是在这种"天才综合"的哲学批判中，与从前所信仰的旧哲学相决裂，尤其是与德意志意识形态相决裂，从而造就了"认识论断裂"，并由此开辟了新科学的思想发展阶段。这一"认识论断裂"中"极其严峻的经历"就是马克思对黑格尔哲学的颠倒，这一颠倒促进了马克思从意识形态向科学的"奇妙转变"。然而，在阿尔都塞看来，马克思对黑格尔哲学的颠倒，并非简单地将头足倒置的哲学重新颠倒过来，并非直接通过"倒过来"的批判方式达到对黑格尔哲学的超越，因此必须对这一颠倒的问题进行深入分析和解答。"我不久前在一篇论述青年马克思的文章里曾经指出，所谓'对黑格尔的颠倒'在概念上是含糊不清的。"① 只有正确地把握"对黑格尔的颠倒"这一概念，才能深入地厘清马克思与黑格尔之间的实质关系，以及马克思思想变革的重大意义。

对于颠倒，阿尔都塞特意引用了马克思在《资本论》第一卷中的一句话："辩证法在黑格尔手中神秘化了，但这决没有妨碍他第一个全面地有意识地叙述了辩证法的一般运动形式。在他那里，辩证法是倒立着的。为

① 〔法〕路易·阿尔都塞：《保卫马克思》，顾良译，商务印书馆，2006，第76页。

了发现神秘外壳中的合理内核，必须把它倒过来。"① 在马克思看来，倒立着的辩证法把现实的历史和人的活动描述为思维过程的外部表现，用观念解释现实，认为独立的观念产生了现实的世界，倒立着的辩证法对全部历史和现存世界作出了玄想式的唯心主义解释。因此，将倒立着的辩证法"倒过来"就意味着重新确立一种用现实解释观念的唯物主义立场。阿尔都塞认为，马克思在此所说的"倒过来"只是一种具有象征意义的比喻而已，把头足倒置的哲学"倒过来"并不足以剥去黑格尔哲学的神秘外壳、发现黑格尔哲学的合理内核。用传统的术语来表达，黑格尔哲学的神秘外壳是思辨哲学，其合理内核则是辩证法，黑格尔哲学是一种被思辨哲学包裹着的唯心主义辩证法。因此，马克思通过颠倒就可以把唯心主义的辩证法转变为唯物主义的新科学。但是阿尔都塞这一思路会导致人们在马克思的颠倒问题上"陷入危险的误解"，毕竟这种传统术语所描述的颠倒"实际上并不触动辩证法"②。按照阿尔都塞的分析，在传统术语的描述中，黑格尔哲学似乎是由神秘外壳和合理内核这两个相互区别的因素构成，神秘外壳是合理内核的一种相对外在的成分，因而只要剥去具有思辨哲学意义的神秘外壳就能够保留辩证法的合理内核，从而达到对黑格尔哲学的颠倒。然而实质上并非如此，即便剥去了所谓神秘外壳，也不等于保留了合理内核，因为神秘外壳和合理内核都是黑格尔哲学的内在成分。阿尔都塞指出，即便合理内核是被神秘外壳包裹着的"宝贵内核"，即便"宝贵内核"中的辩证法是纯洁的本质，也会被神秘外壳的思辨哲学所传染。所谓合理内核，是一种被思辨哲学传染了的辩证法，或者说，在黑格尔哲学的范畴中，合理内核本身就是一种唯心主义的辩证法，神秘外壳是与唯心主义辩证法同质的一种内在成分。"神秘外壳根本不是思辨哲学、'世界观'或'体系'，不是一种可被认为同方法相脱离的成分，而是本身就属于辩证法。"③ 用阿尔都塞的话来说，以剥去神秘外壳的方式来颠倒黑格尔的辩证法是"不可思议的事"，剥去神秘外壳之后的"宝贵内核"仍具有神秘

---

① 《马克思恩格斯选集》第 2 卷，人民出版社，1995，第 112 页。
② 〔法〕路易·阿尔都塞：《保卫马克思》，顾良译，商务印书馆，2006，第 78 页。
③ 〔法〕路易·阿尔都塞：《保卫马克思》，顾良译，商务印书馆，2006，第 79~80 页。

的本质，这种剥出来的"宝贵内核"仍然是黑格尔哲学本身的"神秘形式"。因此，在阿尔都塞看来，按照这种单纯的颠倒方式将头足倒置的哲学"倒过来"只适合于费尔巴哈对黑格尔哲学的批判。费尔巴哈用来批判思辨哲学的唯物主义，实质上是直观的、撇开历史进程的、脱离人的实践的旧唯物主义，在颠倒思辨哲学的同时，它也陷入了思辨哲学的范畴。费尔巴哈直观唯物主义中的人是本质上的人或人的本质即抽象观念中的人，而不是现实生活中的人，费尔巴哈在这种颠倒中得出的只是唯心主义的人本学。这意味着，像费尔巴哈那样把头足倒置的思辨哲学重新颠倒过来，使头足重新归位，实际上，头足重新归位后的哲学只是头足换了位置的思辨哲学，传统术语中那种单纯的颠倒只是从表面上改变了思辨哲学的位置而没有从本质上改变思辨哲学的内容。"所谓把黑格尔的哲学（或辩证法）'颠倒过来'，使之'重新用脚立地'这个著名论题实际上就贯穿着这种逻辑；因为，说到底，如果问题的确仅仅是把颠倒了的东西颠倒过来，那么事物的颠倒显然并不会因简单的位置移动而改变本质和内容。"① 因此，如果把马克思对黑格尔哲学的颠倒理解为像费尔巴哈那样的颠倒，或者理解为简单地头足倒置的颠倒，只会把马克思创立的新科学降低为带有意识形态残余的人本学，那就误解了马克思对黑格尔进行颠倒的实质意义，更无法深刻地把握马克思创立历史唯物主义的革命意义。

在阿尔都塞看来，首先，马克思对黑格尔哲学的颠倒实质上是对辩证法的颠倒，是对以思辨哲学为基础的唯心主义辩证法的彻底改造，况且这里的"颠倒"一词本身也是马克思从黑格尔哲学当中借用和发挥的，颠倒的思维方式和批判方式本身就带有黑格尔哲学的色彩，是黑格尔的理念世界自我发展的一种具体表现。其次，即便"颠倒"是从黑格尔哲学当中借用和发挥的术语，但由于马克思始终与黑格尔哲学保持着一定的距离，尤其是借助费尔巴哈哲学对黑格尔哲学进行批判，马克思的"颠倒"实际上与黑格尔的颠倒也保持着一定的距离，马克思的"颠倒"是一种具有革命性的颠倒方式，而不是简单地将头足倒置的位置重新"倒过来"，简单地将头足"倒过来"仍然会限于黑格尔的哲学范畴当中。"用头着地的人，

---

① 〔法〕路易·阿尔都塞：《保卫马克思》，顾良译，商务印书馆，2006，第61页。

转过来用脚走路，总是同一个人！在这个意义上，哲学的颠倒无非是位置的颠倒，是一种理论比喻：事实上，哲学的结构、问题，问题的意义，始终由同一个总问题贯穿着。"① 阿尔都塞认为，马克思对黑格尔哲学的颠倒不是一种简单的颠倒，而是一种总问题的转换，也只有总问题的转换才能把颠倒的唯心主义彻底倒过来。马克思对黑格尔哲学的颠倒从根本上转换了黑格尔的总问题，把哲学批判的视域从黑格尔一元决定的"简单性"辩证法所描述的理念世界转变为多元决定的"复杂性"辩证法所揭示的现实世界。"根据马克思主义的历史经验，一切矛盾在历史实践中都以多元决定的矛盾而出现；这种多元决定正是马克思的矛盾与黑格尔的矛盾相比所具有的特殊性；黑格尔辩证法的'简单性'来源于黑格尔的'世界观'，特别是来源于在世界观中得到反映的历史观。"② 在阿尔都塞看来，黑格尔构造了一种以"简单性"辩证法为基础的历史观，在这种历史观中，理念构成了全部历史的基础，自然界和人类的历史只是自在自为的理念不断实现自我发展、自我扬弃所外化的现象，理念以扬弃自身对立面的方式不断克服各种源自理念的矛盾，这些矛盾说到底只是理念外化和异化的形式，理念也决定了这些矛盾必然被扬弃，并在这一扬弃过程中实现内在化的积累。一切矛盾无非反映了，理念根据自身的辩证逻辑经历从逻辑学意义上的概念世界到自然哲学意义上的自然世界，再到精神哲学意义上的人类世界，从而不断自我外化、自我回归、自我完成的演变进程，现存世界被颠倒为由抽象的意识创造和演变的理念世界。"意识在其演变过程的每个阶段上，都通过它以往本质的各种回音，通过相应的历史形式在现在形式中的潜存在，体验和感受自己的本质。"③ 由此可见，在黑格尔哲学中，无论何种复杂的矛盾、现象都可以归结于共同的、唯一的本质——理念。理念是内在于一切事物之中的真理和逻辑，由此构成了贯穿黑格尔哲学的总问题。理念成为理解一切历史和矛盾的最基本也是最简单的依据。在这一意义上，所谓一元决定就是理念决定，黑格尔的辩证法是以理念为本质的一元决定的"简单性"辩证法，无论是神秘外壳还是合理内核，都是理念的

---

① 〔法〕路易·阿尔都塞：《保卫马克思》，顾良译，商务印书馆，2006，第61页。
② 〔法〕路易·阿尔都塞：《保卫马克思》，顾良译，商务印书馆，2006，第95页。
③ 〔法〕路易·阿尔都塞：《保卫马克思》，顾良译，商务印书馆，2006，第89页。

性质，所以说，仅仅对这种一元决定的唯心主义辩证法进行颠倒，根本不可能创立唯物主义的新科学。"马克思对黑格尔辩证法的'颠倒'完全不是单纯地剥去外壳。如果人们清楚地看到黑格尔的辩证法结构和黑格尔的'世界观'（即黑格尔的思辨哲学）所保持的紧密关系，那么，要真正地抛弃这种'世界观'，就不能不深刻地改造黑格尔辩证法的结构。"① 也就是说，黑格尔和马克思世界观中的"世界"不仅仅区分为抽象的理念世界和现实的人类世界，而且是两种在结构上完全相异的世界。阿尔都塞由此对马克思的辩证法作出了一种结构主义的解释，把马克思对黑格尔辩证法的颠倒理解为多元决定论对一元决定论的改造。

在黑格尔辩证法所展现的一元决定的世界中，历史的发展源自理念，并在理念不断扬弃自身矛盾的逻辑中实现向自身总体性的复归。历史发展的矛盾就是理念与自身的外化形式之间的矛盾，理念成为推动历史发展的唯一决定因素。历史的一切发展都能以还原的方式进行解释，一切矛盾和历史都可以简单地还原为同一个本质——理念，用阿尔都塞的话来说，就是千变万化的现象都可以归结为"一个简单内在本原"，生活的所有因素都可以归结为"一个统一的内在本原"。② 相比而言，在马克思辩证法所揭示的多元决定的世界中，历史的发展源自物质生产及其所产生的各种矛盾，经济成为推动历史发展最重要的现实因素。在阿尔都塞看来，马克思真正的颠倒不在于对头足倒置的唯心主义辩证法的颠倒，而在于使一元决定的唯心主义理念论解体，用多元决定的唯物主义历史观重新解释和展现人类历史的发展进程。这既转换了历史的视野——从抽象的理念的历史转换为现实的人类的历史，也转换了历史的解释——从以理念为决定因素的一元决定的唯心史观转换为以经济为决定因素的多元决定的唯物史观。这样一来，马克思对黑格尔辩证法的颠倒实质上是一种结构性的改造，彻底转变了辩证法的结构。用阿尔都塞的话来说："关于把辩证法颠倒过来这个不确切的比喻，它所提出的问题并不是要用相同的方法去研究不同对象的性质（黑格尔的对象是观念世界，马克思的对象是真实世界），而是从

---

① 〔法〕路易·阿尔都塞：《保卫马克思》，顾良译，商务印书馆，2006，第92页。
② 〔法〕路易·阿尔都塞：《保卫马克思》，顾良译，商务印书馆，2006，第91页。

辩证法本身去研究辩证法的性质，即辩证法的特殊结构，不是对辩证法'含义'的颠倒，而是对辩证法结构的改造。"① 经过这种结构性的改造，研究观念世界的一元决定的辩证法转换为研究现实世界的多元决定的辩证法。在多元决定的辩证法所揭示的真实世界中，人类历史的发展归根结底是由物质生产力发展所推动的现实进程，物质生产是决定人类历史发展的经济因素，而且物质生产的发展催生了生产关系以及以此为基础的上层建筑。用马克思的术语来说，以物质生产为决定因素的生产力与生产关系、经济基础与上层建筑之间的矛盾运动，推动着人类历史的发展。阿尔都塞认为，从马克思的唯物史观来看，人类历史的发展既不是黑格尔辩证法所描述的那样，也不是经济决定论所误解的那样，而是在物质经济因素、政治国家因素、意识形态因素以及其他社会因素交互作用和共同推动下的现实进程。与黑格尔一元决定的理念论相异，马克思多元决定的历史观意味着历史的一切发展都不能以还原的方式来解释，一切矛盾和历史都不可以简单地还原为某一个本质或某一个因素，应从多个交互作用的因素来解释历史的发展。在这一意义上，马克思彻底超越了黑格尔一元决定的总问题，并重新提出和解答了多元决定的总问题，彻底转变了辩证法所关注的总问题的性质。因此，从马克思创立的历史唯物主义中看到的问题，不是黑格尔辩证法的颠倒，而是黑格尔辩证法的解体，也就是说，马克思对黑格尔的颠倒，不只是简单地把用观念解释现实的头足倒置的唯心主义"倒过来"，而是连黑格尔表述的术语以及术语之间的关系也改变了。"不管'颠倒'的神话在表面上是多么严谨，也肯定站不住脚。我们知道，马克思既没有'颠倒'又没有保留黑格尔关于社会模式的术语。他用与这些术语关系甚远的术语代替了它们。他甚至打乱了这些术语之间原有的关系。"② 在这一问题上，阿尔都塞特意指出马克思在"市民社会"问题上所作的改变。

尽管马克思在法哲学批判时期运用了黑格尔市民社会的概念，也运用这一概念对黑格尔颠倒的关系作出相反的解释，把市民社会解释为国

---

① 〔法〕路易·阿尔都塞：《保卫马克思》，顾良译，商务印书馆，2006，第80页。

② 〔法〕路易·阿尔都塞：《保卫马克思》，顾良译，商务印书馆，2006，第98页。

家产生的基础和前提，但在这一颠倒后，马克思并没有停留在这种源自黑格尔哲学的"市民社会—国家"的社会模式上，而是代之以"生产力—生产关系、经济基础—上层建筑"的矛盾运动，把黑格尔"市民社会"的术语改变为"生产关系"的概念，把黑格尔"国家"的术语改变为"上层建筑"的概念，更以经济基础决定上层建筑的科学判断取代市民社会决定国家的哲学术语，把辩证法所要研究和揭示的对象从伦理世界中国家与市民社会的矛盾关系转换为人类世界中生产力与生产关系、经济基础与上层建筑的矛盾关系。在这一意义上，马克思以新的概念替代黑格尔术语、以多元决定论代替黑格尔一元决定论，推进了对黑格尔"国家决定市民社会"的颠倒。从这里也可以看出，马克思之所以能够颠倒黑格尔"国家决定市民社会"的观点，就在于一种极其重要的"思想整体"，即一种不断形成着的从根本上颠倒黑格尔唯心主义世界观的新世界观——唯物史观。马克思不仅剥去了黑格尔辩证法神秘的外壳，更是把唯物主义的立足点放置于人类社会，不再从意识形态批判层面对市民社会进行分析，而是从科学层面对人类社会的物质生产规律进行解剖，从而以政治经济学批判的新方式重新展现了"市民社会决定国家"的颠倒逻辑。

二　拉雷恩对马克思颠倒观的多维阐释

拉雷恩把意识形态视为马克思批判旧世界观和创立新世界观的核心概念之一，提出研究马克思的意识形态理论以及由此应对当今时代的意识形态问题，能够展现马克思的"最伟大之处"。拉雷恩以意识形态理论为切入点和立足点，对马克思的颠倒观进行深入分析，展示了"颠倒"在马克思意识形态理论以及马克思思想发展过程中的重要意义——颠倒是马克思意识形态批判的核心立场。在颠倒问题上，拉雷恩首先拒绝了阿尔都塞提出的"认识论断裂"说，马克思虽然提出要与德意志意识形态相决裂，但这种决裂不足以说明马克思的思想发展断裂为"前马克思的问题式"的意识形态阶段和"马克思的问题式"的科学阶段。"意识形态概念的基本统一性并非意指僵化的同一性，也非指的是在每一个阶段都表现出截然的差异性，而指的是意识形态概念会在不同时期有所变化，也会引入新的视角，但这些并不等于是'认识论断裂'或崭新的'问题式'。"① 在拉雷恩看来，马克思在清算自己从前信仰过的"意识形态"的决裂过程中以及决裂之后，并非弃意识形态问题于不顾而完全重建一种新的科学"问题式"的视野，而是始终关注意识形态问题，坚持意识形态批判，在对意识形态问题的批判性分析中充分运用了颠倒的思维方式和批判逻辑，即始终把意识形态视为一种颠倒的理论，并力求通过对意识形态所颠倒的现实进行颠倒，实现对颠倒的意识形态的彻底颠倒。也就是说，马克思眼中的那些从事意识形态批判的玄想家，尽管以各种方式对现存世界发起激烈的批判，但这些批判始终是以颠倒的方式，即从观念出发而不是从现实出发。"任何批判都不可能废黜存在于意识形态颠倒底层的现实的颠倒。这个主题贯穿于马克思思想发展的始终，也是让他对实践概念感兴趣的起点——因为现实的颠倒只能用实践的方式来解决。"② 拉雷恩在研究"这个主题"的过程中非常看重"颠倒"这一概念在马克思批判旧哲学、旧世界中的独特内涵。他从颠倒的视角展现出马克思思想发展的革命性转变、马克思批判旧世界的革命精神。拉雷恩对这一问题的阐述可谓是研究马克思颠倒问题的一个典范。拉雷恩根据马克思的颠倒观深入分析资产阶级社会的"三种颠倒"："异化或主客体的根本颠倒"、"市场与流通过程的颠倒"以及意识形态"颠倒了内在的'扭曲'关系"。③ 拉雷恩在此从这三个维度阐释了马克思对颠倒的意识形态的批判、对颠倒的异化劳动的批判、对颠倒的资本运动的批判。

第一，马克思对颠倒的意识形态的批判。在拉雷恩看来，意识形态的典型特征就是颠倒，对马克思而言，意识形态以一种虚幻的模式造成了观念与现实之间的"错乱和颠倒"，是一种用观念解释现实的幻想，并由此掩藏了社会现实的矛盾。因此，拉雷恩积极从颠倒的视角研究马克思的意识形态理论，揭示颠倒的批判方式在马克思意识形态理论中的重要意义，

① 〔英〕乔治·拉雷恩：《马克思主义与意识形态：马克思主义意识形态论研究》，张秀琴译，北京师范大学出版社，2013，第4页。
② 〔英〕乔治·拉雷恩：《马克思主义与意识形态：马克思主义意识形态论研究》，张秀琴译，北京师范大学出版社，2013，第8页。
③ 〔英〕乔治·拉雷恩：《马克思主义与意识形态：马克思主义意识形态论研究》，张秀琴译，北京师范大学出版社，2013，第140页。

从这一维度把握马克思思想发展的革命性转变。"马克思不断地用'颠倒'和'矛盾'来指代意识形态概念的内涵。有鉴于此，需要对这些表述以及它们之间的关系予以澄清以便更好地理解马克思意识形态概念的内涵和外延。"①

拉雷恩指出，马克思意识形态批判的特点在于揭示意识形态的颠倒逻辑，并通过这种颠倒性的揭示进一步找出被意识形态所掩藏的同时也是产生意识形态的社会基础，把批判的视域从抽象观念中的概念矛盾投向现实世界中的社会矛盾。在这一意义上，马克思意识形态批判的首要对象就是宗教。马克思早期在尚未正式使用"意识形态"这一术语时，就把宗教视为"颠倒的世界"。这种"颠倒的世界"的颠倒作用就在于从精神上补偿那个给人们带来苦难的"有缺陷的世界"。宗教作为一种颠倒的意识形态，归根结底是对颠倒的现存世界的反映，即颠倒的现存世界产生了颠倒的宗教意识。

拉雷恩认为，马克思真正要批判的意识形态是黑格尔哲学以及与之密切相关的青年黑格尔派的哲学思想。无论是黑格尔哲学还是用黑格尔式的哲学范畴对黑格尔哲学进行批判的青年黑格尔派哲学，都是用颠倒的方式理解世界、解释世界、批判世界。"这种颠倒既存在于青年黑格尔派身上，也存在于老年黑格尔派身上，因为他们都从意识出发而非从物质现实出发；而马克思却反而认为，人类的真正问题不在于某种错误的观念，而在于现实的社会矛盾，前者只不过是后者的结果而已。"② 其中，黑格尔哲学是一种典型的"颠倒的世界"。拉雷恩专门引述了黑格尔在《精神现象学》中关于"颠倒了的世界的规律"的一段论述，指出黑格尔以颠倒的方式构建了一个"绝对概念"自我区别又自我统一的颠倒的世界体系。"绝对概念"具有颠倒的规律，即从自身排斥出一个对立面，通过自我意识的对象化创造出对象，并将之确立为自我的颠倒，继而又不断扬弃对象，"绝对概念"就以一种抽象的颠倒方式产生出相互区别又内在统一的自然世界、

① 〔英〕乔治·拉雷恩：《马克思主义与意识形态：马克思主义意识形态论研究》，张秀琴译，北京师范大学出版社，2013，第 134 页。

② 〔英〕乔治·拉雷恩：《马克思主义与意识形态：马克思主义意识形态论研究》，张秀琴译，北京师范大学出版社，2013，第 16 页。

人类世界以及精神世界。"在表象与自然界的内在现实之间所进行的区分不过就是对自我意识中的区分的一种反思——物质本身则成为了自我意识的颠倒的表象。"① 按照这种规律，人类及其所处的现存世界只是"绝对概念"通过颠倒展现出来的表象而已，其真正的实体依然是"绝对概念"本身。当然，相互颠倒的两个世界并非截然区分，而是"绝对概念"这一同一者本身的"内在差别"。用拉雷恩的话来说，黑格尔哲学所构建的"颠倒的世界"的颠倒逻辑，是自我区分与抵制自我区分相统一的过程。拉雷恩指出，马克思批判黑格尔哲学的重要内容，就是对"绝对概念"的颠倒规律以及根据颠倒的规律所创造的颠倒的世界进行颠倒。"马克思颠倒了黑格尔的颠倒观。将真正的历史和客观现实视为自我意识的颠倒表象继而也是对现实的颠倒，因为人类活动'表现为某种外在于其自身的活动和产物'，而意识作为人的大脑的产物，则表现为生产者。"② 通过对黑格尔哲学中颠倒的世界的颠倒，马克思建立了用现实解释观念、用生活解释意识的认识论。

在分析黑格尔的颠倒问题时，拉雷恩提到了国家与市民社会的关系问题。拉雷恩发现黑格尔在观念与现实的问题上表现出一种颠倒，而且在国家的问题上表现出"第二层颠倒"。拉雷恩指出："在承认了现代资产阶级社会的矛盾特征之后，黑格尔又赋予这个国家以推翻其矛盾的使命。为此，他不得不断言市民社会与政治社会之间的分离可以经由中世纪等级制形式的恢复而得以桥接。"③ 黑格尔实际上是用理念通过自我扬弃实现同一的逻辑来克服国家的矛盾，并以此进一步得出国家决定市民社会的结论。市民社会作为与国家相分离、相颠倒的对立物，最终将在国家所具有的本质的理念中克服自身与国家之间的矛盾，市民社会将遵循国家的理念走向本质的同一。当然，市民社会与国家之间的矛盾的黑格尔式克服只是掩盖了现实的矛盾，黑格尔以颠倒现实的抽象方式，在"绝对概念"的抽象世

---

① 〔英〕乔治·拉雷恩：《马克思主义与意识形态：马克思主义意识形态论研究》，张秀琴译，北京师范大学出版社，2013，第 135 页。

② 〔英〕乔治·拉雷恩：《马克思主义与意识形态：马克思主义意识形态论研究》，张秀琴译，北京师范大学出版社，2013，第 137~138 页。

③ 〔英〕乔治·拉雷恩：《马克思主义与意识形态：马克思主义意识形态论研究》，张秀琴译，北京师范大学出版社，2013，第 7 页。

界中合乎逻辑地确立了国家之于市民社会的决定性意义，从而虚幻地解决即掩盖了国家与市民社会之间的矛盾。"通过掩盖这一矛盾，黑格尔颠倒了现实；统一的政治国家似乎决定了分裂的市民社会，抽象似乎决定了经验。"① 从这一意义上说，马克思市民社会批判的意义在于通过对国家与市民社会的"第二层颠倒"的颠倒来对黑格尔哲学颠倒的世界进行颠倒。

第二，马克思对颠倒的异化劳动的批判。在揭示意识形态之颠倒逻辑的基础上，拉雷恩循着马克思剖析现存世界矛盾的思路，把研究颠倒问题的视域置于颠倒的世界中的异化劳动。"对于马克思来说，真实的资本主义的颠倒不是实践对象化过程的给定物，实际上，对象化意味着资本家对劳动者的剥夺和对异化劳动的占有。"② 在拉雷恩看来，在黑格尔哲学颠倒的世界中，一切矛盾表现为"颠倒的动态方面"，一切矛盾只是"绝对概念"与其自身在异化过程中形成的、必然被扬弃的对立面的抽象关系。然而在马克思考察的资本主义生产过程中，真正的矛盾是资本家与劳动者、人与物之间相对立的现实关系。异化劳动的颠倒实际上正是资产阶级对无产阶级的奴役和统治。

在拉雷恩对资本主义的研究视域中，在根本意义上，颠倒就是异化——资本主义的生产过程是工人在劳动中造成与自身相对立的对象化的过程，整个生产过程把作为人的劳动者改变为作为客体的非生产者，而把作为物的产品改变为生产者的形式，劳动过程变成了"劳动条件使用工人"的异化劳动，这就颠倒了劳动与劳动条件、人与物、主体与客体之间的关系。犹如人被自己头脑中产生的宗教所支配那样，工人在资本主义生产过程中被自己劳动创造的产品所支配，这种颠倒无非意味着无产阶级被剥夺的现实困境。劳动者既被剥夺了劳动的结果，也被剥夺了劳动的方式。拉雷恩指出，在"劳动条件使用工人"的异化劳动过程中，工人不仅受到物质产品的支配，工人的实践还陷入"物质活动方式的局限性"的状况。也就是说，异化劳动还意味着工人从事着一种湮灭自我创造性表达的"有限的实

---

① 〔英〕乔治·拉雷恩：《马克思主义与意识形态：马克思主义意识形态论研究》，张秀琴译，北京师范大学出版社，2013，第 8 页。
② 〔英〕乔治·拉雷恩：《马克思主义与意识形态：马克思主义意识形态论研究》，张秀琴译，北京师范大学出版社，2013，第 145 页。

践"即狭隘的劳动分工。异化劳动极大地限制了工人的创造能力和活动空间。正是如此，工人只能从事具有"物质活动方式的局限性"的异化劳动而缺乏从事精神生产的活动，无法进入精神生产的领域，从而也就无法创造出能够展现自我创造性表达的思想文化。"被统治阶级所生产的观念未必就为他们自身的真实利益服务。因为他们缺乏精神生产的方式，而且也局限于旨在为统治阶级利益服务的生产关系之中。"① 按照拉雷恩的理解，异化劳动造成工人阶级物质上和精神上受支配的双重后果，那么工人阶级的思想就必然会被代表资产阶级利益的颠倒的意识形态所支配，资产阶级由此控制了思想生产的方式，从而能够以"花言巧语地进行欺骗或隐瞒"的方式使工人阶级从观念上接受实质上是资产阶级利益的"虚幻"的共同利益。换句话说，由于异化劳动的严重限制，工人阶级无法生产出代表自己利益、对抗资产阶级意识形态的"意识形态"。然而，迫于这种形势，工人阶级仍在寻求代表自身利益的"意识形态"，这成为他们改变世界的重要武器。

当然，拉雷恩指出，由于"意识形态"本身是一种与德国哲学家们相联系的虚幻的"颠倒的意识"，马克思并不把"意识形态"这一术语用在无产阶级身上，并没有使用"无产阶级的意识形态"来批判和对抗现存社会的意识形态。然而，马克思也没有忽视"意识形态"的作用，毕竟无产阶级的革命思想是批判性认识现存世界的重要条件，若用《德意志意识形态》中的一词来表述这种"无产阶级的意识形态"，那就是由无产阶级自身产生的"共产主义的意识"②。在这一问题上，拉雷恩不仅把意识形态视为"颠倒的意识"，也把意识形态视为无产阶级革命的重要因素。拉雷恩专门引述了葛兰西关于霸权的意识形态观，指出意识形态固然是统治阶级支配人民群众的特殊霸权，但正是如此，对革命的无产阶级而言，在反对现存社会的行动中，必须具有一种与统治阶级争夺霸权的有机的意识形态。"意识形态在葛兰西这里具有一种整合的功效，该功效立足于其自身有能力赢取人民的自愿共识。"③ 这

---

① 〔英〕乔治·拉雷恩：《马克思主义与意识形态：马克思主义意识形态论研究》，张秀琴译，北京师范大学出版社，2013，第22页。
② 《马克思恩格斯选集》第1卷，人民出版社，1995，第90页。
③ 〔英〕乔治·拉雷恩：《马克思主义与意识形态：马克思主义意识形态论研究》，张秀琴译，北京师范大学出版社，2013，第87页。

表明，无产阶级与资产阶级之间的矛盾不仅是物质生产层面上的经济矛盾，还包括意识形态层面上的思想矛盾。因此，对颠倒的异化劳动的批判能够揭示无产阶级和资产阶级之间在经济生活乃至意识形态上的矛盾。而且，不难看出，克服异化劳动的根本方式，绝非黑格尔式的抽象概念对自身对立面的扬弃，而是对颠倒的现存世界、颠倒的生产过程进行革命性的颠倒，无产阶级必须从物质生产和意识形态两个层面解决革命的问题。

第三，马克思对颠倒的市场运作的批判。拉雷恩在研究意识形态、异化劳动问题的同时分析了第三种颠倒，那就是马克思所说的商品生产与流通之间的颠倒。"流通过程的表象是对生产过程的内在现实的一种颠倒。但之所以这样乃是因为生产层面本身的本质关系也是扭曲的和颠倒的。"① 在拉雷恩看来，资本主义的主要矛盾之一是商品的使用价值与价值之间的矛盾，资本家市场运作的目的就是要通过出让商品的使用价值换取商品的价值，即通过商品与货币的交换来实现资本增殖，这一矛盾实际上转化为商品和货币之间的矛盾，解决商品和货币之间的矛盾构成了市场运作的基本内容，而市场运作实质上是一个掩盖事实和矛盾的颠倒过程。"剩余价值的生产和榨取过程（这是劳资对抗矛盾的基础），被市场运作所掩盖，并继而又成为意识形态表达的基础。"②

拉雷恩指出，商品和货币之间的矛盾又可以转化为资本与雇佣劳动之间的矛盾。作为货币所有者的资本家的第一个行动就是以工资的形式把劳动力所有者变为一种"具体商品"，即马克思所说的劳动力商品，工人由此出售了自己的劳动力并以雇佣劳动的形式进入商品生产的阶段——剩余价值的生产过程。"剩余价值的积累首先是在雇佣劳动中生产出来的，也是对雇佣劳动的榨取。"③ 雇佣劳动生产出商品，对资本家而言，从雇佣劳动到商品生产再到商品出售，构成了市场运作的一次完整过程，即资本家解决商品的使用价值与商品的价值之间矛盾的一次完整过程。资本的运

---

① 〔英〕乔治·拉雷恩：《马克思主义与意识形态：马克思主义意识形态论研究》，张秀琴译，北京师范大学出版社，2013，第139页。

② 〔英〕乔治·拉雷恩：《马克思主义与意识形态：马克思主义意识形态论研究》，张秀琴译，北京师范大学出版社，2013，第172页。

③ 〔英〕乔治·拉雷恩：《马克思主义与意识形态：马克思主义意识形态论研究》，张秀琴译，北京师范大学出版社，2013，第171页。

动、增殖是商品生产和商品流通相统一的过程，在此，决定资本增殖的环节无疑是雇佣劳动创造商品的生产环节，雇佣劳动是市场运作的根本动力，生产环节是资本家得以解决商品的使用价值与价值之间矛盾的根本前提和现实基础。当然，解决这一矛盾的过程也同时造成了货币所有者与劳动力所有者之间的对抗性矛盾。整个市场运作既是剩余价值生产的过程，又是阶级矛盾产生的过程。

然而，拉雷恩指出，根据马克思对资本运动的批判性分析，资本主义生产方式在外观上颠倒了商品生产和商品流通的关系。从整个市场运作的外观上看，资本家在市场中以支付工资的形式与工人的劳动力进行平等交换，并通过这种平等的交换最终实现物质财富的增加，市场运作实际上就是工资换资本的流通过程，即资本家通过支付一定的工资换取更多的资本，而且这种流通过程是基于平等交换的市场行为。这样一来，以生产过程为决定环节的资本运动就被颠倒为以流通过程为决定环节的市场运作，同时资本家对劳动者榨取剩余价值的剥削关系也被颠倒为资本家与劳动进行平等交换的市场关系。这种外观掩盖了生产过程即雇佣劳动对资本增殖的决定性意义，也掩盖了工资形式即资本家只是支付了劳动者一部分的工作时间。以资本家支付工资为起点、以劳动者平等交换为原则的流通过程由此成为资本增殖的决定环节。这种流通过程不仅变成了一种基于等价交换的市场行为，也正是在这一基础上形成了一种表象上自由平等的意识形态。"由于人们只能看见作为一种社会表象而发生的市场中个人间的等价交换，而看不见其背后隐藏的是生产过程，所以在资本家和劳动者的脑子里就很自然地将这种社会表象视为平等和自由了，这就是资本主义意识形态的关键。"① 也就是说，按照资本主义意识形态的描述，资本主义社会是平等的社会，因此人们也应当把资本主义社会看作平等的社会。由此，无产阶级被剥削、受奴役的社会从意识形态上被颠倒为自由的、平等的社会，无产阶级和资产阶级矛盾冲突的社会从意识形态上被颠倒为无产阶级和资产阶级平等相处的社会。

---

① 〔英〕乔治·拉雷恩：《马克思主义与意识形态：马克思主义意识形态论研究》，张秀琴译，北京师范大学出版社，2013，第172页。

　　在拉雷恩看来，马克思对资本主义的批判是要揭示出资本主义生产方式在外观上所掩盖的生产和流通的颠倒关系，从而进一步戳穿流通过程所掩盖的资本家剥削劳动者的不平等关系，通过对颠倒的市场运作的批判性分析来凸显无产阶级和资产阶级之间的矛盾。面对颠倒的市场运作、颠倒的异化劳动、颠倒的意识形态以及这些颠倒背后所掩盖的阶级矛盾，马克思指出的唯一出路就是摧毁现存社会的共产主义革命。总的来看，拉雷恩从意识形态批判的意义上发挥了马克思批判现存世界的颠倒方法，坚持了马克思市民社会批判的基本立场，展现了马克思"在批判旧世界中发现新世界"的科学视野和革命精神。

第六章

颠倒的超越：马克思市民社会批判的理论效应

正如马克思所说："对市民社会的解剖应该到政治经济学中去寻求。"① 对市民社会的解剖实质上是对市民社会的批判，即对现存社会的批判性分析。在此过程中，不仅要从中寻求社会发展的现实基础，而且要改变现实基础及其产物的现实出路。只有从市民社会中解剖现实的物质生活关系，才能把研究的立脚点放在人类社会，进一步从人类社会中找到变革市民社会、实现人类解放的现实条件。随着对市民社会的深入解剖，马克思不断超越早期对市民社会的理解，并通过这种解剖展现了对市民社会进行批判的颠倒方法，以这种解剖和颠倒推进了"在批判旧世界中发现新世界"的理论探索和革命立场。在这一意义上，马克思不仅在对黑格尔国家与市民社会关系的颠倒中展现出不断超越旧哲学的理论效应，而且在这种颠倒后展现出不断超越自己这种颠倒的理论效应。②

对马克思而言，对市民社会的解剖，也是自身思想的解放。市民社会批判促进马克思不断清算自己曾经的哲学信仰、建立科学的新世界观，走向政治经济学意义上的市民社会批判。在新世界观的早期形成过程中，市

---

① 《马克思恩格斯选集》第 2 卷，人民出版社，1995，第 32 页。
② 具体来说，颠倒的超越，不仅是指马克思以颠倒黑格尔"国家决定市民社会"的方式对黑格尔市民社会观进行批判和超越，而且还指马克思通过对"国家决定市民社会"的颠倒不断对这一命题背后的唯心史观进行批判和超越，更是指马克思在颠倒黑格尔"国家决定市民社会"之后以唯物史观为理论武器、以社会革命为现实力量对产生唯心史观的颠倒的现存社会进行批判和超越。

民社会成为马克思考察和批判现存世界的重要问题，马克思对市民社会的解剖主要是哲学批判意义上的市民社会批判。市民社会的问题促进了马克思市民社会批判的表达，尤其是黑格尔法哲学中的市民社会问题引起了马克思颠倒性的思考和批判，以批判黑格尔哲学的方式对国家与市民社会的颠倒关系进行颠倒，成为马克思市民社会批判的核心内容。马克思在法哲学批判时期对黑格尔理念式的"国家决定市民社会"的颠倒，不仅将其颠倒为"市民社会决定国家"，而且将颠倒而来的市民社会置于批判和研究现存世界的基础地位。法哲学意义上的市民社会批判就是要使伦理世界中的市民社会从国家的外在必然性中摆脱出来，重新发现市民社会本身能够实现内在发展的现实基础，并进一步从市民社会的现实基础出发来解释国家的存在，最终要批判"国家决定市民社会"这一命题所固有的、具有决定论意义的绝对理念及其抽象历史观。也就是说，对黑格尔"国家决定市民社会"的颠倒，不仅仅是对一个抽象命题的颠倒，更是对这一抽象命题之根本逻辑的唯心史观的颠倒。马克思在这一时期的市民社会批判，实质上是哲学批判，是对从颠倒的哲学中产生的颠倒的观念的批判，同时又在对颠倒的观念的批判中揭示出黑格尔哲学的颠倒特征——用理念的发展描述现存的世界，对现存的世界作出颠倒的解释。在这一意义上，马克思对"国家决定市民社会"的颠倒是要建立一种用现存的世界来解释理念的发展的新唯物主义。这意味着，从新唯物主义的形成发展来看，马克思市民社会批判的核心问题不仅仅在于把"国家决定市民社会"颠倒为"市民社会决定国家"，更在于在这一基础上对现实的市民社会中的颠倒进行批判性颠倒，超越哲学范畴中的国家与市民社会关系的问题论域。如果马克思仅仅停留在法哲学批判层面上对"国家决定市民社会"进行颠倒，就不会走向政治经济学层面上对市民社会的解剖，也不会建立一种能够从根本上颠倒黑格尔以及青年黑格尔派唯心史观的新世界观。马克思在对"国家决定市民社会"的颠倒中不断超越这种颠倒，这种超越的根本意义在于超越"国家决定市民社会"背后的唯心史观，用现存的世界来解释理念的发展，乃至用革命的立场来对待现存的世界。而且在这一颠倒的基础上，基于唯物史观对市民社会的批判和解剖，马克思更加深入地看到市民社会中的现实关系——现实的人在物质生产过程中形成的生活关系，从物质生活的发展和变革中深入考察实现人类解放的现实出路。正是在这一意义上，马克思超越了黑格尔市民社会的哲学范畴，把"市民社会"的术语转化为"生产关系"的概念，从而也把黑格尔哲学中的国家与市民社会的矛盾关系转变为生产力与生产关系、经济基础与上层建筑的矛盾关系，不仅改变了分析问题的术语，甚至改变了术语之间的关系，把黑格尔基于法哲学的"国家—市民社会"的分析框架转变为基于唯物史观的"社会基本矛盾运动"的科学范式，明确了物质生产的发展构成了政治国家、意识形态以及历史发展、社会变革的基础，从生产力发展对生产关系和上层建筑的变革中找到了改变现存世界、实现人类解放的物质条件和发展规律。在资产阶级社会，由生产力发展所推动的社会基本矛盾运动是产生社会变革的动力机制，是无产阶级必然超越市民社会的生存困境、构建未来社会的生产关系，从而实现自身解放的现实条件。马克思市民社会批判呈现出从对市民社会范畴的哲学颠倒到对市民社会的政治经济学解剖的发展进路。

至此，马克思在市民社会批判的过程中不断超越法哲学批判层面上的"小颠倒"，把这一颠倒推进到政治经济学层面上对颠倒的现存世界进行批判的"大颠倒"。在对现存世界的现实关系的政治经济学解剖中寻出了现存世界产生颠倒现象的现实基础，也寻出了现存世界被颠倒的现实条件。在这一意义上，马克思在以新世界观超越旧世界观的过程中实现了从"小颠倒"到"大颠倒"的超越，即从对市民社会的法哲学批判到政治经济批判的超越，更是在这一超越的基础上把政治经济学批判的理论研究与无产阶级的革命实践相结合，在对市民社会的政治经济学解剖中寻出了无产阶级革命的必然趋势和现实基础。马克思由此不仅科学地解释世界，更在科学地解释世界的基础上实践地改变世界。从马克思早期思想发展来看，市民社会批判中的颠倒产生了重要的理论效应，马克思从颠倒国家与市民社会的关系中"倒出了"政治经济学批判。"倒出了"现实个人的自由，"倒出了"唯物史观的发展，"倒出了"改变世界的革命。对颠倒关系的颠倒、对市民社会的解剖成为马克思"在批判旧世界中发现新世界"的重要理论表达。

第一节　在"颠倒关系"中"倒出了"政治经济学批判

在市民社会批判的过程中，马克思对黑格尔颠倒的国家与市民社会关系的颠倒的重要意义，就是进一步对从被国家决定的位置颠倒出来的市民社会进行解剖，在"颠倒关系"中"倒出了"政治经济学批判。也就是说，对黑格尔而言，市民社会并不是理念在"施展全力"中对无限性进行自我证明的内在目的，而只是为了享有自己的无限性并重新生产这种无限性而必须扬弃的一个"材料"式的环节。在理念的伦理世界中，尽管市民社会以"独立的单个人的联合"的形式超越了家庭，但其本身并没有独立存在的意义，其真正意义在于成为一种作为规定者的国家所产生的神秘的结果，在于因国家而得以实现。国家的产生并非要从市民社会来理解，而是要从国家本身来理解。市民社会与国家是从不断现实化的自由的理性中所分离出来的两个环节，国家是"自由的现实化"在市民社会这一环节使自身成为实在，理念决定了市民社会呈现出与国家相分离、相对立以及最终相统一的发展逻辑，国家是市民社会向前过渡、实现扬弃的绝对目的和独立力量。市民社会最终被消融于国家的理念之中，从而也掩盖了其中的经济因素。当然，在市民社会中被掩盖的经济因素毕竟还是黑格尔市民社会理论的一种重要贡献。"黑格尔市民社会理论的重要贡献使得他能按照与前哲完全不同的术语对市民社会作出重新思考，因为一个由市场构成的经济秩序包括独立的个人及其私利，这与国家是截然不同的。市民社会的人就是'资产阶级'，因为他们都是以个人利益为导向。"① 这意味着，没有黑格尔在市民社会理论上的这种贡献，马克思难免缺乏从政治经济学视角解剖市民社会的重要理论前提。马克思通过对黑格尔"国家决定市民社会"的颠倒，不仅能够接触到黑格尔对市民社会及其经济因素的描述，而且在对黑格尔理念式的神秘主义的批判中把批判的视域逐渐从哲学层面的市民社会转向现实层面的市民社会，在法哲学批判后更加深入地考察和研

---

① John Ehrenberg, *Civil Society: The Critical History of an Idea* (New York：New York University Press, 1999), p. 131.

究个人追求私利的市民社会——资产阶级追逐个人利益的现代社会。马克思对"国家与市民社会关系"问题的解答继续使用了分离、对立和颠倒的批判方式，在新的语境中论述自己颠倒过来的"市民社会决定国家"的结论。在法哲学批判的颠倒之后，马克思在《论犹太人问题》中指出："实际需要、利己主义是市民社会的原则；只要市民社会完全从自身产生出政治国家，这个原则就赤裸裸地显现出来。"① 这里不仅明确了"市民社会决定国家"的观点，而且接触到了市民社会现实的经济层面。这意味着马克思从哲学批判中逐渐分离出政治经济学批判。

一 从"市民社会"到"生产关系"的转换

马克思将黑格尔"国家决定市民社会"颠倒为"市民社会决定国家"，由此把这种具有决定性意义的市民社会作为批判现存世界的重要立脚点，尤其是发掘市民社会中的经济因素，对现存世界作出新的理解。也正是在这一意义上，马克思并不是简单地沿用黑格尔的市民社会概念，而是进行一种解构性、超越性的运用。"马克思把黑格尔的市民社会解构成一种复杂的、结构性的概念，并且实际上把市民社会归结为劳动、生产和交换的领域。"② 通过这一解构，马克思不仅转换了分析市民社会的理论语境（从哲学语境转向经济学语境），也转换了市民社会的实质内涵，不是简单地把市民社会视为以个人利益为导向的资产阶级社会，而是从中发现经济活动是人类历史发展的基础，发现了人们在经济活动中形成的经济关系。"马克思认为，在社会含义下包含的意思是，处于由某一经济方式所产生的相互作用和相互影响下的圈子，其成员通过某些由经济所决定的生活关系而彼此发生关系。"③ 那么，马克思对市民社会的分析和批判就不再是法哲学批判，即不只是把市民社会从被规定的定位中颠倒过来，更是一种深入考察经济活动及其经济关系的政治经济学批判，即重新建立一种解释政治国

---

① 《马克思恩格斯文集》第 1 卷，人民出版社，2009，第 52 页。
② Z. A. Pelczynski, *The State & Civil Society: Studies in Hegel's Political Philosophy* (Cambridge: Cambridge University Press, 1984), p. 2.
③ 〔德〕亨利希·库诺：《马克思的历史、社会和国家学说——马克思的社会学的基本观点》，袁志英译，上海译文出版社，2014，第 236 页。

家、意识形态何以产生的经济学思路，从资产阶级社会中解剖出"全部历史的真正发源地和舞台"。"在过去一切历史阶段上受生产力制约同时又制约生产力的交往形式，就是市民社会。从前面已经可以得知，这个社会是以简单的家庭和复杂的家庭，即所谓部落制度作为自己的前提和基础的。关于市民社会的比较详尽的定义已经包括在前面的叙述中了。从这里已经可以看出，这个市民社会是全部历史的真正发源地和舞台，可以看出过去那种轻视现实关系而局限于言过其实的历史事件的历史观何等荒谬。"① 那么，黑格尔"国家决定市民社会"无疑是一种轻视现实关系的荒谬的历史观。

在《德意志意识形态》阶段，马克思发现，在全部历史的发展过程中，家庭构成了市民社会的基础和前提，在人的生命的生产和物质生活的生产的共同推动下，家庭中的自然分工逐渐演变为市民社会的劳动分工，并由此导致基于劳动不平等分工及其产品不平等分配的私有制，这样一来，市民社会的分工造成了单个家庭追求的特殊利益与所有相互交往的个人的共同利益之间的矛盾。"正是由于特殊利益和共同利益之间的这种矛盾，共同利益才采取国家这种与实际的单个利益和全体利益相脱离的独立形式，同时采取虚幻的共同体的形式。"② 这种矛盾意味着在分工中占有劳动和劳动产品的人对不占有的人的支配，即由分工决定一个阶级对另一个阶级的统治。那么，分工的发展和统治阶级占有的特殊利益就必然要求国家——一种特殊的代表"普遍"利益的虚幻共同体、对特殊利益和共同利益之间的斗争"进行实际的干涉和约束"的独立形式——出现。国家由此从人与人之间的劳动关系、分工关系中产生，严格来说，一个阶级占有另一个阶级的劳动及其产品这种不平等的物质生产关系，以及维护这种不平等的物质生产关系的需要，使得国家的产生成为一种必要的现实因素。这实际上就是从政治经济学的角度对"市民社会决定国家"而不是"国家决定市民社会"作出的新论证。在《德意志意识形态》阶段，马克思实质上已经建立了政治经济学批判的思路，开始超越和解构黑格尔法哲学的市民

---

① 《马克思恩格斯选集》第 1 卷，人民出版社，1995，第 87~88 页。
② 《马克思恩格斯选集》第 1 卷，人民出版社，1995，第 84 页。

社会思路，初步把黑格尔基于国家理念而产生的市民社会转变为基于生产力而形成的生产关系。

二　从法哲学批判到政治经济学批判的转变

到了《〈政治经济学批判〉序言》阶段，马克思建立了从政治经济学出发解剖市民社会的完整理论框架，如果说，马克思在法哲学批判中所解剖出来的是源自理念的"人类精神的一般发展"，是对抽象理念的哲学批判，那么在政治经济学批判中所解剖出来的则是源自生产力的"物质的生活关系"，是对市民社会的科学研究。在这一意义上，对黑格尔"国家决定市民社会"的颠倒促进了马克思从法哲学批判推进到政治经济学批判，并在政治经济学批判的新视野中重新解剖那个被黑格尔的国家理念所决定的市民社会，从而在政治经济学的意义上重新解释法哲学批判中提出的"市民社会决定国家"的观点，从政治经济学研究中深入系统地回答法哲学批判时期尚未解答的问题——市民社会何以决定国家。

如前所述，毕竟马克思在法哲学批判时期通过颠倒提出的"市民社会决定国家"的观点，并非从政治经济学的维度上而是从法哲学的维度上对国家与市民社会的颠倒关系进行颠倒，此时的"市民社会决定国家"主要是一种尚未完全摆脱黑格尔理论框架的哲学分析和哲学批判，马克思此时市民社会批判的核心任务在于批判黑格尔的法哲学，并进一步从与黑格尔理念逻辑相反的方向提出市民社会是国家的基础，因而尚未达到对市民社会进行政治经济学解剖的理论高度。经过此后的政治经济学研究，马克思不仅超越了黑格尔关于国家与市民社会关系的理论框架，而且超越了自己在批判黑格尔法哲学时对国家与市民社会关系进行颠倒的批判理路，不再"沿着"黑格尔市民社会观的思路对市民社会进行批判性分析，而是立足人类社会的发展对市民社会进行经济学解剖。通过这种解剖，马克思对国家与市民社会的关系问题作出了全新的科学论证："人们在自己生活的社会生产中发生一定的、必然的、不以他们的意志为转移的关系，即同他们的物质生产力的一定发展阶段相适合的生产关系。这些生产关系的总和构成社会的经济结构，即有法律的和政治的上层建筑竖立其上并有一定的社会意识形式与之相适应的现实基础。物质生活的生产方式制约着整个社会生活、政治生活和精神生活的过程。不是人们的意识决定人们的存在，相反，是人们的社会存在决定人们的意识。"① 由此可见，马克思把曾经"沿着"黑格尔的思路用过的"国家—市民社会"的法哲学思辨框架转变为基于唯物史观的"生产力—生产关系、经济基础—上层建筑"的政治经济学框架，把黑格尔法哲学意义上抽象的思辨方法颠倒为政治经济学意义上科学的研究方法。马克思通过这一研究方法无非要证明，人在创造自己生活的生产力发展过程中必然形成一定的生产关系并在这一生产关系的基础上建立相应的政治上层建筑和社会意识形式，用法哲学批判时期的术语来说，就是"市民社会决定国家"。那么，对现存社会而言，就是资本主义的生产关系决定资本主义的政治国家。马克思对资本主义生产关系的解剖，也呈现出一种颠倒黑格尔"国家决定市民社会"的批判理路——"分离—对立—颠倒"。具体来说，资产阶级社会的生产关系以资本与劳动的分离为前提，并由此形成了无产阶级和资产阶级之间的对立，这种阶级对立的生产关系使无产阶级在直接生产过程中遭受了异化劳动的颠倒，以这种生产关系为基础的资本运动过程又从表面上颠倒了生产和流通的关系，从而以虚假的平等关系掩盖了两大阶级的对立关系。因此，唯有对这些颠倒的现象进行颠倒，才能深入地解剖市民社会的内在矛盾，找出变革市民社会的真实动力。

而且，马克思在解答市民社会何以产生国家的问题的同时还解答了另一个重要问题，那就是市民社会何以产生意识形态的问题。马克思在这段论述中表明，人们在物质生活的生产关系的基础上不仅建立起相应的政治上层建筑（国家），还建立起相应的观念上层建筑（意识形态）。从颠倒的视角来看，对现存世界作出颠倒的解释的意识形态，归根结底产生于具有颠倒特征的现存社会，颠倒的意识形态是颠倒的现存社会在观念上的反映和表达。因此，马克思在此对市民社会所作的政治经济学解剖，不仅论证了市民社会决定政治国家，也论证了市民社会决定意识形态。这种解剖和论证充分展现了马克思新世界观的科学精神和革命立场，也推动了马克思在新世界观指导下寻求变革现存世界、实现人类解

---

① 《马克思恩格斯选集》第 2 卷，人民出版社，1995，第 32 页。

放的现实出路。

第二节　在"颠倒关系"中"倒出了"现实个人的自由

马克思在颠倒黑格尔"国家决定市民社会"之后的政治经济学批判中对市民社会的解剖，不仅解剖出物质生活的生产关系，还解剖出处于物质生活的生产关系之中的现实个人。也就是说，马克思的政治经济学批判不仅是一种深入考察经济活动及其经济关系的科学研究，还重新解释了政治国家、意识形态得以产生的现实基础，更发现了"全部历史的真正发源地和舞台"实际上是从事物质活动的现实的个人的"舞台"。马克思对市民社会的政治经济学解剖，绝非只看到了物质性的生产活动，只看到了生产活动的客观表象，而是看到了活生生的现实的个人所从事的物质生产，看到了生产活动的主体基础。从根本上说，物质生产活动无非有生命的个人通过自身的劳动改造世界，从而满足自身生产和发展需要的现实过程，也是每个人实现自由和解放的最基本的现实条件。从市民社会中解剖出来的交往关系、生产关系实际上是现实的个人在物质生产过程中形成的人与人之间的社会关系。马克思在市民社会批判中对现存的生产关系的剖析必然指向现实的个人在现存的生产关系中的物质生活状况——无产阶级在以资产阶级私有制为基础的生产关系中受剥削、受奴役的物质生活困境。那么，无产阶级如何能够摆脱这种生产关系所造成的生活困境，无产阶级如何能够实现自身的自由和解放，成为马克思市民社会批判的强烈问题意识和根本价值导向。因此，马克思将黑格尔"国家决定市民社会"颠倒为"市民社会决定国家"，由此把这种具有决定性意义的市民社会作为批判现存世界的重要立脚点，不仅能够发掘出市民社会中作为现存世界基础的经济因素，还能够进一步分析现实的个人在市民社会中的自由问题，认清无产阶级在市民社会中受剥削、受奴役的物质根源，认清无产阶级超越市民社会、实现自由解放的现实条件。

一　用现实的个人代替抽象的人

马克思在法哲学批判时期对黑格尔的颠倒，已经接触到自由的问题。

马克思所批判的黑格尔哲学中的市民社会，实质上也是一种自由的社会。这里所指的自由主要包括"微观自由"和"宏观自由"两个方面。具体来说，一方面，从"微观自由"的角度来看，市民社会本身就是相对独立于国家之外的具有利己目的的个人追求私利的活动领域。"市民社会的发展是因为现代性从中世纪的专制主义、特权和不平等中解放出来。个人首次能够追求一己私利。社会关系摆脱了国家而扎根于个人私利，市民社会把自利的个人在自治的社会链条中相互连接起来。这是一个道德自由和个人私利的领域。"① 对黑格尔而言，在市民社会中，个人的劳动与他人的劳动构成了互相满足各自需要的中介，每个人能够通过自己的劳动及与他人发生关系来满足自身的需要，市民社会由此表现出一种"需要的体系"，并在这一体系中包含自由。简而言之，个人根据自己的意志、需要从事劳动。而且，根据黑格尔的理解，在"需要的体系"中发生关系的自由的个人，还受到司法对其所有权的保护，以及警察、同业公会以共同利益的形式对其的关怀。在这一意义上说，黑格尔哲学所描述的市民社会是一种具有"微观自由"的现代社会，市民是享有"微观自由"的个人。当然，市民社会的"微观自由"也具有局限性和危险性。"市民社会本身无法完全克服自身产生的野蛮的不平等，这就限制了其伦理的潜力。作为市民社会基础的特殊利益和利己主义破坏了自由的形式可能性。"② 对于这一问题，黑格尔的解决方式在于具有普遍性和同一性的国家。国家是对市民社会及其矛盾的否定，同时又是对市民社会及其自由的保障，市民社会的自由也只有在国家的范畴中才能真正实现。这也是黑格尔提出"国家决定市民社会"的重要依据之一。

另一方面，从"宏观自由"的角度来看，尽管个人在市民社会的"需要的体系"中享有追求私利的自由，但这种自由实质上并非由市民社会本身所赋予，也不只是由国家所赋予，而是由国家背后的理性，即自在自为的理念所赋予。"黑格尔的'国家'是一个普遍性和同一性的伦理领域，

---

① John Ehrenberg, *Civil Society: The Critical History of an Idea* (New York: New York University Press, 1999), p. 126.

② John Ehrenberg, *Civil Society: The Critical History of an Idea* (New York: New York University Press, 1999), p. 126.

这个国家实现了市民社会的必然性和特殊性。国家是精神在其历史的最后实现，因为它建立在自由而非强制的基础上。"① 市民社会中的个人自由来自国家的实现，国家的实现又源自理念的发展。也就是说，所谓个人在市民社会中的自由、个人在国家保障中的自由，实质上只是理念的自由在伦理世界的各个环节中的一种具体的自我表现而已。"在黑格尔那里是这样表现的：感性、宗教、国家权力等等是精神的本质，因为只有精神才是人的真正的本质，而精神的真正的形式则是思维着的精神，逻辑的、思辨的精神。"② 既然人的本质归根结底是抽象的理念，市民社会中的个人归根结底是抽象的人、逻辑的人、精神的人，那么人的自由实质上就是理念的自由，是思辨的精神世界中的自由。尽管市民社会中的个人能够按照自由的原则从事物质性的生产劳动，在物质性的生产劳动中创造出物质性的产品，并通过"需要的体系"获得自己的物质财富，整个社会围绕着物质劳动、物质需要、物质财富而存在，然而实际上这一切也只是理念的生成，即便人是劳动的存在，也只是理念的自我表现，人的行动的自由、物质性的劳动过程无非思维着的活动、精神性的生产过程。正如马克思所说："他——在抽象的范围内——把劳动理解为人的自我产生的行动，把人对自身的关系理解为对异己存在物的关系，把作为异己存在物的自身的实现理解为生成着的类意识和类生活。但是，撇开上述的颠倒说法不谈，或者更正确地说，作为上述颠倒说法的结果，在黑格尔那里，这种行动，第一，仅仅是形式的，因为它是抽象的，因为人的本质本身仅仅被看做抽象的、思维着的本质，即自我意识。"③ 真正自由的不是市民社会中的个人，而是市民社会背后的理念，没有理念的自由就不会创造出伦理世界，也就不会从伦理世界中产生市民社会，也就不会产生能够最终实现市民社会自由的国家。"个人只有走向比自身的直接利益更加广阔的终结——实际上就是超越任何个人的直接利益，才能完全实现自我和真实自由。"④ 市民社

① John Ehrenberg, *Civil Society: The Critical History of an Idea* (New York：New York University Press, 1999), p. 128.

② 《马克思恩格斯文集》第 1 卷，人民出版社，2009，第 204 页。

③ 《马克思恩格斯文集》第 1 卷，人民出版社，2009，第 217 页。

④ John Ehrenberg, *Civil Society: The Critical History of an Idea* (New York：New York University Press, 1999), p. 129.

会中的个人自由只是一种有限并且必然要被扬弃的自由，理念以"个人"的形式外化出自由的个人，并最终返回自身，从而实现了个人的自由。理念决定了个人的自由，个人只有在理念中才能最终实现自身的自由。市民社会从伦理世界中的一个具体环节折射出理念自在自为地施展出一个具有"宏观自由"的逻辑体系，包括市民社会在内的一切都是理念"施展全力"、自由创造的结果。在这一意义上说，黑格尔哲学对人的自由作出了颠倒的理解，黑格尔市民社会中的个人自由在根本上是一种颠倒的自由，即源自颠倒的理念世界的抽象自由，而不是建基于现实的人类社会的真实自由。

同样，对黑格尔哲学进行伪造的青年黑格尔派在个人自由的问题上与黑格尔哲学同出一辙。"哲学家们在不再屈从于分工的个人身上看到了他们名之为'人'的那种理想，他们把我们所阐述的整个发展过程看作是'人'的发展过程，从而把'人'强加于迄今每一历史阶段中所存在的个人，并把他描述成历史的动力。这样，整个历史过程被看成是'人'的自我异化过程，实质上这是因为，他们总是把后来阶段的普通个人强加于先前阶段的个人并且以后来的意识强加于先前的个人。由于这种本末倒置的做法，即一开始就撇开现实条件，所以就可以把整个历史变成意识的发展过程了。"① 对鲍威尔、施蒂纳、施特劳斯而言，个人是以自我意识为本质的抽象的人，个人的自由充其量只是由黑格尔的绝对理念伪造而成的抽象的自我意识的表现，这种自由同样是一种颠倒的自由。

那么，马克思通过对黑格尔"国家决定市民社会"的颠倒，把市民社会置于决定性的定位，把这种具有决定性意义的市民社会作为批判和研究现存世界的重要立脚点，有助于立足这种物质的经济活动领域，从物质的、现实的维度而不是精神的、抽象的维度来考察市民社会中的个人。马克思指出："我们开始要谈的前提不是任意提出的，不是教条，而是一些只有在想象中才能撇开的现实前提。这是一些现实的个人，是他们的活动和他们的物质生活条件，包括他们已有的和由他们自己的活动创造出来的

---

① 《马克思恩格斯选集》第 1 卷，人民出版社，1995，第 130 页。

物质生活条件。因此，这些前提可以用纯粹经验的方法来确认。"① 与黑格尔相比，马克思所描述的市民社会，虽然也是经济活动的领域，但绝非想象中的由抽象的理念所外化的经济活动领域，而是经验中的由现实的个人所从事的经济活动领域。马克思从市民社会中看到的是一个个有生命的生产着自己的物质生活的现实的个人，个人的肉体组织及其所处的各种自然条件、物质生活条件都"可以用纯粹经验的方法来确认"。在此，对黑格尔哲学的颠倒促进了马克思在市民社会批判中用现实的个人代替抽象的人。更重要的是，通过用现实的个人代替抽象的人，马克思能够基于现实的个人的维度来批判和研究现存社会，进一步考察现实的个人的现实状况——现实的个人在物质生活过程中形成的生产关系，即无产阶级与资产阶级相互对立的生产关系，无产阶级被剥削、被奴役的资本主义生产关系。

二　把政治解放转变为人类解放

即便把黑格尔市民社会中的个人自由反映在现存世界中，这种自由也只表现为资产阶级的自由。市民社会的市民实际上是在工商业活动中追求私利的资产阶级，市民社会是资产阶级按照利己主义原则进行自由活动的领域，自由也只是资产阶级实现利己主义目的的权利。这也正是资产阶级政治革命把市民在封建专制下遭受的压迫颠倒为其在现代社会中获得的一种解放。"马克思有充足的理由指出，法国革命和美国革命宣称的所谓人权实际上是市民社会的成员、利己主义的人的权利，他们与共同体相分离并退回到他们自己的私人利益。把这些权利称为'自然的'权利意味着利己主义的人才是真实的人，这种人是资产阶级而不是市民。"② 如果按照黑格尔法哲学的思路对市民社会进行解剖，那么看到的主要是资产阶级而不是无产阶级从事经济活动的景象，这意味着在市民社会的范畴中研究自由问题，始终围绕的是资产阶级从事经济活动的自由问题。这样一来，就会

① 《马克思恩格斯选集》第 1 卷，人民出版社，1995，第 66~67 页。
② Z. A. Pelczynski, *The State & Civil Society: Studies in Hegel's Political Philosophy* (Cambridge: Cambridge University Press, 1984), p. 270.

无视、掩盖与资产阶级密切相关，同时也与经济活动密切相关的无产阶级及其自由问题。

因此，通过对黑格尔"国家决定市民社会"的颠倒，马克思能够把注意力首先集中在处于决定位置的市民社会中的无产阶级的物质生产和物质生活过程，或者说，是资产阶级支配下的无产阶级的异化劳动过程、剩余价值生产过程，以及由此形成的异化了的交往关系、被剥削的生产关系。在这一意义上，马克思市民社会批判的任务是要揭示和消灭这种生产关系，使无产阶级从受剥削、受奴役的资本主义生产关系中解放出来，重建实现自身解放的全新生产关系。在颠倒之后，马克思不仅把唯物主义的立脚点从市民社会转向人类社会，也在这一基础上把现实个人的自由问题的立脚点从政治解放转向人类解放。相对而言，从市民社会出发来理解人的自由问题，就只能看到政治解放的意义。既然市民社会是资产阶级按照利己主义原则进行自由活动的领域，那么由这种利己主义的物质基础所引起的政治诉求必然要改变传统社会的君主制，政治革命的目标必然是建立符合资产阶级利己主义原则的民主制政治国家。市民社会决定了资产阶级的政治国家，资产阶级政治国家维系着市民社会。这样一来，呈现在人们眼前的景象是资产阶级按照个人经济活动自由的原则合乎理性地建立民主国家，同时又通过民主国家合乎理性地保障每个人的经济活动自由。在这一问题上，马克思通过政治经济学从市民社会中解剖出来的是资产阶级的自由。"在现今的资产阶级生产关系的范围内，所谓自由就是自由贸易，自由买卖。"① 那么，资产阶级生产关系中的自由意味着包括无产阶级的劳动力在内的商品都可以自由买卖，无产阶级可以自由地出卖自己的劳动力，资本和劳动之间可以通过自由买卖的方式进行平等交换，然而这一切对无产阶级而言实质上是不平等、不自由的状况，这种状况只有对中世纪被奴役的市民而言才具有自由的意义。也就是说，在以资产阶级私有制为基础的市民社会中，无产阶级要么"自由"地选择进入资产阶级生产关系之中遭受剥削，要么"自由"地选择逃到资产阶级生产关系之外面临饿死，市民社会为无产阶级带来的经济活动的自由是一种颠倒的自由、虚假的自

---

① 《马克思恩格斯选集》第 1 卷，人民出版社，1995，第 288 页。

由。那么，在这种资产阶级利己主义生产关系的基础上建立的民主国家，也只是以一种虚幻共同体的形式维护着无产阶级的"自由"。市民社会的发展带来的历史效应充其量是政治解放而远不是人类解放。"马克思推断在一个没有真正共同体的民主共和国中，政治解放不等于真正的人类解放。只有当作为利己主义和阶级冲突之现实根源的市民社会被消灭之后，才能建立真正的共同体的生活。"① 这说明，只有从人类社会（而不是从市民社会）出发来理解人的自由问题，才能看到人类解放的意义，才能认清现实的个人在现存的生产关系中的劳动困境和生存困境，重建实现现实的个人之真正自由的全新生产关系。

第三节　在"颠倒关系"中"倒出了"唯物史观的发展

马克思对黑格尔"国家决定市民社会"的颠倒，不仅仅是将黑格尔的两个法哲学范畴从规定性与被规定性的关系中颠倒过来，更是将"国家决定市民社会"背后颠倒的历史观进行革命性的颠倒。颠倒的历史观决定了关于国家与市民社会关系的颠倒结论。马克思通过颠倒提出的"市民社会决定国家"的观点，实质上是在法哲学批判意义上对颠倒的历史观的批判，酝酿着批判黑格尔唯心史观的新世界观。对黑格尔颠倒的结论以及颠倒的世界的颠倒促进了马克思新世界观的形成与发展。"这种历史观和唯心主义历史观不同，它不是在每个时代中寻找某种范畴，而是始终站在现实历史的基础上，不是从观念出发来解释实践，而是从物质实践出发来解释观念的形成。"② 实际上，马克思的这种历史观不仅与唯心主义的历史观不同，而且与旧唯物主义的历史观也不同，因为旧唯物主义的立脚点仍然在市民社会，也没有揭示出抽象的观念与现实的物质环境之间的联系。在法哲学批判时期的颠倒之后，马克思通过政治经济学从市民社会中解剖出来物质生活的生产关系，以及处于物质生活的生产关系之中的现实个人，进一步推动唯物史观的发展。"正是通过对市民社会的解剖，马克思创立

---

① Z. A. Pelczynski, *The State & Civil Society: Studies in Hegel's Political Philosophy* (Cambridge: Cambridge University Press, 1984), p. 270.

② 《马克思恩格斯选集》第 1 卷，人民出版社，1995，第 92 页。

宏大深厚的唯物史观，而其中极为重要的是，马克思通过对'物质生活关系'的考察，具体地、历史地把握住社会的内在结构及其历史变迁。此时，人类社会的结构，就被理解为以特定社会关系为骨架的具体形态；而人类社会的历史发展，也被理解为生产力所决定的社会关系变迁。"①

一　对唯心史观的颠倒

正如马克思所说："德国哲学从天国降到人间；和它完全相反，这里我们是从人间升到天国。这就是说，我们不是从人们所说的、所设想的、所想象的东西出发，也不是从口头说的、思考出来的、设想出来的、想象出来的人出发，去理解有血有肉的人。我们的出发点是从事实际活动的人，而且从他们的现实生活过程中还可以描绘出这一生活过程在意识形态上的反射和反响的发展。甚至人们头脑中的模糊幻象也是他们的可以通过经验来确认的、与物质前提相联系的物质生活过程的必然升华物。"② 其中，黑格尔就是以"从天国降到人间"的想象方式描述人的现实世界，把人们的现实生活过程描述成思维着的精神发展过程。如前所述，自在自为的理念根据纯粹区别的规律呈现出一个颠倒的世界，同时又通过这个颠倒的世界实现了自身的转化，从而展现出自我扬弃、自我发展的"现实"过程，理念以颠倒的方式不断展开前后相继的各个环节、各个阶段。全部人类历史充其量只是理念的一次"质的飞跃"，只是逻辑学体系发展到精神哲学的一个阶段，国家和市民社会也只是理念根据自身的逻辑所创造出来的范畴，并从根本上印证理念的存在而已。在这里，抽象观念成为解释现实世界的源泉，现实世界成为抽象观念的产物。因此，"从天国降到人间"的思辨哲学无疑会合乎逻辑地得出"国家决定市民社会"的结论。在这一意义上，与其说是"国家决定市民社会"，不如说是理念决定市民社会，毕竟国家在伦理环节是以一种总体性的范畴对理念进行表象，而且市民社会也最终通过扬弃的方式消融在国家（理念）的范畴之中，也只有这样，市民社会才能印证自身的真理性和现实性。因此，对"国家决定市民社

---

① 卢德友：《拉开历史"舞台"的帷幕：马克思的市民社会理论及其当代效应》，江苏人民出版社，2019，第41页。
② 《马克思恩格斯选集》第1卷，人民出版社，1995，第73页。

会"的颠倒有助于马克思对以"从天国降到人间"的想象方式描述人的现实世界的唯心史观的批判，由此促进了马克思从与唯心史观相反的方向创建唯物史观。

对马克思来说，黑格尔根据理念的逻辑所描述的这一切无疑是一种颠倒的解释，因而马克思提出要从相反的方向——以"从人间升到天国"的经验方式描绘人的现实世界，人在现实世界中通过自己的活动创造自己的历史，而不是某种观念、理念、意识为了施展自身的抽象逻辑而创造了人的历史。"历史什么事情也没有做，它'不拥有任何惊人的丰富性'，它'没有进行任何战斗'！其实，正是人，现实的、活生生的人在创造这一切，拥有这一切并且进行战斗。并不是'历史'把人当做手段来达到自己——仿佛历史是一个独具魅力的人——的目的。历史不过是追求着自己目的的人的活动而已。"① 人的现实世界首先是活生生的现实的个人从事实际的物质活动的"人间"，人为了维持自身的生命存在，就必须与周围的物质环境和物质条件发生联系，即通过生产实践来利用和改造自身活动的自然基础，从而创造出生命存在所需的物质生活条件。那么，人类历史实质上是现实的个人在自然基础上不断创造自己的物质生活的历史。"任何历史记载都应当从这些自然基础以及它们在历史进程中由于人们的活动而发生的变更出发。"② 也正是在这种以物质活动为基础的历史进程中，人们在自己的物质生活过程中产生自己的精神生活过程，由此产生物质劳动和精神劳动的分工。人们在自己的精神生活中构造各种精神的、意识的、观念的产物，而且在阶级社会中这种精神的、意识的、观念的产物往往是物质生活上占统治地位的阶级的表达，当然物质生活上占统治地位的阶级还构建自己的政治生活过程，在政治生活过程中构造出法的、国家的产物。因此，描绘这一历史进程的唯物史观以"从人间升到天国"的经验方式彻底颠倒了唯心史观"从天国降到人间"的想象方式，把天国中的抽象世界颠倒为人间的现实世界，把思维着的理念自在自为地进行自我扬弃、自我发展的抽象逻辑颠倒为活生生的个人在自然基础上进行物质生产、物质生活的现实逻

---

① 《马克思恩格斯文集》第 1 卷，人民出版社，2009，第 295 页。
② 《马克思恩格斯选集》第 1 卷，人民出版社，1995，第 67 页。

辑。"马克思知道，在对唯心史观的批判中，他把唯心主义的整个哲学景观呈现出来，在这种哲学景观中人的本质——以及在更极端的形式上，现实本身的本质——被视为是精神的东西，那么他对颠倒的意识形态的批判的目的在于从这一更深层面上削弱唯心史观。"① 在这一意义上，唯物史观是对唯心史观的一种革命性颠倒，是彻底超越唯心史观、把人类社会作为立脚点的新唯物主义的历史观。

倘若按照阿尔都塞的思路，唯物史观对唯心史观的革命性颠倒，不只是对解释方式的颠倒，即把用观念解释现实的方式颠倒为用现实解释观念的方式，而且还是对历史进程的颠倒，即把基于理念的自我外化和返回自身的抽象历史颠倒为由物质生产的政治活动、精神活动共同构成的社会历史。"这种历史观就在于：从直接生活的物质生产出发阐述现实的生产过程，把同这种生产方式相联系的、它所产生的交往形式即各个不同阶段上的市民社会理解为整个历史的基础，从市民社会作为国家的活动描述市民社会，同时从市民社会出发阐明意识的所有各种不同理论的产物和形式，如宗教、哲学、道德等等，而且追溯它们产生的过程。这样当然也能够完整地描述事物（因而也能够描述事物的这些不同方面之间的相互作用）。"② 因此，唯物史观从新的高度论证了马克思对黑格尔"国家决定市民社会"的颠倒，从人们的物质生产、物质生活出发论证了"市民社会决定国家"的现实逻辑，从而也在市民社会批判的基础上推进到政治经济学研究。"马克思透过对国家属性的'描述'和升华，发现了一个新概念，即与生产关系直接联系着的社会阶级的概念。"③ 这样一来，马克思不仅颠倒了黑格尔的结论，而且深入地认识到市民社会的真实状况和国家的本质，当然也由此论证了"市民社会决定意识形态"的现实逻辑。正是如此，马克思对黑格尔"国家决定市民社会"的颠倒，实质上是能够从根本上论证"市民社会决定国家"的唯物史观对唯心史观的彻底颠倒。

---

① John Torrance, *Karl Marx's Theory of Ideas* (Cambridge: Cambridge University Press, 2008), p. 201.
② 《马克思恩格斯选集》第 1 卷，人民出版社，1995，第 92 页。
③ 〔法〕路易·阿尔都塞：《保卫马克思》，顾良译，商务印书馆，2006，第 99 页。

二　对旧唯物论的颠倒

在马克思看来，不仅唯心史观对人的现实世界作出了一种颠倒的解释，实际上旧唯物论也会对人的现实世界作出颠倒的解释。这种颠倒源于旧唯物主义本身的主要缺点。"从前的一切唯物主义（包括费尔巴哈的唯物主义）的主要缺点是：对对象、现实、感性，只是从客体的或者直观的形式去理解，而不是把它们当作感性的人的活动，当作实践去理解，不是从主体方面去理解。"① 其中，对费尔巴哈而言，人只是"一般人"、抽象的人，而不是活生生的从事物质实践活动的现实的个人。那么，由这种抽象的人所构成的世界，必然是脱离物质环境、物质条件的抽象世界。也就是说，由于旧唯物论缺乏实践的立场、实践的理解方式，所以现实的个人在其客体的、直观的形式中不是实践着的人，旧唯物论所描述的抽象的人失去了活生生的感性活动，这种抽象的人是僵化的、孤立的存在物，除了基于观念化的爱与友情的关系外没有其他的社会联系。尽管费尔巴哈的唯物论是炸开了黑格尔的唯心论体系，但这种唯物论的"物"只有"感性对象"而没有"感性活动"，这也就意味着在"感性对象"的世界中是没有"感性活动"的，只有抽象的"一般人"而没有现实的个人。这样一来，从抽象的人的角度来理解现存世界，这种唯物主义就必然走向对现存世界作出唯心主义解释的陷阱，就会像唯心史观那样对人的现实世界作出颠倒的解释。

对于费尔巴哈这种直观的理解，马克思明确提出："他从来没有把感性世界理解为构成这一世界的个人的全部活生生的感性活动，因而比方说，当他看到的是大批患瘰疬病的、积劳成疾的和患肺痨的穷苦人而不是健康人的时候，他便不得不求助于'最高的直观'和观念上的'类的平等化'，这就是说，正是在共产主义的唯物主义者看到改造工业和社会结构的必要性和条件的地方，他却重新陷入唯心主义。"② 在费尔巴哈"直观的形式"中的世界是不以实践为基础的抽象的人的世界，当然也就看不到现

---

① 《马克思恩格斯选集》第 1 卷，人民出版社，1995，第 54 页。
② 《马克思恩格斯选集》第 1 卷，人民出版社，1995，第 78 页。

实的个人在改造外部自然的实践过程中形成的社会联系。这意味着，尽管费尔巴哈唯物主义的立脚点是所谓市民社会，但费尔巴哈实际上无法清楚地认识到市民社会的现实状况，更无法理解马克思从市民社会中解剖出来的无产阶级被剥削、受奴役的生产关系，当然也无法揭示物质生产活动与政治国家、意识形态等其他社会因素之间的真实关系。如果按照费尔巴哈的旧唯物主义来理解历史的发展，那么历史的发展就不是活生生的现实的个人在自然基础上不断创造自己的物质生活的历史，而是脱离物质生活的抽象的历史。这种脱离物质生活的抽象的历史根本不是人类的历史，只是"仍然停留在理论的领域内"的单纯直观的"一些僵死的事实的汇集"。旧唯物论之"旧"就在于没有对历史作出唯物主义的理解，就在于脱离现实的个人的物质生活和物质环境来理解历史。"当费尔巴哈是一个唯物主义者的时候，历史在他的视野之外；当他去探讨历史的时候，他不是一个唯物主义者。在他那里，唯物主义和历史是彼此完全脱离的。"① 当脱离了现实的个人的物质生活和物质环境的历史时，旧唯物论就会对人类历史作出颠倒的解释，即作出具有唯心主义倾向的解释，把现实的个人及现实的世界颠倒为抽象的人及抽象的世界。

那么，对旧唯物论的批判，有助于马克思消除唯物主义中的唯心主义因素，从而把旧唯物论中由抽象的"一般人"所构成的抽象的世界重新颠倒为现实的个人所改造的现实的世界，把对现存世界的直观形式颠倒为对现存世界的经验方式，促进了马克思从现实的个人在实践基础上创造物质生活的维度来重新解释历史的发展。在这一意义上，唯物史观是对旧唯物论的一种革命性颠倒，是彻底超越旧唯物论、把实践作为根本立场、把人类社会作为立脚点的新唯物主义的历史观。

第四节　在"颠倒关系"中"倒出了"改变世界的革命

通过《黑格尔法哲学批判》对黑格尔"国家决定市民社会"的颠倒，马克思在对"国家决定市民社会"背后的唯心史观不断进行革命性

---

① 《马克思恩格斯选集》第 1 卷，人民出版社，1995，第 78 页。

颠倒的过程中，对从被国家决定的位置上颠倒出来的市民社会进行政治经济学批判意义上的解剖，从市民社会中解剖出"全部历史的真正发源地和舞台"，并以此进一步论证"市民社会决定国家"的基本观点。在这一意义上，马克思从市民社会中解剖出了现实的个人在物质生产过程中形成的人与人之间的生产关系，揭示了生产关系之于国家的基础地位。在马克思的政治经济学批判视域中，市民社会是在资本主义生产过程中形成的、以资产阶级私有制为实质的生产关系。它反映了资产阶级对无产阶级的剥削和奴役，反映了无产阶级遭受的劳动困境和生存困境。"通过批判黑格尔，马克思首先转向作为政治国家基础的市民社会，亦即转向作为资产阶级上层建筑之基础的资本主义经济基础（生产方式）；进而转向作为市民社会基础的无产阶级。因此，《黑格尔法哲学批判》正是马克思思想转向的第一座里程碑。这一转向进一步决定马克思从政治解放转向人的解放，从政治革命转向社会革命。"① 要彻底改变无产阶级在市民社会中的困境，就不能依靠纯粹理论意义上的"批判的武器"，而必须运用实践意义上的"武器的批判"，即通过无产阶级革命的方式变革市民社会——对资本主义生产关系进行彻底改造并重建能够充分解放生产力的全新生产关系，从而在这一基础上探索和建立实现人类解放的共产主义社会。

一 变革市民社会的无产阶级革命

在唯物史观形成的基础上，马克思把黑格尔法哲学中的市民社会转换为物质生活的生产关系，从政治经济学批判的意义上推进了市民社会批判，推进了对黑格尔哲学的颠倒。当然，马克思政治经济学批判视域中的生产关系，不是纯粹从经济学研究上描述物的变化过程，而是从唯物史观的角度揭示人的现实状况，揭示出物的背后、经济活动中的人与人之间的阶级关系。马克思的政治经济学批判更加深入地从市民社会中解剖出由资本增殖造成的资产阶级与无产阶级之间相互对立的生产关系，通过政治经

---

① 程广云：《从国家到市民社会——马克思〈黑格尔法哲学批判〉的思想转向》，《哲学研究》2018 年第 2 期。

济学研究揭示出这一生产关系中资产阶级通过剥削无产阶级实现发家致富的现实逻辑，发现了资产阶级对无产阶级实施政治统治以及思想统治的经济基础。在资产阶级社会，生产关系具有特殊的社会性质，即围绕资本增殖而形成的社会关系。"资本作为自行增殖的价值，不仅包含着阶级关系，包含着建立在劳动作为雇佣劳动而存在的基础上的一定的社会性质。"① 通过对黑格尔哲学的颠倒、对市民社会的解剖，马克思从现存社会的生产关系中寻求到了改变世界的主体条件和经济动因。生产关系既是一种资本与劳动相对立的社会关系，也是无产阶级被剥削、被奴役的现实关系，资产阶级的生产关系在根本意义上是一种充满矛盾的"束缚生产的桎梏"。

　　马克思指出："社会的物质生产力发展到一定阶段，便同它们一直在其中运动的现存生产关系或财产关系（这只是生产关系的法律用语）发生矛盾。于是这些关系便由生产力的发展形式变成生产力的桎梏。那时社会革命的时代就到来了。随着经济基础的变更，全部庞大的上层建筑也或慢或快地发生变革。"② 在马克思看来，人类社会的发展是由现实的个人创造物质生活的生产力所推动的历史进程，资产阶级在历史上也曾以"非常革命的作用"创造出了现代文明意义上的生产力，然而资产阶级占统治地位的生产关系阻碍了生产力的发展，因为这种生产关系是围绕资本增殖而形成的社会关系，不仅造成了无产阶级被剥削、受奴役的劳动困境和生存困境，而且资产阶级在这种生产关系中对无产阶级创造的剩余价值的无止境追求必然导致周期性的商业危机，这就是资产阶级时代生产力和生产关系的矛盾，这种矛盾是变革现存社会的物质基础和动力机制。也就是说，马克思通过对市民社会的解剖，不仅看到了资产阶级剥削和奴役无产阶级的经济关系，而且还看到了这种经济关系将要引发变革的现实依据和必然趋势。在这一意义上说，马克思市民社会批判的根本要义不是批判市民社会，而是消灭市民社会。只有消灭市民社会，才能解放处于桎梏中的生产力，才能推翻用于阶级统治的政治国家和意识形态，才能解放处于剥削和奴役关系中的无产阶级。

---

① 《马克思恩格斯选集》第 2 卷，人民出版社，1995，第 292 页。
② 《马克思恩格斯选集》第 2 卷，人民出版社，1995，第 32~33 页。

　　"但如何消灭市民社会？在《〈黑格尔法哲学批判〉导言》以及《论犹太人问题》中，马克思首次把人类解放的使命归功于无产阶级。"① 消灭市民社会，不仅需要来自市民社会本身的革命形势，同样还需要来自市民社会本身的革命主体。这正是马克思提出的与德国哲学家们相区别的改变世界的方式。对青年黑格尔派而言，反对现存世界的方式是以"批判的武器"的方式讲出"震撼世界的"词句，把一切占统治地位的关系宣布为宗教的关系、观念的关系，从而通过宗教批判、观念批判的方式与现存世界进行斗争。把反对现存世界的斗争变成反对意识形态的斗争，用思辨的老调来反对虚幻的观念、消除意识的束缚，这就是青年黑格尔派批判现存世界的秘密。"批判的批判的主要秘密之一，就是'观点'和用观点来评判观点。在它的眼中，每一个人跟每一种精神产品一样，都变成了观点。"② 即便只是反对意识形态的斗争，也必须先反对现存世界。青年黑格尔派纯粹理论意义上的"批判的武器"是一种颠倒的批判方式，既没有看得到真正反对现存世界的无产阶级，也没有看到反对现存世界的物质基础，这就根本无法消灭那些从现存的市民社会中产生的宗教、观念等。对此，马克思指出："意识的一切形式和产物不是可以通过精神的批判来消灭的，不是可以通过把它们消融在'自我意识'中或化为'幽灵'、'怪影'、'怪想'等等来消灭的，而只有通过实际地推翻这一切唯心主义谬论所由产生的现实的社会关系，才能把它们消灭；历史的动力以及宗教、哲学和任何其他理论的动力是革命，而不是批判。"③ 从根本意义上说，马克思对颠倒的宗教意识形态的颠倒、对颠倒的资产阶级社会的颠倒、对颠倒的"批判的武器"的颠倒的根本方式就是"使现存世界革命化"的无产阶级革命。马克思在唯物史观的理论基础上超越了德国哲学家们的"批判的武器"，并在对市民社会的解剖中找到了反对现存世界的"武器的批判"。随着政治经济学批判的深入，马克思寻求到了消灭市民社会的根本方式，那就是以无产阶级革命的方式对资本主义生产关系进行彻底改造，进而从根本上

---

① Z. A. Pelczynski, *The State & Civil Society: Studies in Hegel's Political Philosophy* (Cambridge: Cambridge University Press, 1984), p. 270.
② 《马克思恩格斯文集》第 1 卷，人民出版社，2009，第 356 页。
③ 《马克思恩格斯选集》第 1 卷，人民出版社，1995，第 92 页。

推动这个时代社会革命的到来，通过无产阶级的社会革命彻底改变现存世界的生产关系、政治国家和意识形态，从而在新的经济基础上探索和建立实现人类解放的共产主义社会。

二　实现人类解放的共产主义社会

"对马克思来说，市民社会不仅是一个历史的开端，也是历史的终结，这种终结意味着一个可预见的未来。当由市民社会的发展而产生的众多工人阶级无法维系生活所需的物质和精神条件时，作为一种社会生活模式的市民社会就失去了其存在的理由，就会瓦解。"① 在马克思看来，市民社会的出现和发展在人类社会的历史进程中具有革命的意义，其带来了超越中世纪的资产阶级政治革命，并由此创造了资产阶级现代文明。然而，这种政治革命和现代文明只实现了资产阶级的政治解放，只是使资产阶级获得了通过剥削无产阶级创造的剩余价值实现发家致富的特权和自由。当然，基于这种特权和自由的生产关系反过来造成了"生产的桎梏"，这预示着无产阶级将通过社会革命建立一个超越"市民社会"的实现人类解放的共产主义社会。

马克思早在《黑格尔法哲学批判〈导言〉》中就以"并非市民社会阶级的市民社会阶级"的方式作出了关于无产阶级变革现存社会、实现自身解放的思考：

> 德国解放的实际可能性到底在哪里呢？
>
> 答：就在于形成一个被戴上彻底的锁链的阶级，一个并非市民社会阶级的市民社会阶级，形成一个表明一切等级解体的等级，形成一个由于自己遭受普遍苦难而具有普遍性质的领域，这个领域不要求享有任何特殊的权利，因为威胁着这个领域的不是特殊的不公正，而是一般的不公正，它不能再求助于历史的权利，而只能求助于人的权利，它不是同德国国家制度的后果处于片面的对立，而是同这种制度的前提处于全面的对立，最后，在于形成一个若不从其他一切社会领域解放出

---

① Z. A. Pelczynski, *The State & Civil Society: Studies in Hegel's Political Philosophy* (Cambridge: Cambridge University Press, 1984), p. 270.

来从而解放其他一切社会领域就不能解放自己的领域，总之，形成这样一个领域，它表明人的完全丧失，并因而只有通过人的完全回复才能回复自己本身。社会解体的这个结果，就是无产阶级这个特殊等级。①

马克思在此不再像《黑格尔法哲学批判》那样在哲学范畴上聚焦于颠倒国家与市民社会的关系问题，而是进一步对已经颠倒出来的市民社会作出主体性的解剖，那就是非市民社会阶级的阶级——无产阶级，揭示出无产阶级与国家的对立关系。对无产阶级的关注，使对黑格尔哲学的颠倒推进到一种新的层次，这种新的颠倒已不再是哲学意义上对特定命题的理论颠倒，而是对现实矛盾的革命性的实践颠倒，即无产阶级推动社会的解体以及实现自身的解放。马克思指出："市民社会和国家之间以及和市民社会本身之间是否会有同样的不一致呢？理论需要是否会直接成为实践需要呢？光是思想力求成为现实是不够的，现实本身应当力求趋向思想。"② 随着唯物史观的形成发展，马克思从法哲学批判层面上对黑格尔"国家决定市民社会"的颠倒推进到了从实践层面上以无产阶级革命的方式对国家与市民社会关系的重构。也就是说，马克思市民社会批判的真正问题不止于从政治经济学层面重新解释"市民社会决定国家"的基本结论，不止于在政治经济学的新高度上阐述市民社会与国家之间的矛盾关系，更在于从无产阶级革命的立场出发理解和解决市民社会与国家之间的矛盾关系。实际上，黑格尔已经以理念的"同一"彻底解决了市民社会与国家之间互为矛盾对立面的问题，市民社会与国家最终以返回理念自身的逻辑达到了扬弃意义上的"否定统一"。但这只是在纯粹抽象的逻辑中以观念的、虚幻的方式解决了国家和市民社会之间的矛盾问题，并不会因此克服现存世界中国家与市民社会之间的对立，更不会使无产阶级从这种对立中解放出来。

与黑格尔相反，马克思指出："我们在这儿见到的不是黑格尔式的对立面的'否定统一'，而是过去的由物质决定的个人生存方式由物质所决定的消灭，随着这种生存方式的消灭，这种对立连同它的统一也同时跟着

---

① 《马克思恩格斯选集》第 1 卷，人民出版社，1995，第 14~15 页。
② 《马克思恩格斯选集》第 1 卷，人民出版社，1995，第 11 页。

消灭。"① 马克思对黑格尔哲学的颠倒、对市民社会的解剖，不仅是要以社会基本矛盾运动的方式重新解释市民社会和国家之间的矛盾关系，更是要根据社会基本矛盾运动的规律迎接社会革命时代的到来——通过对生产关系的彻底改造来彻底改变资产阶级的整个现存社会，即消灭市民社会及其所决定的政治国家以及意识形态，从而彻底解决市民社会和国家之间的对立，使之经过革命的"扬弃"最终统一于共产主义社会，把市民社会与国家之间对立的资产阶级社会变革为新的生产力和新的生产关系相统一的共产主义社会，以共产主义社会的方式彻底消除国家与市民社会之间的对立。当然，这首先要消灭市民社会，进而消灭矗立于其上的一切上层建筑，使曾经在市民社会中被剥削、被奴役的无产阶级在共产主义社会的生产力和生产关系中实现自由和解放。对马克思而言，"市民社会只是在普遍竞争、利己主义和私有化无以控制的形式中为个人的发展提供舞台，而人类真正社会的、共同的发展的领域，部分在于无产阶级的阶级意识和团结，但主要在于未来由自由合作的生产者所构成的无阶级的、国家消亡的共同体"②。在这一意义上，如果说市民社会对应的是资产阶级的个人自由和无产阶级的普遍奴役，那么共产主义社会对应的是每个社会成员的自由。那么，消灭市民社会实质上是消灭那种产生无以控制的利己主义自由的经济基础，从而消除由利己主义的市民社会所诱发的异化劳动、阶级对立乃至商业危机，而且消灭市民社会还意味着建立一个脱胎于市民社会的非市民社会，"在资本主义时代的成就的基础上，也就是说，在协作和对土地及靠劳动本身生产的生产资料的共同占有的基础上，重新建立个人所有制"③。在重建个人所有制的基础上形成的共产主义生产关系，使生产力成为受人们共同控制的、实现人们愿望的物质力量。在这种全新的生产力和生产关系相统一的共产主义社会中，"每个人的自由发展是一切人的自由发展的条件"④。

---

① 《马克思恩格斯全集》第 3 卷，人民出版社，1960，第 276 页。
② Z. A. Pelczynski, *The State & Civil Society: Studies in Hegel's Political Philosophy* (Cambridge: Cambridge University Press, 1984), pp. 276-277.
③ 《马克思恩格斯选集》第 2 卷，人民出版社，1995，第 269 页。
④ 《马克思恩格斯选集》第 1 卷，人民出版社，1995，第 294 页。

| 结　语 |

颠倒的限度：马克思市民社会
批判的理论边界

马克思在《德意志意识形态》中提出了一个问题："为什么玄想家使一切本末倒置。"① 这一问题实质上既是在描述颠倒的特征，也是在追溯颠倒的本源、厘定颠倒的限度，有助于从以小见大的角度进一步探究马克思之"颠倒"的实质意义。

第一，描述颠倒的特征。从马克思在早期思想形成中关注的问题来看，颠倒首先用来描述一种抽象的观念——意识形态，主要包括宗教和思辨哲学。尽管宗教本身受到了思辨哲学的批判，但是这种批判并没有消除它们二者共同具有的颠倒特征，即对现实的世界作出观念化的解释，把现实的世界理解为抽象观念的产物，即便现实世界也只是从观念中抽象出来的一种现实世界，意识形态从而以颠倒的方式构造出一种用观念解释现实的理论。因而马克思才把宗教视为"颠倒的世界意识"，把德国哲学家的阐述方式视为"本末倒置的做法"，《德意志意识形态》中这一问题就明确地揭示了意识形态的颠倒特征。那么，所谓意识形态，就是对现实作出颠倒的解释的一种颠倒的理论。当然，意识形态本身并不会自觉地意识到自身是一种颠倒的理论，因为在意识形态中现实也是观念的产物，无论是现实还是观念，本质上都是观念，也就无所谓观念和现实之间的颠倒关系。

马克思对意识形态的批判的直接意义就是揭示出意识形态的颠倒特

---

① 《马克思恩格斯选集》第 1 卷，人民出版社，1995，第 134 页。

征，亦即对颠倒的意识形态进行颠倒，揭示意识形态从观念出发解释现实的颠倒方式，同时通过这一批判明确与之相反的、用现实解释观念的基本立场，这是马克思唯物主义新世界观得以形成的重要基础，也是马克思关注市民社会并对其进行政治经济学解剖的重要前提。

第二，追溯颠倒的本源。如果马克思仅仅停留在对用观念解释现实的意识形态进行颠倒的批判上，仍不足以从根本上理解意识形态的颠倒特征，甚至会滑向用一种颠倒的观念反对另一种颠倒的观念的唯心主义陷阱。那么，对马克思而言，不仅要把意识形态用观念解释现实的方式颠倒过来，更要把观念颠倒解释了的现实作为批判和研究的立脚点。也就是说，不仅要重新建立用现实解释观念的方式，更要建立批判和研究现实的方式，找出意识形态及其颠倒特征得以产生的现实条件。《德意志意识形态》中这一问题也明确地揭示了意识形态及其颠倒特征产生的重要现实条件之一——玄想家。

在马克思看来，现实世界主要是由从事着一定实践活动的人改造自然基础、创造物质生活所构成的社会。在资产阶级社会，实践活动分裂为物质劳动和精神劳动两种不同性质的分工，而玄想家正是脱离了物质劳动、局限于精神劳动的人，也正是由于脱离了物质劳动，玄想家无法经过物质劳动认识到物质生活对一切社会活动的决定性意义，只能局限于精神劳动的狭隘范围并由此构造出用观念解释现实的颠倒的意识形态。在这一意义上，狭隘的精神劳动分工产生了颠倒的意识形态。而且，马克思还揭示出这种精神劳动分工的阶级基础。"一个阶级是社会上占统治地位的物质力量，同时也是社会上占统治地位的精神力量。支配着物质生产资料的阶级，同时也支配着精神生产资料，因此，那些没有精神生产资料的人的思想，一般地是隶属于这个阶级的。"① 狭隘的精神劳动分工实质上是现存社会的整个物质生产方式造成的结果，现存社会的物质生产方式是产生颠倒的意识形态的本源。这意味着，没有物质生产资料的无产阶级不仅要从事狭隘的劳动分工，而且同时也决定了无产阶级没有精神生产资料，必然受到由统治阶级占有的物质力量和精神力量的双重支配。从政治经济学批判

---

① 《马克思恩格斯选集》第 1 卷，人民出版社，1995，第 98 页。

的意义上说，无产阶级必然受到资本主义的经济基础和上层建筑的双重统治。因此，马克思意识形态批判的重要意义在于揭示颠倒的意识形态的现实根源，揭示出意识形态及其现实根源对无产阶级造成的生存困境。这就是《德意志意识形态》中这一问题的基本解答，这一解答同时反映了马克思创立了与意识形态相对立的一种"真正的实证科学"——唯物史观。

第三，厘定颠倒的限度。《德意志意识形态》中这一问题实际上还为颠倒划出了一个重要的理论边界，主要把颠倒划归为与玄想家的意识形态相关的范畴。马克思早期对宗教的批判、对黑格尔哲学的批判就是在意识形态的范畴上发挥了颠倒的批判方式，这也是马克思早期在激进民主主义上作了一次着意逗留的具体体现，对意识形态的颠倒体现了马克思对"锁链上那些虚构的花朵"的强烈抗议和对"从前的哲学信仰"的强烈反叛。颠倒首先是马克思批判意识形态的一个重要视角和重要方式。

当然，颠倒也是马克思创立唯物史观之后分析现实问题的一种批判性视角和方法，但这种颠倒不是对此前的超越的简单续用，而是一种新的超越，这种超越把此前的那种颠倒留在与玄想家的意识形态进行斗争的范畴，而把后续的颠倒进行转化并放置在新的与社会现实进行斗争的范畴。马克思对黑格尔"国家决定市民社会"的颠倒就是这种超越的一个典例。马克思在《黑格尔法哲学批判》中对"国家决定市民社会"的颠倒实质上是对黑格尔思辨哲学的批判，马克思在此充分展现了对用观念解释现实的颠倒的意识形态进行直接的颠倒。而在《黑格尔法哲学批判》之后尤其是创立唯物史观之后，马克思完全超出了这种直接颠倒的意识形态批判，实质上就是给这种意识形态意义上的颠倒设置了一个限度。此时，马克思从政治经济学的意义上以社会基本矛盾运动的全新理论结构对黑格尔"国家决定市民社会"的观点进行颠倒，重新论证了市民社会何以决定国家的现实逻辑，并通过这一颠倒和论证寻求到了无产阶级社会革命时代到来的物质条件和必然趋势，无产阶级将通过共产主义革命的方式彻底克服那种黑格尔术语所表述的市民社会和国家之间的对立，建立超越"市民社会"、实现人类解放的共产主义社会。可见，颠倒具有意识形态批判的理论边界和政治经济批判的理论边界，颠倒在两个理论边界内具有各自的历史语境和批判逻辑。按照这一理解，如果在意识形态批判的理论边界内进行颠

倒，简单地对用观念解释现实的方式进行颠倒，不可能找到历史发展的
"发源地和舞台"，不可能得出社会革命的结论，不可能得出建立共产主义
社会的结论，也不可能得出人类解放的结论。对用观念解释现实的方式进
行颠倒，只能得出上述结论的一个基本理论前提。因此，厘定颠倒的限
度，就是要从唯物史观的革命意义上认清颠倒的实质意义，马克思在颠倒
"国家决定市民社会"的批判中超越了这种颠倒，在这一意义上，超越后
的颠倒与其说是"颠倒"，不如说是"批判和发现"，即马克思曾说的
"在批判旧世界中发现新世界"，也只有坚持"在批判旧世界中发现新世
界"的根本立场，才能以彻底颠倒意识形态的革命方式找到历史发展的
"发源地和舞台"，找到无产阶级社会革命、建立共产主义社会和实现人类
解放的科学真理和未来进路。

参考文献

（一）经典文献

《马克思恩格斯全集》第 1 卷，人民出版社，1956。

《马克思恩格斯全集》第 3 卷，人民出版社，1960。

《马克思恩格斯全集》第 3 卷，人民出版社，2002。

《马克思恩格斯全集》第 23 卷，人民出版社，1972。

《马克思恩格斯全集》第 40 卷，人民出版社，1982。

《马克思恩格斯全集》第 48 卷，人民出版社，2007。

《马克思恩格斯选集》第 1 卷，人民出版社，1995。

《马克思恩格斯选集》第 2 卷，人民出版社，1995。

《马克思恩格斯选集》第 3 卷，人民出版社，1995。

《马克思恩格斯选集》第 4 卷，人民出版社，1995。

《马克思恩格斯文集》第 1 卷，人民出版社，2009。

《马克思恩格斯文集》第 3 卷，人民出版社，2009。

〔德〕马克思：《1844 年经济学哲学手稿》，人民出版社，2018。

〔德〕康德：《纯粹理性批判》，邓晓芒译，人民出版社，2017。

〔德〕康德：《实践理性批判》，邓晓芒译，人民出版社，2016。

〔德〕黑格尔：《精神现象学》，邓晓芒译，人民出版社，2017。

〔德〕黑格尔：《法哲学原理》，范扬、张企泰译，商务印书馆，1961。

〔德〕路德维希·费尔巴哈：《费尔巴哈哲学著作选集》（上、下卷），荣
　　震华、王太庆、刘磊译，商务印书馆，1984。

〔荷〕斯宾诺莎：《简论上帝、人及其心灵健康·知性改进论》，顾寿观、贺麟译，商务印书馆，2014。

〔匈〕卢卡奇：《历史与阶级意识》，杜章智等译，商务印书馆，2017。

〔意〕安东尼奥·葛兰西：《狱中札记》，曹雷雨等译，河南大学出版社，2016。

〔英〕弗格森：《市民社会史》，中国政法大学出版社，2003。

〔英〕罗素：《西方哲学史》上卷，何兆武、李约瑟译，商务印书馆，1963。

〔法〕路易·阿尔都塞：《保卫马克思》，顾良译，商务印书馆，2006。

陈先达、靳辉明：《马克思早期思想研究》，中国人民大学出版社，2016。

俞吾金：《从康德到马克思：千年之交的哲学沉思》，北京师范大学出版社，2017。

张一兵：《回到马克思（第2卷）：社会场境论中的市民社会与劳动异化批判》，江苏人民出版社，2024。

张一兵：《马克思哲学思想发展史研究》第1卷，中央编译出版社，2018。

张一兵：《回到马克思——经济学语境中的哲学话语》，江苏人民出版社，2014。

李佃来：《马克思主义政治哲学的历史阐释与当代建构》，中国人民大学出版社，2023。

汪信砚：《当代视域中的马克思主义哲学》，人民出版社，2022。

王磊：《西方市民社会精神的批判性研究》，中国社会科学出版社，2022。

仰海峰：《形而上学批判——马克思哲学理论前提的当代阐释》，中国人民大学出版社，2022。

马军海：《青年马克思哲学思想研究》，中国社会科学出版社，2022。

施德福：《马克思主义哲学史论稿》，中国社会科学出版社，2016。

吴晓明：《超感性世界的神话学及其末路——马克思存在论革命的当代阐释》，中国人民大学出版社，2011。

孙正聿：《哲学：思想的前提批判》，中国社会科学出版社，2016。

杨学功：《马克思〈黑格尔法哲学批判〉研究读本》，中央编译出版社，2017。

杨耕：《为马克思辩护：对马克思哲学的一种新解读》，北京师范大学出版社，2018。

杨耕：《马克思主义哲学基础理论研究》，北京师范大学出版社，2017。

杨耕：《马克思主义历史观研究》，北京师范大学出版社，2017。

孙承叔等：《重建历史唯物主义：西方马克思主义基础理论研究》，复旦大学出版社，2015。

赵家祥：《马克思恩格斯的哲学变革之路》，中国社会科学出版社，2016。

王南湜：《人类活动论：马克思的哲学革命》，北京师范大学出版社，2017。

邹诗鹏：《激进政治的兴起：马克思早期政治与法哲学批判手稿的当代解读》，复旦大学出版社，2012。

邹诗鹏：《从启蒙到唯物史观》，上海人民出版社，2016。

林进平：《马克思主义研究资料第 1 卷〈德意志意识形态〉研究》，中央编译出版社，2013。

聂锦芳：《批判与建构——〈德意志意识形态〉文本学研究》，人民出版社，2012。

聂锦芳：《滥觞与勃兴：马克思思想起源探究》，中国人民大学出版社，2017。

安启念：《新编马克思主义哲学发展史》，中国人民大学出版社，2015。

陈晏清、王南湜、李淑梅：《现代唯物主义导论：马克思哲学的实践论研究》，北京师范大学出版社，2017。

张曙光：《人的世界与世界的人：马克思的思想历程追踪》，北京师范大学出版社，2017。

郑守林：《马克思是怎样成为马克思的：关于〈费尔巴哈的提纲〉新解》，上海三联出版社，2018。

朱传棨：《马克思哲学思想研究论稿》，中央编译出版社，2018。

萧焜焘：《从黑格尔、费尔巴哈到马克思》，商务印书馆，2018。

程广云：《马克思的三大批判：法哲学、政治经济学和形而上学》，中国人民大学出版社，2018。

王让新、李弦：《"现实的人"的理论跃迁：历史唯物主义的深度解读》，人民出版社，2018。

张秀琴：《马克思意识形态概念理解史》，人民出版社，2018。

王荣：《马克思拜物教批判的哲学革命品格》，人民出版社，2018。

卢德友：《拉开历史"舞台"的帷幕：马克思的市民社会理论及其当代效应》，江苏人民出版社，2019。

周建超：《马克思主义社会有机体思想研究》，社会科学文献出版社，2020。

刘心舟：《现象与原理：黑格尔论述市民社会的不同视角》，同济大学出版社，2020。

黄学胜：《马克思对启蒙的批判及其意义研究》，中国社会科学出版社，2020。

王强等：《马克思的思想轨迹——文本导读的视角》，人民出版社，2020。

王浩斌：《市民社会的乌托邦：马克思主义的社会历史哲学阐释》，江苏人民出版社，2011。

赵吕生：《〈资本论〉及其手稿对资本"颠倒"性的批判——基于经济哲学视域解读》，人民出版社，2019。

杨洪源：《政治经济学批判的逻辑建构："1857—1858年手稿"再研究》，中国人民大学出版社，2018。

陈志尚：《人学新探索：来自马克思主义哲学视角的反思》，北京师范大学出版社，2016。

张云阁：《普罗米修斯的自由：马克思哲学思想研究》，中国社会科学出版社，2016。

李永杰：《马克思市民社会思想的源流及其当代影响》，社会科学文献出版社，2016。

孙亮：《重审马克思的"阶级"概念：基于政治哲学解读的尝试》，江苏人民出版社，2016。

王代月：《回归历史：基于马克思市民社会批判视角》，中国社会科学出版社，2016。

王海锋：《历史唯物主义世界观的当代阐释》，中国社会科学出版社，2016。

翁寒冰：《马克思对黑格尔的五次批判：一种反思性的学术解读》，东南大学出版社，2016。

刘日明：《马克思法哲学理论的当代意义》，同济大学出版社，2016。

燕连福：《原罪的颠覆：当代哲学视域下的马克思身体思想研究》，中国社会科学出版社，2016。

黄秋生：《马克思批判理论的逻辑进路》，社会科学文献出版社，2013。

欧阳谦：《文化的转向：西方马克思主义的总体性思想研究》，中国人民大学出版社，2015。

卜祥记：《青年黑格尔派与马克思》，商务印书馆，2015。

冯景源：《唯物史观的形成和发展史纲要》，中央编译出版社，2014。

宋伟：《批判与解构：从马克思到后现代的思想谱系》，人民出版社,2014。

吴元梁：《马克思主义哲学形态的演变》（上、下卷），中国社会科学出版社，2010。

王福生：《求解"颠倒"之谜：马克思与黑格尔理论传承关系研究》，中国社会科学出版社，2010。

陈晓明：《德里达的底线——解构的要义与新人文学的到来》，北京大学出版社，2009。

胡潇：《马克思的解释》，中国社会科学出版社，2008。

蒋红：《马克思市民社会理论研究》，人民出版社，2007。

秦国荣：《市民社会与法的内在逻辑——马克思的思想及其时代意义》，社会科学文献出版社，2006。

邓正来：《国家与市民社会：一种社会理论的研究路径》，中央编译出版社，2005。

〔英〕保罗·威瑟利：《马克思主义与国家：一种分析的方法》，孙亮、周俊敏译，中国人民大学出版社，2022。

〔加拿大〕莫伊舍·普殊同：《时间、劳动与社会统治：马克思的批判理论再阐释》，康凌译，北京大学出版社，2019。

〔日〕广松涉：《马克思主义的哲学》，邓习议译，南京大学出版社,2019。

〔德〕卡尔·洛维特：《韦伯与马克思以及黑格尔与哲学的扬弃》，刘心舟译，南京大学出版社，2019。

〔英〕克里斯多夫·约翰·阿瑟：《新辩证法与马克思的〈资本论〉》，高飞等译，北京师范大学出版社，2018。

〔英〕安东尼·吉登斯：《资本主义与现代社会理论：对马克思、涂尔干和韦伯著作的分析》，郭忠华、潘华凌译，上海译文出版社，2018。

〔美〕诺曼·莱文：《马克思与黑格尔的对话》，周阳等译，中国人民大学出版社，2016。

〔德〕亨利希·库诺：《马克思的历史、社会和国家学说——马克思的社会学的基本观点》，袁志英译，上海译文出版社，2014。

〔日〕望月清司：《马克思历史理论的研究》，韩立新译，北京师范大学出版社，2009。

〔日〕岩佐茂、小林一穗、渡边宪正：《〈德意志意识形态〉的世界》，梁海峰、王广译，北京师范大学出版社，2014。

〔英〕乔治·拉雷恩：《马克思主义与意识形态：马克思主义意识形态论研究》，张秀琴译，北京师范大学出版社，2013。

〔美〕沃伦·布雷克曼：《废黜自我：马克思、青年黑格尔派及激进社会理论的起源》，李佃来译，北京师范大学出版社，2013。

〔美〕理查德·塔纳斯：《西方思想史》，吴象婴、晏可佳、张广勇译，上海社会科学院出版社，2011。

〔法〕奥古斯特·科尔纽：《马克思的思想起源》，王瑾译，中国人民大学出版社，1987。

Leopold Labedz, *Revisionism: Essays on the History of Marxist Ideas*, London：George Allen and Unwin Ltd, 1963.

Bertell Ollman, *Alienation: Marx's Conception of Man in a Capitalist Society*, Cambridge：Cambridge University Press, 1977.

Hal Draper, *Karl Marx's Theory of Revolution: State and Bureaucracy*, Monthly Review Press, 1978.

Carol C. Gould, *Marx's Social Ontology: Individuality and Community in Marx's Theory of Social Reality*, Cambridge：MIT Press, 1980.

Henri Lefebvre, *The Sociology of Marx*, New York：Columbia University Press, 1982.

Z. A. Pelczynski, *The State & Civil Society；Studies in Hegel's Political Philosophy*, Cambridge：Cambridge University Press, 1984.

Leo Strauss, *History of Political Philosophy*, Chicago：University of Chicago Press, 1987.

Robert B. Pippin, *Hegel's Idealism: The Satisfactions of Self-Consciousness*, Cambridge：Cambridge University Press, 1989.

Larry Diamond, *Capitalism, Socialism, and Democracy*, Johns Hopkins University Press, 1993.

Terry Pinkard, *Hegel's Phenomenology: The Sociality of Reason*, Cambridge：

Cambridge University Press, 1996.

John Ehrenberg, *Civil Society: The critical history of an idea*, New York: New York University Press, 1999.

George A. Huaco, *Marx and Sociobiology*, University Press of America, 1999.

Benedetto Croce, *Historical Materialism and the Economics of Karl Marx*, Kessinger Publishing, 2000.

Sudipta Kaviraj, *Civil Society: History and Possibilities*, Cambridge University Press, 2001.

Warren Breckman, *Marx, the Young Hegelians, and the Origins of Radical Social Theory*, Cambridge University Press, 2001.

Kojin Karatani, *Transcritique on Kant and Marx*, The MIT Press, 2003.

John Hughes, Wes Sharrock, Peter J. Martin, *Understanding Classical Sociology: Marx, Weber, Durkheim*, Sage Publications Ltd, 2003.

Andrew Kliman, *Reclaiming Marx's 'capital': A Refutation of the Myth of Inconsistency*, Lexington Books, 2006.

John Torrance, *Karl Marx's Theory of Ideas*, Cambridge: Cambridge University Press, 2008.

Roslyn Wallach Bologh, *Dialectical Phenomenolgy: Marx's Method*, Taylor & Francis Ltd, 2009.

David Harvey, *The Enigma of Capital and the Crises of Capitalism*, New York: Oxford University Press, 2011.

Trân Duc Thao, *Phenomenology and Dialectical Materialism*, Berlin: Springer, 2011.

Justin P. Holt, *The Social Thought of Karl Marx*, Sage Publications, Inc, 2014.

Hiroshi Uchida, Terrell Carver, *Marx's Grundrisse and Hegel's Logic*, London and New York: Routledge, 2016.

Ian Forbes, *Marx and the New Individual*, London and New York: Routledge, 2016.

Terry Eagleton, *Why Marx was Right*, New York: Yale University Press, 2018.

Diego Fusaro, *Marx, Epicurus, and the Origins of Historical Materialism*, Pertinent

Press，2018.

Michael Roberts，*Marx* 200—*a Review of Marx's Economics* 200 *Years After His Birth*，Raleigh：Lulu com，2018.

Ryan，Michael，*Marxism and Deconstruction*，Baltimore：Johns Hopkins University Press，2019.

Judith Dellheim，*The Unfinished System of Karl Marx: Critically Reading Capital as a Challenge for our Times*，New York：Palgrave MacMillan，2019.

Igor Shoikhedbrod，*Revisiting Marx's Critique of Liberalism: Rethinking Justice，Legality and Rights*，New York：Palgrave MacMillan，2019.

Michael Heinrich，*Karl Marx and the Birth of Modern Society: The Life of Marx and the Development of His Work*，Monthly Review Press，2019.

David Gleicher，*Beyond Marx and Other Entries*，Chicago：Haymarket Books，2019.

LIVEgholm，Lars Bo Kaspersen，*Civil Society: Between Concepts and Empirical Grounds*，London and New York：Routledge，2020.

（二）论文类

吕世荣：《青年马克思对黑格尔哲学观问题的颠倒和转换》，《哲学研究》2023 年第 3 期。

孟庆宇：《〈黑格尔法哲学批判〉中的市民社会概念》，《科学社会主义》2023 年第 5 期。

孔伟宇：《走向历史唯物主义的认识论：青年马克思对"物"的双重透视》，《哲学研究》2023 年第 9 期。

朱雪微：《马克思辩证法的理论本质和现实力量》，《哲学研究》2023 年第 7 期。

韩庆祥：《论马克思恩格斯唯物主义辩证法的总体性——兼谈辩证法、世界观和历史观的逻辑关系》，《哲学研究》2022 年第 2 期。

卜祥记、林阳：《马克思对黑格尔哲学与国民经济学共谋性质的指认与超越》，《马克思主义与现实》2022 年第 5 期。

张娜：《马克思早期对黑格尔他人中介原则的超越与重构》，《马克思主义与现实》2022 年第 3 期。

谭清华：《市民社会批判意识下的"解释世界"与"改变世界"——对〈关于费尔巴哈的提纲〉第十一条的再阐释》，《哲学研究》2022 年第 7 期。

陈浩：《"扬而不弃"的市民社会——〈法哲学批判〉之后的〈法哲学〉筹划》，《清华大学学报》（哲学社会科学版）2022 年第 6 期。

王旭荣：《市民社会如何决定政治国家？——基于马克思对黑格尔等级要素的批判》，《教学与研究》2021 年第 1 期。

邓晓芒：《马克思的黑格尔哲学批判对重建形而上学的启示》，《湖北社会科学》2020 年第 1 期。

何瑾：《马克思对国家和市民社会的批判逻辑——以〈论犹太人问题〉为中心》，《烟台大学学报》（哲学社会科学版）2020 年第 2 期。

周嘉昕：《政治经济学批判视域中的〈黑格尔法哲学批判〉》，《马克思主义理论学科研究》2020 年第 3 期。

邹诗鹏：《青年马克思法哲学批判思想的一次拓展与转变——从历史法学派批判到黑格尔法哲学批判》，《哲学动态》2019 年第 7 期。

唐正东：《政治经济学批判的唯物史观基础》，《哲学研究》2019 年第 7 期。

汪信砚、程通：《对马克思关于"人的本质"经典表述的考辨》，《哲学研究》2019 年第 6 期。

文兵：《超越"市民社会"：重思权利与权力的关系》，《哲学研究》2019 年第 3 期。

张盾：《马克思的"新唯物主义"如何可能？——论实践哲学的构成和限度》，《哲学研究》2019 年第 2 期。

白刚：《从"政治革命"到"革命政治"——马克思政治哲学的转向》，《武汉大学学报》（哲学社会科学版）2019 年第 5 期。

杨淑静：《颠倒难题与马克思辩证法的"合理形态"——从阿尔都塞的解读说起》，《湖南社会科学》2019 年第 6 期。

宋凯旋：《阿尔都塞论马克思对黑格尔哲学的"颠倒"》，《马克思主义与现实》2019 年第 3 期。

孙海洋：《重思康德的"哥白尼革命"及其对马克思批判理论的影响》，《国外理论动态》2018 年第 12 期。

陈士聪：《马克思是否"颠倒"了黑格尔的辩证法？——基于〈资本论〉的考察》，《福建论坛》（人文社会科学版）2018年第5期。

仰海峰：《市民社会批判：从黑格尔到马克思》，《哲学研究》2018年第4期。

程广云：《从国家到市民社会——马克思〈黑格尔法哲学批判〉的思想转向》，《哲学研究》2018年第2期。

龙霞：《论"市民社会决定国家"的规范性意蕴》，《马克思主义与现实》2018年第1期。

潘斌：《理性国家的辩证想象：黑格尔国家观的创制逻辑与批判》，《现代哲学》2018年第1期。

田江太：《从逻辑学视角重思马克思对黑格尔辩证法的颠倒——兼论阿尔都塞的多元决定论和"结构改造说"》，《哲学动态》2018年第3期。

汪行福：《政治现代性视域中马克思与黑格尔关系再思考》，《复旦学报》（社会科学版）2017年第3期。

杨洪源：《思想批判与建构的具体语境——马克思与黑格尔的思想关系再考察》，《哲学研究》2017年第7期。

陈浩：《从国家向市民社会的复归——黑格尔哲学视野下的〈论犹太人问题〉》，《清华大学学报》（哲学社会科学版）2017年第4期。

张学鹏：《超越"颠倒"：重思马克思辩证法的性质》，《广东社会科学》2017年第4期。

康翟：《青年马克思社会政治批判的问题意识与理论建构》，《现代哲学》2017年第3期。

张双利：《再论马克思对黑格尔法哲学的批判》，《哲学研究》2016年第6期。

孙亮：《重新理解马克思对黑格尔"颠倒"的三重意蕴——以阿尔都塞的勘定及其当代延展为视角》，《哲学研究》2016年第6期。

李淑梅：《超越对市民社会的直观理解与人类解放——马克思批判费尔巴哈哲学的社会政治取向》，《吉林大学社会科学学报》2016年第5期。

常明杰：《马克思国家与市民社会关系的解构与重构》，《科学社会主义》2015年第6期。

曲达：《马克思究竟颠倒了什么？——析马克思对黑格尔辩证法的超越》，

《求是学刊》2017 年第 2 期。

高广旭：《辩证法的内涵革命——重释马克思对黑格尔辩证法的颠倒》，《学术界》2015 年第 10 期。

刘军：《"市民社会决定国家"命题的提出与确立》，《北京大学学报》（哲学社会科学版）2014 年第 2 期。

王代月：《由政治国家批判向市民社会批判的转折——〈德法年鉴〉时期马克思政治批判思想研究》，《社会主义研究》2013 年第 4 期。

刘同舫：《马克思市民社会范畴的逻辑演进》，《华南师范大学学报》（社会科学版）2012 年第 4 期。

崔唯航：《重思"颠倒"之谜——从马克思对黑格尔的"颠倒"问题看辩证法本质》，《南京大学学报》（哲学·人文科学·社会科学版）2011 年第 6 期。

李佃来：《论马克思市民社会理论的两种逻辑》，《哲学研究》2010 年第 12 期。

张康之、张乾友：《对"市民社会"和"公民国家"的历史考察》，《中国社会科学》2008 年第 3 期。

图书在版编目（CIP）数据

颠倒的批判：马克思市民社会批判及其理论效应 /
卢文忠著 . --北京：社会科学文献出版社，2025.7.
ISBN 978-7-5228-4815-0

Ⅰ.A811.64；C912.81

中国国家版本馆 CIP 数据核字第 2025R5T831 号

颠倒的批判：马克思市民社会批判及其理论效应

著　　者 / 卢文忠

出 版 人 / 冀祥德
责任编辑 / 吕霞云
文稿编辑 / 茹佳宁
责任印制 / 岳　阳

出　　版 / 社会科学文献出版社·马克思主义分社（010）59367126
　　　　　　地址：北京市北三环中路甲 29 号院华龙大厦　邮编：100029
　　　　　　网址：www.ssap.com.cn
发　　行 / 社会科学文献出版社（010）59367028
印　　装 / 三河市龙林印务有限公司

规　　格 / 开　本：787mm×1092mm　1/16
　　　　　　印　张：14.5　字　数：231 千字
版　　次 / 2025 年 7 月第 1 版　2025 年 7 月第 1 次印刷
书　　号 / ISBN 978-7-5228-4815-0
定　　价 / 98.00 元

读者服务电话：4008918866